“深化供给侧结构性改革的税收政策研究”（项目号：
阶段性研究成果

深化供给侧结构性改革的税收政策研究

何辉 张清 ◎ 著

中国财经出版传媒集团

经济科学出版社
Economic Science Press

·北 京·

图书在版编目（CIP）数据

深化供给侧结构性改革的税收政策研究 / 何辉，张清著 . -- 北京：经济科学出版社，2025. 1. -- ISBN 978 - 7 - 5218 - 6152 - 5

Ⅰ. F812. 422

中国国家版本馆 CIP 数据核字第 2024D9Z863 号

责任编辑：顾瑞兰　许洪川
责任校对：蒋子明
责任印制：邱　天

深化供给侧结构性改革的税收政策研究
何　辉　张　清　著
经济科学出版社出版、发行　新华书店经销
社址：北京市海淀区阜成路甲 28 号　邮编：100142
总编部电话：010-88191217　发行部电话：010-88191522
网址：www. esp. com. cn
电子邮箱：esp@ esp. com. cn
天猫网店：经济科学出版社旗舰店
网址：http：//jjkxcbs. tmall. com
固安华明印业有限公司印装
710 × 1000　16 开　17. 75 印张　280000 字
2025 年 1 月第 1 版　2025 年 1 月第 1 次印刷
ISBN 978 - 7 - 5218 - 6152 - 5　定价：72. 00 元
（图书出现印装问题，本社负责调换。电话：010 - 88191545）

前　言

近年来，我国经济由快速发展向经济高质量发展转变，不断加大生态环境治理，提高人民福祉水平。为大力推进经济发展方式转变，2015 年我国提出供给侧结构性改革，提高经济发展质量。税收作为供给侧结构性改革的政策工具之一，在经济发展中发挥了重要的作用。2015 年以来，我国出台了一揽子税收政策，实施了结构性减税，助力经济发展。本书在理论分析的基础上，沿着“税收→不同产业企业→经济增长：经济增长质量→生态环境：生态系统服务价值→税收政策优化”逻辑结构进行实证检验，为税收政策建议提供实证依据。本书主要内容包括五部分。

第一部分，税收对供给侧结构性改革影响的理论分析。从微观到宏观层面，分析税收对不同产业企业的影响、税收对经济增长质量影响的作用机理、税收对生态服务价值影响的作用机理。

第二部分，税收对不同产业企业影响的实证分析。从制造业整体、不同类型、不同耗能水平、不同技术水平四个视角对我国制造业企业税负与企业产值进行实证分析。通过 1514 家上市公司数据建立面板数据模型，对企业税负与企业产值之间的关系进行实证分析，研究发现：整体上，制造业企业税负对企业产值增加有抑制作用；不同类型制造业企业税负对企业产值的抑制作用存在差异，造纸和纸制品行业、金属制品业、计算机等电子设备制造业企业税负对企业产值抑制作用较大，化学原料和化学制品制造业、专用设备制造业、航空航天和铁路船舶等运输设备业企业税负对企业产值抑制作用较小；企业税负对高耗能与非高耗能制造业企业产值的抑制作用存在差异，企业税负对高耗能制造业企业产值的抑制作用强于非高耗能制造业企业；企业税负对高新与非高新技术制造业企业产值的抑制作用存在差异，企业税负对非高新技术制造业企业产值的抑制作用强于高新技术制造业企业。从整体视角实证分析服务业企业税负对企业绩效的影响，实证结果表明，服务业企业税负对企业绩效有显著的抑制作用。从不同类型服务业视角分别实证分析服务业下属7个行业的企业税负对企业绩效的影响，实证结果表明，不同类型的行业企业税负对企业绩效的影响存在差异，其中金融业，水利、环境和公共设施管理业，文化、体育和娱乐业的税负对企业绩效具有抑制作用，但是科学研究、技术服务和地质勘察业，房地产业，信息传输、计算机服务和软件业及交通运输、仓储和邮政业的企业税负与企业绩效呈正相关关系，其企业税负未抑制企业绩效。利用战略性新兴企业上市公司面板数据，建立面板数据模型，从整体和不同领域两个视角，对战略性新兴企业税负与企业成长关系进行实证检验。从整个战略性新兴企业的视角看，战略性新兴企业税负与企业成长能力是负相关关系；从不同领域的战略性新兴企业视角看，网络经济、生物经济、高端制造、绿色低碳四个领域的企业税负抑制企业成长能力，而数字创意领域企业的税负与其成长能力呈正相关关系。

第三部分，税收对经济增长质量影响的实证分析。利用我国30个省区市（不包括西藏及港、澳、台地区）的数据，就税制结构与经济增长质量的关系进行实证分析。税系结构的检验结果表明，直接税显著促进经济发展质量提高，而间接税对经济增长质量表现为抑制作用；从税类结构的结果看，目前只有流转税类抑制了经济增长质量的提高，而所得税类、财产税类和资源税类与经济增长质量具有显著的正向关系；从具体税种结构看，企业所得税与经济增长质量呈正相关，增值税和个人所得税与经济增长质量呈负相关。

第四部分，税收对生态系统服务价值影响的实证分析。从全国和省际两个视角，实证检验流转税对生态系统服务价值的影响，实证结果表明，流转税对生态系统供给服务价值的影响呈现倒“U”型关系，而增值税对生态系统供给服务价值先是负向影响，当增值税税负提升至一定水平，其对生态系统服务价值产生正向影响；消费税与生态系统供给服务价值呈现“U”型关系。利用测算出的生态系统调节服务价值的数据构建模型，实证分析环境税对生态系统调节服务价值的影响。全国视角下，构建非线性模型，实证结果表明，环境税对生态系统调节服务价值影响较微弱；省际视角下，构建环保税、资源税、消费税面板数据模型，实证结果表明，环保税对生态系统调节服务价值影响较微弱，资源税与生态系统调节服务价值呈倒“U”型关系，消费税与生态系统调节服务价值呈倒“U”型关系。为进一步探究环保税、资源税以及消费税在不同阶段对生态系统调节服务价值的影响，构建门槛模型，实证结果表明，环保税、资源税以及消费税对生态系统调节服务价值的影响均存在显著的双重门槛效应。

第五部分，优化供给侧结构性改革的税收政策建议。在理论分析的基础上，依据实证结果，从降低税负、优化税制结构方面提出完善增值税、消费税、企业所得税、个人所得税、环境税、资源税等政策建议。

本著作撰写参与成员为：魏卓凡、丁志伟、吴博颖、杨姝、刘聪、彭雪峰、谭志伟、高天雄、石佳慧、王佩颖、张杏会、高雅红、李亚南、王雪萍、张利翔、李志超、史瑞昕、张萌萌、曹梦杰、李颖、唐文、王森、郝宇昂、林斯超，特此感谢。

目　录

第1章 导 论

1.1 研究背景与研究意义

1.1.1 研究背景

1. 经济由高速增长阶段转向高质量发展阶段

改革开放以来，中国国内生产总值突飞猛进，到2020年，已突破100万亿元，经济总量居世界第二，发展的成绩举世瞩目。但经济发展的数量与质量呈现出明显的不一致性，粗放型经济发展对环境、资源造成的压力越来越大，这样的发展模式难以持续。我国目前还存在着能源、原材料消耗总量偏高，地区发展差距偏大等问题。为此，党的十九大报告中首次提出了“建设现代化经济体系”，并指出“我国经济已由高速增长阶段转向高质量发展阶段”。这是根据我国发展条件和发展阶段变化作出的重大判断。高速增长仅指经济总量的增长，而高质量发展是推动经济质量的提升。由高速增长阶段转向高质量发展阶段，意味着“推动经济发展质量变革、效率变革、动力变革，实现集约型经济增长，提高全要素生产率”①。

高质量发展，在要求提高效率的同时，也强调要形成相关政策等体系建设与改革，以健全与高质量发展相适应的制度环境，其中就包含着税收制度改革。税收政策是政府为实现某些预定目标，以经济发展的客观规律为指导，来调节国家经济运行的政策工具。所以，税收政策与经济运行和经济发展目

---

① 党的十九大报告。

标密切相关。经济高质量发展是当前社会发展的主流方向，相关税收政策也要与之相匹配。

2. 实施制造强国战略

从发展的角度看，制造业是一国国民经济的基础，是现代工业的基石，一个国家和民族的强盛需要强大的制造业。经过40多年的改革开放，我国已成为世界第二大经济体。2017年，我国工业增加值已达到279997亿元，占我国GDP的比重达到33.9%。[①] 早在2010年，我国制造业产出占全球的比重已达到19.8%，跃居世界第一位。目前，我国已连续9年保持世界第一制造业大国地位。但是，我国制造业与发达国家相比还存在差距，整体上呈现“大而不强”的特点，还存在着自主创新能力薄弱、有效产品供给不足、产品能源消耗高、产业结构不合理、产品质量效益不高等问题。

从我国制造业企业税负角度来看，2006年世界银行与普华永道联合公布了纳税成本调查报告，在175个受调查国家（地区）中，我国内地纳税成本高居第八位。2011年美国财经杂志《福布斯》编制的“全球税负痛苦指数”排行榜中，我国排名高居全球第二。[②] 世界银行发布的《2018全球营商环境报告》显示，在全球190个经济体中，中国内地纳税指标世界排名第130位，中国企业纳税占利润比重达67.1%。[③] 可见，国外普遍认为中国税负较高。在国内，同样有对制造业企业税负过重的感慨，众多企业家纷纷表示中国企业税负过重，企业经营困难。

随着新一轮产业革命的到来，国际产业分工格局正在重塑，世界各国正纷纷制定新的强国战略来把握历史发展机遇。美国在2011年启动《先进制造业伙伴计划》，在2017年实施减税政策来吸引美国制造业回归。世界制造强国德国也在2013年提出了“工业4.0”战略，欲领导新一轮制造业革命。2015年，我国发布了实施制造强国战略的第一个十年行动纲领——《中国制造2025》，力争用十年时间迈入制造强国行列，实现“制造大国”向“制造

---

① 《中华人民共和国2017年国民经济和社会发展统计公报》。

② 李建军．税收征管效率与实际税率关系的实证研究——兼论我国“税收痛苦指数”降低的有效途径［J］．当代财经，2013（4）：37－47.

③ 世界银行：《2018全球营商环境报告》，http://www.doingbusiness.org/data/exploreeconomies/china#paying-taxes。

强国”的转变。在《中国制造2025》行动纲领中，明确提出要加大财税政策支持力度，运用税收杠杆作用，实施有利于制造业转型升级的税收政策，切实减轻制造业企业负担，为制造业发展创造良好政策环境，促进制造业技术创新、转型升级和结构布局调整。

3. 政府高度重视战略性新兴产业的发展

党的十八大以来，我国努力构建现代化经济体系，逐渐把经济工作的重心放到实体经济上，推动经济高质量发展取得重大成就。战略性新兴企业主导着新一轮科技革命的方向，是支撑我国实体经济增长和取得未来竞争新优势的重要力量，其发展水平影响着我国经济发展的水平，其成长能力关乎我国参与国际竞争的能力，因此培育战略性新兴企业被放在了经济建设的突出地位。尤其是在2008年金融危机后，世界各国普遍认识到实体经济的重要性，开始寻找新的经济增长点，战略性新兴产业的发展被寄予厚望。我国政府高度重视战略性新兴产业的发展，2010年9月，国务院常务会议通过了《国务院关于加快培育和发展战略性新兴产业的决定》；党的十八大报告明确指出，“加快形成新的经济发展方式，更多依靠现代服务业和战略性新兴产业带动，更多依靠科技进步，不断增强长期发展后劲”；2016年底，国务院审议通过了《“十三五”国家战略性新兴产业发展规划》，不仅细化了重点发展的五大领域，更进一步明确了“十三五”期间战略性新兴产业的发展方向。

党的十九大之后，中国特色社会主义进入新时代，党和国家更加注重实体经济的发展，战略性新兴产业的培育获得了更多的关注。党的十九大报告指出，建设现代化经济体系，必须把发展经济的着力点放在实体经济上；加快建设制造强国，加快发展先进制造业，推动互联网、大数据、人工智能和实体经济深度融合，在中高端消费、创新引领、绿色低碳、共享经济、现代供应链、人力资本服务等领域培育新增长点、形成新动能。2018年5月28日，习近平总书记在中国科学院第十九次院士大会、中国工程院第十四次院士大会上指出，要优先培育和大力发展一批战略性新兴产业集群，构建产业体系新支柱。李克强总理在《2019年政府工作报告》中指出，促进新兴产业加快发展，深化大数据、人工智能等研发应用，培育新一代信息技术、高端装备、生物医药、新能源汽车、新材料等新兴产业集群，壮大数字经济。

4. 生态系统服务价值处于重要地位

生态系统调节服务价值与人类福祉密切相连，关乎生态文明建设进程，是可持续发展的基础，处于重要地位。随着经济的发展与城镇化率的提高，生态系统受到破坏后调节服务功能逐渐下降。因此，保护生态系统、提升生态系统调节服务价值迫在眉睫。党的十八大以来，我国将生态系统保护放在关键位置，陆续出台重要战略决策，坚持走文明发展道路。党的十八大报告提出，要强化生态系统保护意识与力度，努力迈入生态文明新时代。优良的生态环境是持续发展的根本，要实施节约、保护与恢复治理政策，营造良好生存环境。党的十九大报告进一步提出，人类和自然是共同体，在供给更多物质财富、精神财富的同时，也要注重生态供给质量，供给更为优良的生态产品。要从根本上解决生态问题，实施污染防治行动计划，完善生态治理体系。要注重生态系统保护，完成保护红线，对破坏严重地区实施修护，增强生态稳定性，提高生态价值。

5. 不断深化供给侧结构性改革，实施减税降费，缩小居民收入差距

党的十八大以来，政府高度重视供给侧结构性改革，不断通过减税降费、扩大财政支出来提高居民可支配收入，缩小居民收入差距。2018 年，伴随着积极财政政策的实施和增值税税率调整以及个人所得税的改革，减税效果进一步凸显。虽然减税能减轻居民负担，但仅靠减税并不能解决收入差距问题，其根本原因在于税制结构不合理。我国直接税与间接税的比重严重失调，使“双主体”税制结构名不副实，间接税税负的累退性要明显大于直接税税负的累进性，导致我国整体税负具有累退性，从而难以调节居民收入差距。如何进一步完善税制，充分发挥税收的调节作用，在促进经济增长的同时缩小收入差距，值得我们关注。除了税制结构的完善，财政支出对收入差距的影响也不容忽视。发挥财政支出的收入分配效应是政府宏观调控的一部分，合理的财政支出有利于增进人民福祉、保障民生事业的发展、缩小贫富差距、促进社会公平。但政府在减税降费的同时，如何优化财政支出结构，协调税收和财政支出的配比，保证居民负担不增、民生福祉不减，是我们当前面临的又一迫切问题。

1.1.2 研究意义

第一，深化供给侧结构性改革，实现中国制造业的转型升级。2016 年底，中央经济工作会议提出“三去一降一补”五大任务，“去产能”成为制造业企业的工作重心，特别是钢铁企业。税收作为政府宏观调控的政策工具，能通过结构性减税促进制造业的发展。一方面，对产能过剩的企业课征高税，淘汰过剩产能；另一方面，对优势产能实施减税，促进其发展。因此，在制定鼓励制造业发展的税收政策时，研究如何发挥税收引导制造业产业调整的杠杆作用具有重要意义。

第二，应对美国“减税”浪潮，助力《中国制造 2025》战略目标实现。当前，由美国引起的“减税”浪潮正席卷全球，美国为了振兴本国制造业，利用减税政策吸引制造业回流。世界各国为应对美国“减税”冲击，纷纷出台减税措施。我国作为世界第二大经济体，美国“减税”势必会对我国制造业造成影响。然而，在经济全球化背景下，影响企业投资的因素很多，各国经济学家关于美国减税促进制造业回归的效果也莫衷一是。在此背景下，研究我国制造业企业税负对企业产值的影响，提出有利于我国制造业发展的税收政策建议，具有一定的现实意义。

第三，促进战略性新兴产业的健康有序发展，推动构建现代经济体系。本书通过探索税收对企业成长能力的影响，从整体视角和各领域视角深入考察战略性新兴企业税收负担与企业成长能力的关系，不仅分析了不同领域企业之间的差异性，也间接揭示了战略性新兴企业和传统企业发展模式的区别。因此，本书的研究对优化产业布局、促进战略性新兴产业可持续发展、提升关键领域国际竞争力有一定现实意义。

第四，深化对经济发展质量的衡量。长期以来，国内外学者对经济增长进行了广泛研究，但主要的研究对象是国内生产总值，探究的是经济增长的数量、增长的速度。如今，我国经济已由高速增长阶段转向高质量发展阶段，不仅包括总量的增加，更注重质量的提高。因此，很有必要对经济发展质量进行界定，构建科学合理的指标来反映其内涵，用以刻画我国目前经济发展质量的水平。

第五，深入检验我国税制结构与经济发展质量之间的关系。税收是国家进行宏观调控的重要手段，税制结构的合理设置与经济发展阶段密不可分。当前，我国进入以提高经济发展质量为目标的新阶段，深入检验税制结构对我国当前经济发展质量的影响是非常必要的。

第六，为进一步优化税制结构、提升经济发展质量提供实证依据。“十四五”规划中强调要优化税制结构，而在经济进入高质量发展的进程中如何优化税制结构，需要探寻税制结构对经济发展质量有何影响，并找出税制结构对经济发展质量影响的内在机理。本书正是基于此，利用经验数据，实证检验税制结构对经济发展质量的影响。通过实证检验，剖析税制结构存在的问题，为进一步优化税制结构、提升经济发展质量提供良好的实证依据。

第七，发挥流转税对生态系统供给服务价值的提升作用。我国流转税还存在增值税抵扣链条不完整、消费税“缺位越位”等问题，这些问题限制了流转税提升生态系统供给服务价值。面对生态资源稀缺、生态环境破坏等问题日益严重的现状，我国迫切需要改善现有的税收政策以提升生态系统可持续供给水平。本书通过探究流转税对生态系统供给服务价值影响的作用机制与实证分析，梳理流转税对生态系统供给服务价值的具体影响，为优化流转税税制结构提供政策设计，以更好地提升生态系统供给服务价值。

第八，有利于提升国家的生态环境治理水平。面对生态破坏、资源浪费的现状，我国加快生态文明建设进程，提出要从根本上解决生态环境问题，持续实施土壤、水、大气污染防治计划，努力实现人类、自然和谐共处。环境税作为主要调控手段，在生态环境治理过程中起到关键作用。本书分析环境税对生态系统调节服务价值的作用机理，构建模型实证探究环境税对生态系统调节服务价值的影响，找出现行环境税政策不合理之处，有利于环境税政策完善，加快政府为主导、全社会共同参与的生态治理体系建设，有利于进一步提升国家生态环境治理水平。

1.2 相关概念界定

1. 经济发展质量

经济发展质量就是要“推动经济发展质量变革、效率变革、动力变革，实现集约型经济增长，提高全要素生产率”[①]，进而使经济有可持续增长的动力。因此，本书选择全要素生产率，并采用索罗余值法计算的结果，作为经济发展质量的衡量指标值。

2. 税制结构

根据已有的文献，本书将税制结构划分为三类：税系结构、税类结构和税种结构。其中，税系结构包括直接税和间接税；税类结构包括流转税类、财产税类、所得税类和资源税类；税种结构包括增值税、企业所得税和个人所得税、消费税。由于增值税、企业所得税、个人所得税占总税收入比重相对较高，所以在税种结构上考虑了这三个税种。税制结构的具体表示方法见表1－1。

表1－1 税制结构划分方法

税制结构	涵盖税种
税系结构	直接税：企业所得税、个人所得税、房产税、印花税、土地增值税、车船税、耕地占用税、契税
	间接税：增值税、营业税、消费税、城市维护建设税、资源税
税类结构	流转税类：增值税、营业税、消费税、城市维护建设税
	财产税类：房产税、城镇土地使用税、土地增值税、车船税、车辆购置税
	所得税类：企业所得税、个人所得税
	资源税类：资源税、城镇土地使用税、环境保护税
税种结构	增值税、企业所得税、个人所得税

3. 企业产值

企业产值是指企业在一定时期以货币表现的产出量价值指标。衡量制造业企业产值的指标有三种：企业工业总产值、企业工业增加值、企业工业净产值。企业工业总产值是指以货币表现的，企业在一定时期生产的工业最终有效产品或提供工业性劳务活动的总价值量；企业工业增加值是指企业在报告期内以货币形式表现的工业生产活动的最终成果，是企业全部工业生产活动的总成果扣除在生产过程中消耗或转移的物质产品和劳务价值后的余额，是企业生产过程中新增加的价值；企业工业净产值是指企业报告期工业生产

① 党的十九大报告。

活动新创造的价值，包括劳务价值在内。本书参考相关著作，整理了三种指标的计算方法（见表1－2）。

表1－2　　三种企业产值衡量指标的计算方法

衡量指标	计算方法
企业工业总产值	成品价值＋工业性作业价值＋自制半成品、在制品期末期初结存差额价值
企业工业增加值	生产法：企业工业总价值－企业中间投入
	分配法：固定资产折旧＋劳动者报酬＋生产税净额＋营业盈余
企业工业净产值	生产法：企业工业增加值－固定资产折旧
	分配法：劳动者报酬＋生产税净额＋营业盈余

对比三项企业产值衡量指标，本书采用企业工业增加值作为本书企业产值的衡量指标，计算方法采取分配法，理由有五：其一，企业工业增加值指标是国内生产总值的统计基础，以企业工业增加值作为企业产值衡量指标有利于保持微观数据与宏观数据统计的一致性；其二，国际上普遍采用企业工业增加值衡量企业产值，本书采用工业企业增加值有利于满足国际对比的需要；其三，从指标数据的获取角度看，企业工业增加值计算所需数据较易获取；其四，企业工业增加值不包括中间消耗价值，避免了企业间的重复计算，能更准确地反映企业的生产制造成果；其五，企业工业增加值包括劳动者报酬、固定资产折旧，采用分配法计算，可以在一定程度上反映企业各生产要素的投入状况，为本书后续研究税负影响企业生产要素投入提供依据。计算公式如下：

$$\text{产值}=\text{固定资产折旧}+\text{劳动者报酬}+\text{生产税净额}+\text{营业盈余} \quad (1-1)$$

$$\text{生产税净额}=\text{应交税费}-\text{所得税}-\text{生产补贴} \quad (1-2)$$

$$\text{营业盈余}=\text{营业利润}+\text{生产补贴} \quad (1-3)$$

根据式（1－1）、式（1－2）、式（1－3）求出产值最终表达式为：

$$\text{产值}=\text{固定资产折旧}+\text{劳动者报酬}+\text{应交税费}-\text{所得税}+\text{营业利润} \quad (1-4)$$

4. 战略性新兴企业

2009年11月3日，温家宝总理在新兴战略性产业发展座谈会上发表了题为《让科技引领中国可持续发展》的讲话，他强调要逐步使战略性新兴产业成为经济社会发展的主导力量。从此，发展战略性新兴产业便作为一个国家战略进入公众视野。2010 年，国务院正式通过《国务院关于加快培育和发展战略性新兴产业的决定》，决定把节能环保、新一代信息技术、生物、高端装备制造、新能源、新材料和新能源汽车七个产业作为重点领域，集中优势资源优先发展。在 2018 年的《战略性新兴产业分类》中，数字创意产业、相关服务业被纳入该体系。自此，战略性新兴产业形成了九大领域集中发展，逐步占据经济社会主导地位的局面。

战略性新兴企业是指以《战略性新兴产业分类》中的项目为主营业务的新兴企业，这些企业通常处于资源消耗少、成长前景大、综合效益好的技术密集型行业。战略性新兴企业在国家的扶持下，聚焦突破关键核心技术，通过提升自主创新能力来提高产品附加值和国际竞争力，其对国家实体经济发展具有重要意义，在引领市场需求、培养新型科技人才、增加就业、培育新业态新模式带动区域经济发展等方面都发挥着引领作用。

本书中，战略性新兴企业是指我国战略性新兴产业中的上市企业。由于现代服务业纳入体系较晚且范围界定仍较模糊，不便于数据采集及后续分析，为了方便研究，本书的战略性新兴企业采用《2019 中国战略性新兴产业发展报告》的分类方法，涵盖网络经济、生物经济、高端制造、绿色低碳和数字创意五大领域的上市企业。其中，网络经济领域包含新一代信息技术产业，生物经济领域包含生物产业，高端制造领域包含高端装备制造产业和新材料产业，绿色低碳领域包含节能环保、新能源、新能源汽车 3 个产业，数字创意领域包含数字创意产业。

5. 生态系统供给服务价值

生态系统提供给人类的各种产品是生态系统供给服务价值的主要来源（Costanza et al.，1997；Daily，1997）。联合国千年生态系统评估将生态系统服务分为供给、调节、支持和文化服务四个大类，被广泛沿用（MA，2005）。其中，生态系统为人们提供的各种产品是生态系统供给服务的主要载体，这些产品通过捕捞、种植等形式由生态系统供应给人类，为人类活动创造价值（UK NEA，2011）。

生态系统供给服务价值主要为直接使用价值。直接使用价值是生态系统提供产品的市场价值（IPBES，2013；焦洁等，2011；Olander L，2014）。国内外学者研究生态系统供给服务价值多选用人类最终受益对象，研究生态系统供给服务价值主要采用经济学方法，以消费者的视角研究其经济价值（刘耕源、杨青，2019；Bennett E M et al.，2009）。生态系统供给服务价值体现在种植业、林业、牧业、渔业等产品与原材料的产值（高旺盛，2005；高艳妮等，2019；马国霞等，2017）。由于生态系统供给服务提供产品价格确定、产权明确，生态系统供给服务价值宜选用直接市场法，选用产量与价格两项指标衡量其直接使用价值（田野，2015）。

通过上述文献归纳，本书将生态系统供给服务价值界定为生态系统供给物质资料的价值，主要体现为食物、原料等生态产品的价值。

6. 生态系统调节服务价值

生态系统调节服务指人类通过直接方式或间接方式从生态系统的调节过程中得到的好处（MA，2005；张永民、赵士洞，2007；傅伯杰、于丹丹，2016）。生态系统调节服务维持人类生存环境，提供适宜居住的环境，构建人类安全屏障（de Groot R，Wilson M A and Boumans R M J，2002）。国内外学者在界定生态系统调节服务内涵时，通常以分类的形式体现（房学宁、赵文武，2013），主要涉及气体、气候、水文、废物处理等调节子服务（Boyd J and Banzhaf S，2007）。

生态系统调节服务价值界定。生态系统调节服务价值是一个国家或者地区的生态系统通过其功能提供的调节服务总价值，用以衡量生态系统调节服务的产出（Costanza R et al.，1998；谢高地等，2015）。一个国家或地区持续健康发展，不仅要实现经济产出最大化，也要实现生态服务产出最大化（Li G and Fang C，2014；张骞等，2017）。生态系统调节服务具有巨大的间接经济价值，这种价值无法商品化，不能通过市场价格来反映，但对于维持人类赖以生存的生态环境起到不可估量的作用，如净化大气、保持水土等（郑德凤、臧正、孙才志，2014）。

本书对生态系统调节服务的界定借鉴多数学者的观点，涉及气体调节、气候调节、水文调节、废物处理四类（见表1-3）。原因如下：一是能够相对全面体现人类从生态系统获得的环境收益；二是可以更好地与我国环境税进行对应，便于考察环境税对生态系统调节服务价值的影响。

表1－3 本书涵盖的生态系统调节服务及价值

生态系统调节服务	价值体现
气体调节	净化大气，吸收氟化物、氮氧化物、二氧化硫等
气候调节	调节降水、气温，减缓温室效应
水文调节	保持水土，截留、储存降水，调节地表径流
废物处理	净化水质，分解、去除多余养分及化合物

7. 生态系统支持服务价值

生态系统支持服务价值体现在提供生态系统的供给服务、调节服务及文化服务离不开生态系统支持服务，它以间接的方式为我们提供价值。可见，支持服务体现为一种基础性质的服务，它的主要功能就是维持和保障其他服务的稳定生产（UKNEA，2011）。我国学者谢高地等（2015）也沿用了MA的支持服务定义，认为生态系统支持服务能够对于其他服务产生辅助作用。生态系统支持服务对人类具有间接的价值作用，生态系统支持服务包括维持生物多样性、保持土壤肥力、维持生物地化循环等，都具有间接利用价值。

生态系统支持服务所涵盖的范围并不统一，不同学者依据自己对支持服务的理解有不同的分类标准。联合国《千年生态系统评估报告》分类中支持服务包括初级生产、土壤形成以及水循环和营养物质循环等（MA，2005）。生态系统与生物多样性经济学（TEEB，2010）中取消支持服务，同时加入人居服务这一概念，以强调生态系统对于给迁徙物种和基因库"保护者"提供栖息地的重要性。科斯坦萨（Costanza R，1997）的17个细化分类中也存在契合支持服务定义的服务，如控制侵蚀、养分循环、土壤形成等。国内学者谢高地（2008）采纳了联合国对于生态系统支持服务的定义，并且根据我国人民对于生态系统的认知习惯以及对于我国生态环境的掌握程度，将支持服务细分为保持土壤、维持养分循环以及维持生物多样性。欧阳志云（1999）的分类中，与支持服务相关的内容包括有机质、土壤、授粉以及生物多样性相关方面的生态系统服务功能。对国内外学者及文献的支持服务分类总结见表1－4。

表 1-4　国内外学者的支持服务分类

Costanza, 1997	MA, 2005; UKNEA, 2011	TEEB, 2010	谢高地, 2008	欧阳志云, 1999
	初级生产			有机质的生产
土壤形成	土壤形成		保持土壤	土壤生态服务
养分循环	营养循环			
授粉作用	授粉			传粉与种子的扩散
控制侵蚀和保持沉积物				
		生命周期维护		
基因资源		基因库保护	维持生物多样性	生物多样性的产生与维持

本书将生态系统支持服务价值界定为对于其他生态系统服务的生产所必需的服务价值。原因是，生态系统支持服务是其他三种服务的基础，通过其他服务间接为人类提供价值，其他服务的价值体现也离不开生态系统支持服务价值。同时，沿用学者谢高地等（2015）的分类方式，将生态系统支持服务分为保持土壤和维持生物多样性，原因是：第一，这两种分类具有普遍认可性以及基本代表性，可以代表生态系统支持服务的绝大部分内容；第二，本书所选用的当量因子法对此种分类方式更为适用，核算结果更为准确。

1.3　研究思路与研究方法

1.3.1　研究思路

本书在理论分析的基础上进行实证分析，主要思路是沿着“税收→供给要素（资本、技术创新、劳动）→不同产业企业→经济增长（经济增长质量、经济增长稳定性）→生态环境（生态系统服务价值）→收入分配（收入分配结构）→税收政策优化”的逻辑结构（如图 1-1 所示）。

本书从两个维度实证检验税收对供给侧结构性改革的影响，分别是微观（企业）维度和宏观维度，形成两条逻辑子主线。

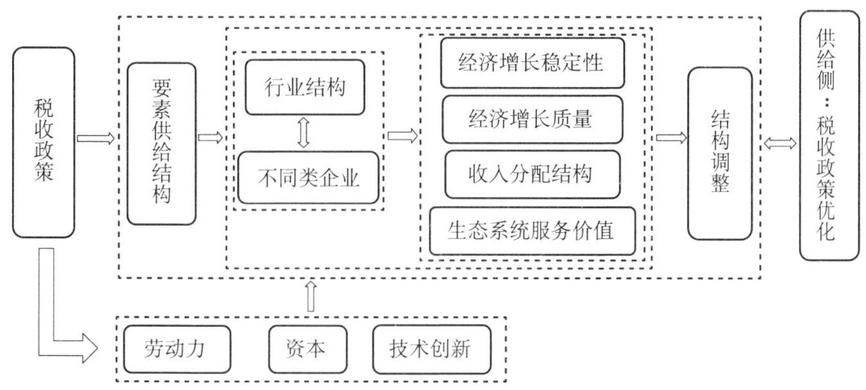

图1－1 主要研究思路

首先，从微观维度实证分析税收对供给要素的影响，进而对企业的影响。从供给要素的层面，主要实证检验税收对资本结构、技术创新、劳动的影响，在对供给要素实证分析的基础上，进一步实证分析税收对企业的产值、企业绩效以及企业成长能力的影响。选择了制造业、服务业和战略性新兴产业的企业数据进行实证分析，为促进制造业、服务业以及战略性新兴产业的发展奠定理论基础。逻辑子主线如图1－2所示。

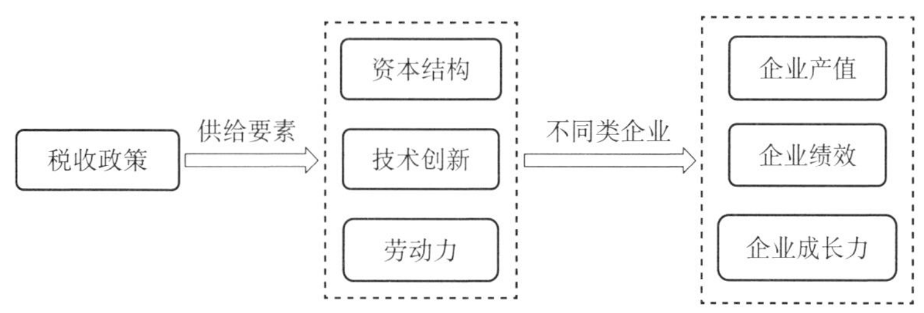

图1－2 微观维度逻辑子主线

其次，在微观层面的基础上，进一步论证税收对经济增长质量的影响以及经济稳定性的影响。经济增长质量是我国供给侧结构性改革重要的经济发展目标。随着经济的发展，生态环境越来越受重视，如何提升环境质量是供给侧结构性改革的重要内容之一。近年来，收入差距增大，收入分配结构调整也是政府关心的议题。因此，本书在实证检验税收对经济增长影响的基础上，进一步论证税收对生态系统服务价值的影响以及税收对收入分配结构的影响。逻辑子主线如图1－3所示。

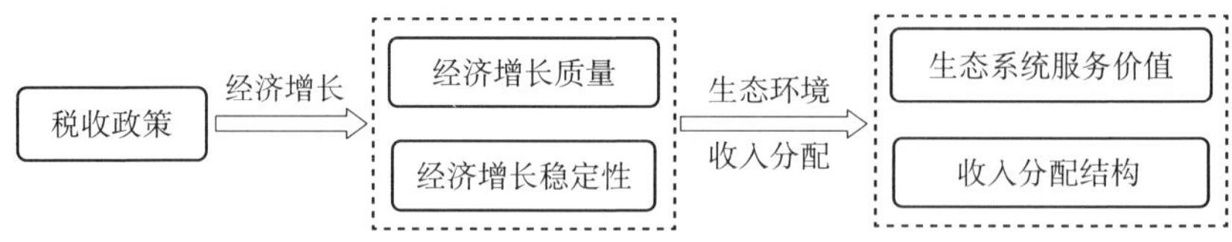

图1-3　宏观维度逻辑子主线

1.3.2　研究方法

(1) 规范分析与逻辑推理分析法。采用规范分析法，对与本书有关的文献进行归纳梳理并分析已有文献的不足；在文献分析的基础上，结合理论，梳理了税收对供给要素的作用机理。采用逻辑推理法分析税收企业产值、绩效、成长能力的作用机制；剖析了税收对经济增长质量、经济增长稳定性影响的作用机理；分析了税收对生态系统服务价值、收入分配结构影响的作用机制。

(2) 数理分析与实证计量分析法。数理分析与实证计量分析法是本书的核心方法，采用数理分析法，在构建模型的基础上，运用有关经验数据，测算了生态系统服务价值、企业成长能力的指标值。运用GMM估计法和静态面板数据计量分析法，实证检验税收对供给要素的影响、税收对经济增长的影响、税收对生态系统服务价值的影响以及税收对收入分配的影响。

(3) 比较分析法与归纳分析法。在计量分析结果的基础上，采用比较分析法，对比分析不同类税收的福利效应，并对比分析税收对城镇居民与农村居民收入分配效应的差异性。采用归纳分析法，判断税收对供给要素、经济增长、生态系统服务价值等影响的机制与规律；将比较分析法与归纳分析法相结合，依据我国现实情况，提出完善我国税收政策的建议。

1.4　文献综述

1.4.1　企业税负对企业绩效的影响

国内外学术界研究企业税负对企业绩效的影响，主要从企业利润角度进行研究。具体分为以下两种观点。

第一，企业税负与企业利润呈显著负相关关系。蔡昌（2017）、黄顺春（2018）等学者通过实证研究发现企业税负与企业净资产收益率呈负相关关系。杨杨（2014）通过对深交所中小板上市公司数据进行实证研究，进一步发现以服务业为代表的非制造业民营企业比制造业更能通过税收负担的减少提升企业的资产收益率。行伟波（2013）通过收入模型和利润模型，证明了企业综合税负会影响企业绩效。张帆和张友斗（2018）运用固定效应和系统－GMM分析方法实证分析了竞争性领域行业税收优惠对上市公司总收入增长率和总资产净利润率有显著正向影响。韦德和萨斯特里（Wedha and Sastri，2017）利用印尼食品饮料上市公司数据，研究企业税收筹划效率与企业净资产收益率的关系，发现企业税收筹划效率对净资产收益率有显著正向作用。

第二，企业税负对企业利润影响不显著。董香书和肖翔（2017）基于1999～2007年中国工业企业基础数据，实证分析了“振兴东北”战略中的降税措施对企业产值和利润的影响，发现企业税负对企业利润影响不明显。在理论分析上，张宏和李苗苗（2016）分别利用拉弗曲线、减税的替代效应和收入效应以及AS－AD模型，发现减税有助于增加有效供给，促进制造业企业转型升级。

1.4.2 税收负担对企业成长的影响

国外的相关研究大都认为税负会对企业成长起负作用（Brian Levy，1993；Dogel G，2001），并且部分学者认为税收是企业设立和成长过程中的首要障碍（Marie Bohatá and Jan Mládek，1999）。而税负是如何制约企业成长的，国外学界主要有以下两种观点。

第一种观点是税负影响企业资产价值。塞德拉切克和内梅克（Sedláček J and Němec D）对捷克工业和银行业企业的税负进行研究，发现企业税收负担是由负现金流决定的，而这降低了企业资产和权益的价值。贝尔尼尼和特雷贝克（Bernini M and Treibich T，2016）认为税收降低了企业的资本增长和出口参与度，导致企业成长缓慢。除了高税负外，税制的复杂性也是一个重要因素（Iraj Hashi，2001）。

第二种观点是税负影响企业盈利能力。里茨和约翰逊（G du Rietz and D Johansson，2003）对1970～2002年瑞典企业进行相关研究，发现税收对公司的盈利能力产生巨大负面影响，从而制约了企业的成长。库仑和戈登（Cullen J B and Gordon R H，2007）用118个国家6年的非平衡面板数据进行实证检验，发现税收负担对企业领导层的创新精神有负面作用。因此，降低税负可能会促进企业迅速成长（Voulgaris F and Asteriou D，2003）。

国内学界关于税负对企业成长能力的影响主要有以下两种观点。

第一种是税负与企业成长能力显著负相关（李林木、汪冲，2017）。税收对企业筹资、投资、营运资金管理、收益分配等环节都有显著影响（王光鹏，2010）。有学者研究发现，税收直接影响企业的利润（李桐，2008），是企业成长的障碍，加速了高速收缩企业的衰退甚至退出市场（杜传忠、郭树龙，2012）。不仅如此，税负在不同成长率企业中呈现倒“U”型关系，税负对低成长率企业的抑制作用更明显（张璇、刘贝贝、胡颖，2016）。

第二种是不同税类对企业成长能力的影响不一致。种贝（2018）以中小板上市公司的数据为样本，建立实证模型进行回归分析，发现所得税率与企业成长呈正相关，流转税率与企业成长呈负相关。同样，李旭红（2016）通过实证研究发现，所得税税负与企业成长能力呈正相关，流转税税负恰恰相反，并且所得税能够增强流转税对企业成长能力的削弱作用。在不同税制结构下，直接税比间接税更有利于中小企业规模的扩大（蒋小平、叶子荣，2013）。此外，还有学者通过实证检验分析出税负只能在短期内影响企业成长，而长期内并无明显作用（汪海凤、赵英，2011）。

1.4.3 税制结构对经济增长的影响

国外学者主要将税制结构划分为商品税（消费税）、财产税、所得税，以及以税收转嫁为标准衡量的直接税和间接税。国外较多学者关注税收对经济增长的影响，并认为税制结构的重要性可能超过税收水平（Myles，2000；Reiss，2011），但税制结构与经济增长的关系的结论不尽相同。部分学者认为税制结构与经济增长存在长期协整关系（Bujang，2013），税制结构与国民生产总值是密切相关的（Gober，1997）。但也有学者认为税收结构与经济增长之间的关系并不明确（Zyzynski，2008；Xing，2011，2012）。

1. 直接税对经济增长影响的结论不统一

一些学者认为高累进性和高直接税占比会抑制经济发展（Widmalm，2001；Lee，2005），尤其所得税被施以累进税率，抑制经济发展效果更明显（Barro，1990；Myles，2007；Vartia，2008）。但也有学者的实证结果表明，个人所得税与经济增长呈正相关，而企业所得税会抑制经济增长（Arnold，2008）。虽然财产税属于直接税，但财产税大多属于地方税，可以促进地方财政收入，改善地区发展水平，进而促进经济增长（Arnold，2008；Weidmer，2002；Stoilova，2016）。

2. 间接税与经济增长的关系存在观点分歧

就间接税对经济增长的影响而言，多数学者认为间接税有利于经济增长（Lee，2005；European Commission，2006；Scarlett，2011），但也有学者认为间接税与经济增长呈负相关（Kerr，2000；Musanga，2010）。商品税（消费税）一般被认为有利于经济增长（Weidmer，2002；Acosta - Ormaeches，2012；Arikan，2013），也有少数学者得出商品税（消费税）不利于经济增长（Karras，2009；Adkisson，2014）。

国内部分学者就税制结构的经济增长效应进行了研究，多数学者探讨税制结构如何提高经济增长。

就直接税和间接税构成的税系结构对经济增长的影响而言，多数学者提出应提高直接税比重，直接税有利于经济增长（吕冰洋等，2014；余红艳等，2016；韩彬等，2019），其主要原因在于当经济水平发展较高时，直接税会更好地改善企业和个人的收入分配，间接影响经济增长。

就以课税对象不同划分的税类结构对经济增长的影响而言，不同学者选取的计量模型不同、计量方法不同，得出的结论也具有差异性。对于流转税类而言，有学者认为提高流转税类比重会促进经济增长（高凌江，2011；张胜民，2013），然而也有学者认为流转税与经济增长呈负相关（王亮，2004；韩彬，2019）。多数学者认为财产税类和所得税类有利于经济增长（苑小丰，2009；刘海庆，2011；韩彬，2019），但李绍荣（2005）、崔治文（2010）的研究结果表明财产税类会抑制经济增长。对于资源税类，有的学者认为增加资源税类份额会扩大经济规模（李绍荣，2005），但也有学者认为资源税类会减少人均GDP（崔治文，2010）。

关于税种结构对经济增长影响的结论存在较大争议。尽管增值税存在累退性，但也有学者认为增值税会促进经济增长（姚春芸等，2011；刘海庆等，2011）。直接税有利于经济增长，但企业所得税会抑制经济增长（苏明等，2008），个人所得税不利于经济增长（何茵等，2009；刘海庆等，2011）。

1.4.4 环境税对生态系统调节服务价值的影响

国外学者并没有直接研究环境税对生态系统调节服务价值的影响，而是通过研究环境税对净化大气、气候变化、水土保持和水体质量的影响来间接体现环境税对生态系统调节服务价值的影响。

环境税对净化大气的影响。环境税能够减少氮氧化物、二氧化硫等气体污染物排放，起到净化大气的作用。环境税具有引导作用，其惩罚性和优惠性政策引导企业提高产品环保性能（Matsukawa I，2012），还为企业改进减排技术提供重要激励（Palmer K，Oates W E and Portney P R，1995），起到减少大气污染排放、净化大气的作用（Elliott J and Fullerton D，2014）。为减少空气污染物排放、提高空气质量，法国、美国等国家开征硫税，对排放物或者产生排放物的燃料征收。除此以外，碳化氢、硫化氢等气体排放在一定程度上也会对空气质量造成损害，因而被列入征收范围。徐和玛苏（Xu Y and Masui T，2008）将二氧化硫税嵌入生产函数，构建模型研究征收二氧化硫税的减排作用，结果表明，二氧化硫税对减少二氧化硫和氮氧化物等污染物排放具有显著效果。

环境税对气候变化的影响。环境税对气候变化影响的研究主要侧重三个方面。第一，碳税的作用途径。国外较早开征碳税，大多按化石燃料含碳量进行征收，用于减少化石燃料消耗、调节碳排放（Allan G，Lecca P and McGregor P，2014；Metcalf G E，2020）。碳税通过提高产品价格改变经济体行为、促进能源利用效率提高以及增强产品替代，减少碳排放总量，其收入再次投入市场，影响消费与投资的变化，还会强化前者作用（Baranzini A，Goldemberg J and Speck S，2000）。第二，碳税与能源税的效果比较。国外学者借助模型探究碳税与能源税的效果，得出结论，碳税不仅可以抑制煤炭消耗，还起到鼓励可再生能源利用的作用（Wissema W and Dellink R，2006）。

第三，除了碳税、能源税外，破坏臭氧层税也具有调节气候的作用，对氟利昂和氢氟烷烃等物质进行征税，减少氟氯烃排放对气候的损害。

环境税对水土保持的影响。环境税通过影响森林资源开采、利用，进而影响水土保持。国外学者通过定性分析探究环境税对水土保持的影响。环境税影响水土保持，其中发挥显著效果的税种为森林开采税（Oliikainen M，1990）。森林开采税是对森林资源开发、利用征收，最初以收费形式对森林资源实行补偿，后来为降低森林开采量改为征税形式。森林开采税通过价格作用机制，引导人们加强保护生态资源的意识，限制森林资源开采，防止水土流失（Amacher G S，Brazee R J and Thomson T A，1991；Koskela E and Ollikainen M，2003）。

环境税对水体质量的影响。环境税对水体质量的作用途径分为两种。第一，环境税能够抑制重金属、无机物等水体污染物排放，提升水体质量。国外较早开征水污染税，如德国、荷兰和丹麦，对向水域中排放污染物的单位及个人征税（Dinar A and Hatchett S A，1991），按照水污染物的排放数量或者按照数量、浓度折算污染当量征收，以解决水污染问题，提高水体质量。水污染税的征收能纠正市场价格扭曲，矫正经济体行为，将外部效应内部化，是有效控制水污染排放的重要途径（Simpson R D，1995）。第二，政府征收水污染税用于水环境的治理，提升水体状况。水污染税收入用于提高减污技术、提升污水处理能力，改善水污染状况，减弱污染对水体生态系统造成的危害（Ekin B and Sukanya D，2010；Edirisinghe J C，2014）。

与国外相同，国内没有直接研究环境税对生态系统调节服务价值的影响，而是通过研究环境税对净化大气、气候变化、水土保持、水体质量的影响来间接体现环境税对生态系统调节服务价值的影响。

环境税对净化大气的影响。国内学者对环境税是否具有净化大气的作用，存在不同观点。观点一：环境税通过直接作用与间接作用减少大气污染排放，起到净化大气的作用。一方面，政府征收环境税，使社会成本反映在私人成本上，改变经济体行为，从而直接减少大气污染排放（俞杰，2013）。另一方面，环境税的征收促进企业加快排污环保技术研发，间接减少大气污染排放（徐会超、张晓杰，2018）。我国学者通过构建模型，探究环境税的减排效果，结果表明，环境税征收不仅能够降低污染排放量，而且能够调整产业结构，加快环保产业发展（秦昌波等，2015；李霁友，2017）。观点二：环境税不一定能减少大气污染排放，不能起到净化大气的作用。李建军和刘元生构建面板数据模型实证探究环境税的减排效果，结果表明，不同环境税种产生的大气污染减排效应不同，除了消费税减少了废气排放，大部分税种并未有效减少废气排放，反而使废气排放增多（李建军、刘元生，2015）。

环境税对气候变化的影响。与国外不同，我国没有开征专门的碳税或能源税用于调节燃料燃烧造成的温室气体排放问题，涉及燃料的税收分散在消费税、资源税中。我国学者大多从两个角度探究环境税对气候变化的影响。角度一：现行消费税、资源税等与燃料有关的税种对气候变化的影响（贾康、张晓云，2014）。现行消费税、资源税征收范围均涉及造成气候变暖的燃料，如成品油、能源矿产等（何建武、李善同，2009；魏巍贤，2009）。有学者构建动态 CGE 模型实证探究煤炭资源税改革的效果，结果表明，煤炭资源税改革在减少污染物的同时，也会显著减少二氧化碳排放总量（徐晓亮等，2015）。角度二：适时开征碳税。我国应在适宜时机开征碳税，解决二氧化碳排放问题，缓解温室效应。理论上，碳税具有调节气候的作用，碳税的征收会提高产品价格，增强利用效率及产品替代，抑制二氧化碳排放（贾康、王桂娟，2011）。

环境税对水土保持的影响。国内学者大多采用定性分析方法探究环境税对水土保持的影响。消费税设置自然资源类税目，提升生态资源成本，使人们减少对森林的砍伐（刘芳雄、李公俭，2017），在保护森林资源的同时，间接起到调节地表径流的作用，减少水土流失。资源税具有对资源开采外部性进行调节的功能，减少资源开采导致的地质塌陷、水土流失等生态问题，引导资源合理利用、保护生态环境（王萌，2015；单顺安，2015）。但是目前消费税部分税目的税率设置较不完善，如实木地板税率偏低，难以起到调节森林资源开采的作用（孙开、金哲，2013）。资源税的定位应更多考虑生态保护层面，调节负外部性，实现蓄水保土的功能（冯铁拴，2019）。

环境税对水体质量的影响。国内学者对环境税是否具有提升水体质量的作用，存在不同观点。观点一：环境税能够有效降低污染排放，改善水体状况。为限制工业废水排放量、减少水体污染，我国最初实行水排污收费制度，随着清费立税进程的加快，我国对水污染排放征收环境税（陈雯等，

2012）。对水污染排放征税是我国保护、治理水环境的有效途径，可以有效减少水体污染，提高水体质量（郑垂勇、徐利、王诚，2009；高萍，2012）。观点二：环境税不能减少水体污染物排放量，不能有效提升水体质量。樊勇和籍冠珩建立水污染税率测算模型，结果表明，现行水污染征收标准较低，不足以弥补水污染治理成本，难以起到减少污染排放的作用（樊勇、籍冠珩，2014）。

1.4.5 流转税对生态系统供给服务价值的影响

国外学者较少直接研究流转税对生态系统供给服务价值的影响，主要研究流转税对生态系统供给的影响，而流转税对生态系统供给影响的看法不统一。

其一，流转税对提升生态系统供给有积极影响。财税政策对调节生态系统的产品利用提供了有力的手段，通过财税政策引导人的行为，以解决生态系统供给不足的问题（MA，2005）。经济合作与发展组织（OECD）国家逐渐减少政府直接干预，采用征收间接税的手段以干预资源的使用。国外文献以研究增值税与能源税为主体，通过研究增值税税收优惠与能源税的差别税率探究流转税对生态系统供给的影响。

增值税影响农产品供给进而影响生态系统供给，因而一些国家通过增值税税收优惠鼓励农业发展（Jan Christensen and Lars Gårn Hansen，2005），例如，对农产品设立低于基本税率的优惠税率（Sarah Säll，2018），以提高生态系统供给水平。欧洲国家设立加价补偿法，让农业生产者在销售农产品时额外收取一定的加价价格用以抵扣购买生产资料的进项税款（Jonathan Skinner，2010）。一些国家还通过退还农业投入产品进项税的方式，使得农民购买农业投入产品实现零税率（Omar Sanchez，2006）。此外，法国、意大利、荷兰、西班牙等国政府给予纳税人自由选择计税方法的权利，在对农产品实施税收优惠政策时，充分尊重纳税人的意愿（Ghaffar Chaudhry M and Waqar Malik，2001；Chang et al.，2018），从而提升农产品的供给。能源税通过影响能源价格，优化能源消费结构，影响生态系统能源供给。征收能源税有利于增加低碳能源的消费，减少高碳能源的消费（Wissema and Dellink，2007）。按照课税对象的区别，丹麦、瑞典等北欧国家将能源税分为两类：一类是对能源产品课税，课税对象主要是石油、煤炭、天然气等；另一类是对能源产品的互补品课税，课税对象主要是汽车、摩托车等（IEA，2011）。借助能源消费税影响能源市场供求关系，倒逼企业进行能源生产技术革新，以降低能源消耗与污染，对稀缺性和不可再生性的能源予以保护（Oueslati，2014），从而改变生态系统的能源供给。

其二，流转税对生态系统供给影响不确定。流转税对生态系统供给的影响针对不同国家不同税种可能存在不同的作用效果，影响程度与影响方向也不能确定。能源税作用效果各异，对能源价值的影响不能确定。国外学者采用实证研究的方式探究能源税的节能作用，得到不同种类能源征税作用效果各异的结论。有些学者认为燃油税节能作用效果较小，而碳税能够显著减少化石能源的使用（Glomm G，2008；Zhao Y H，2011）。部分学者针对新能源进行研究，发现对风能和太阳能征税后，产生的节能作用较弱，而针对核能和水能征税作用显著（Stanislav，2018）。此外，不同国家能源税的作用效果也存在不同。有些学者认为欧盟及 OECD 国家的能源税不能起到节能作用（Morkey B，2014），而日本、澳大利亚、墨西哥等国家的能源税可以产生节能作用（Takedaas，2007；Fraser I，2013；Landa，2016）。

国内学者多数从流转税对生态系统供给影响的角度进行研究，直接研究流转税对生态系统供给服务价值影响的较少，尤其实证研究流转税对生态系统供给服务价值影响的更少。

其一，流转税对生态系统供给有积极影响。流转税作为一种间接税，作用于商品生产流通的各个环节，使得税收的调节作用得以充分发挥。流转税通过区别不同商品与劳务，对其价格进行调节（万莹，2012）。流转税中最为重要的两个税种为增值税与消费税，增值税通过产业调节，可以扶持农产品生产加工，起到提高农产品附加值的作用；消费税具有引导消费的作用，可产生节能效应。基于此，流转税可促进农产品价值增加，能源可持续利用，从而对食物生产价值与原材料供给价值产生积极影响，具体影响如下。

1. 增值税支持农产品加工业发展，以增加农产品附加值

农产品加工业发展能有效推动宏观经济发展，但农产品加工业本身内在发展动力不足，亟须有效的税收政策引导，促进农产品加工业转型升级发展

（戴芳，2011）。增值税通过降低农产品加工业税率和扩大农产品加工业抵扣这两大途径降低农产品加工业税负水平，通过税收政策实行产业调控，促进农产品加工业发展（黄磊，2019），进而影响生态系统农产品供给。

2. 消费税引导能源适度消费，以实现能源可持续利用

消费税成品油税目中包含汽油、柴油等石油制品，它们作为化石能源产品，广泛应用于生产和生活之中，对其征收消费税可以减少能源消费，使得能源产品生产向低消耗、低污染转变（黄春元，2015）。成品油作为原油加工后的产物，在生产中消耗大量不可再生能源，对资源损耗产生了负外部性。针对成品油征税可以使外部成本内部化（庞凤喜、王绿荫，2020），生产者为了降低成本会寻求非征税产品作为替代品，从而产生环保效应与节能效应（高颖、李善同，2009；张静，2017）。

其二，流转税对生态系统供给影响较小。流转税虽然可以有效调节人类生产、消费等行为，但同时也会产生经济扭曲。针对农产品与能源的流转税政策存在诸多不完善因素，有些学者认为流转税发挥调节作用的效果甚微，对供给价值影响较小甚至会抑制价值产生。

增值税抵扣政策加重了农民税收负担，限制了农产品价值提升，增值税对提升农产品供给价值难以发挥作用（陈龙福，2006）。还有，我国针对农产品的税收优惠政策较为间接，受供需弹性影响，企业易将税负转嫁，很难保证消费者与农民可以有效享受税收优惠（钮长生，2007）。此外，现行税收优惠政策造成初加工与深加工税负失衡，企业为享受更多税收优惠，达到初加工规模后不愿进行深加工，这将使得产品较为低端，利润空间较小，限制了农产品价值提升（张博，2007；缪陆军，2019）。

1.4.6 文献评析

国内外许多学者关于税收对供给要素、企业绩效、经济增长的影响进行了研究，为本书研究奠定了良好的基础，但就税收对经济增长质量、税收对生态系统服务价值的影响等实证分析相对较少。

关于企业税负对企业绩效影响的研究，国内外学者主要从利润角度去研究，鲜有从产值角度去研究。然而，在衡量制造业企业绩效的指标中，相比企业利润指标，企业产值更能说明制造业企业的生产制造能力。以 A 省甲企

业为例，甲是以生产汽车零配件为主营业务的企业，因企业生产技术落后，甲企业生产的汽车零配件销量不佳，企业年产值低，但由于当地政府征收了一块其厂房所占用的土地，甲企业获得巨额拆迁补偿款，年利润激增。企业获得的拆迁补偿款不影响税负，但是从产值和利润两个不同角度去分析，税负对企业绩效造成的影响却是不同的，为剔除制造业企业非生产因素对企业绩效造成的影响，因此，本书从企业产值角度衡量企业绩效，研究制造业企业税负对企业产值的影响。

企业税负对其成长能力的影响，学术界观点基本达成一致，认为其负作用显著，但其影响的路径有所不同；同时，学界对税负指标形成了多种衡量方法，未达成统一看法。学界立足战略性新兴企业的实证研究并不多，尽管部分学者采用实证分析，但其视角各不相同，或整体研究，或只研究某个领域，如绿色低碳领域或网络经济领域，忽略了整体与部分的差异性、各领域内部的差异性。因此，本书着眼整体和部分两方面，采用多维度分析，探索战略性新兴企业税负与其成长性的关系。

国内外学者没有直接研究环境税对生态系统调节服务价值的影响，而是通过研究环境税对净化大气、气候变化、水土保持、水体质量的影响来间接体现环境税对生态系统调节服务价值的影响。环境税对净化大气、气候变化、水土保持、水体质量影响的研究多侧重环境税的减排程度，忽视了环境税对生态系统的作用。而生态系统调节服务价值是一个大的概念，维持人类生存环境，与人类福祉密切相连，关乎生态文明建设进程。目前，较少学者将环境税与生态系统调节服务价值相结合，探究其影响效果。因此，环境税对生态系统调节服务价值的影响，还需进一步研究。就研究方法而言，运用实证计量分析法探究环境税对生态系统调节服务价值影响的研究更为少见。国内外学者运用实证计量分析法多研究环境税的减排作用，而对生态系统调节服务价值的影响缺乏相应的实证检验。国内外学者观点存在分歧，产生分歧的原因除了研究分析方法不同以外，不同时期或不同国家的数据不一致也会产生不同的结果。由此可见，不同时期不同国家，环境税的作用也是不同的，不能简单依据相关理论下结论，需要结合具体数据进行实证分析。环境税对生态系统调节服务价值的影响，还需构建模型进行实证分析。

关于税制结构对经济增长质量影响的研究，目前研究成果有限，因而深入研究税制结构对经济增长质量的影响具有重要的价值。首先，关于经济增长质量的衡量，目前大多学者选用全要素生产率作为衡量指标，为本书对经济增长质量的衡量提供了良好的依据，将以全要素生产率衡量经济增长质量。其次，在已有文献中关于税制结构对经济增长质量影响的研究，仅讨论了以直接税和间接税划分的税系结构与经济增长质量之间是非线性关系，而文献显示税制结构划分包括税系结构、税类结构以及税种结构，单纯讨论税系结构对经济增长质量的影响，不利于进一步从税种角度完善相应税收制度。因此，本书按照“税系结构→税类结构→税种结构”层层递进的思路，更为全面系统地实证检验税制结构对经济增长质量的影响。考虑到经济发展水平的差异性，本书在实证分析时，选取的样本将根据地区经济发展水平的不同进行分类，以更好地研究税制结构对经济增长质量的异质性影响。

第2章　税收对供给侧结构性改革影响的理论分析

本章沿着“税收对企业产值的影响→税收对经济增长质量的影响→税收对经济增长稳定性的影响→税收对生态服务价值的影响”的逻辑结构进行理论分析。通过本章的理论分析，为进一步实证分析提供理论基础。

2.1　税收对企业产值影响的理论分析

2.1.1　税收对企业产值影响的理论基础

关于税收对企业产值影响的理论较多，本节重点从生产要素理论、公共产品理论、新古典经济增长理论三个理论去分析。

2.1.1.1　生产要素理论

“生产要素”这一概念最早由英国经济学家威廉·佩第提出，他提出土地和劳动是生产的两个要素，即“生产要素二元论”；随后，亚当·斯密在此基础上提出“生产要素三元论”，即资本、劳动、土地；马歇尔又将组织作为第四生产要素，提出“生产要素四元论”；此后，格鲁伯与维农将技术研发列为第五生产要素，提出“生产要素五元论”；我国学者徐寿波提出人力、财力、物力、运力、自然力、时力是生产的六要素，即“生产要素六元论”。

从生产要素理论的发展来看，大多数观点都认可土地、资本、劳动是生产要素。当今，在经济全球化的背景下，各生产要素的流动也不仅局限在一个国家内。例如，劳动力要素在发达国家与发展中国家的价格是不同的，发达国家劳动力成本高于发展中国家，因此，对于一个跨国企业而言，倾向于在发展中国家扩大劳动力投入，以更低的劳动成本带来更多的产值。同样，在要素之间，也存在着价格差异。例如，在一个贫穷的多人口国家，相对于稀缺的资本而言，劳动力要相对廉价。因此，贫穷人口多的国家的企业在扩大生产时，要素的选择上更倾向于增加劳动力投入。综上所述，要素价格的改变不仅引起一国之内要素投入的分配，还会引起全球范围内要素资源的争夺。市场机制下，决定要素价格的除了要素本身的禀赋外，政府这只“有形之手”也会起到调节作用，税收就是其中的媒介。政府通过对不同的生产要素设置不同的税率来影响其价格，从而影响要素之间的相对价格，影响企业的生产分配，进而影响企业产值。

2.1.1.2　公共产品理论

公共产品具有非排他性和非竞争性，这决定了每一个纳税人都可消费公共产品。美国经济学家萨缪尔森将公共产品定义为“任何一个人对某种产品的消费不会减少别人对这种物品消费的物品”，具体包括公共基础设施、教育、医疗、国防等。企业在生产经营过程中，必然会使用到公共产品，如道路、桥梁等，这些公共产品在一定程度上也构成了企业的生产要素，生产者对这些公共产品的消费，可以减少生产成本，从而提高其在私人投入品不变条件下的产出水平。日本学者贝冢也曾指出公共产品是一个重要的生产要素。他认为天气预报作为公共物品，具有中间投入品性质，其不仅可以提醒人们注意天气变化，提高居民的生活质量；而且，对于从事商业生产的农民来讲，又是一个重要的生产要素。这种具有生产要素功能的公共物品能提高企业的产出水平。

公共产品理论还提出，税收是公共产品的“价格”，即税收在一定程度上是纳税人购买政府提供公共产品所支付的价格。政府和纳税人之间的关系是一种产权交易关系。政府是公共产品的所有者，纳税人是公共产品的消费者，纳税人从政府手中购买公共产品，以满足自需。纳税人向政府缴纳的税款，是公共产品和公共服务的买价；政府通过强制性征收的税款是提供公共产品和公共服务的成本来源。在市场机制下，政府不仅要为市场经济运行提供必要的外部条件，还要在市场经济中发挥填空补充、矫正和调节作用。因此，筹集财政收入和分配支出不再是一般意义的分配，也是为社会提供公共产品和劳务，进行资源配置和市场需求的调节。这种调节作用的实施，也是通过税收来实现的。所以，基于公共产品理论，税负能衡量企业公共产品要素的投入，结合企业产出状况，也能说明政府提供公共产品的质量对企业产出造成的影响。

2.1.1.3　新古典经济增长理论

新古典经济增长理论是由美国经济学家索洛提出的，他在柯布－道格拉斯生产函数的基础上，提出了一种新的经济增长模型：$G=\alpha\Delta K/K+(1-\alpha)\Delta L/L$，其中，$G$ 为产出，K 和 L 分别代表资本投入量和劳动投入量。从该模型中可看出，索洛认为经济增长率是由资本和劳动增长率及其边际生产力决定的。然而，该模型存在一个重大缺陷，忽略了技术进步在促进经济增长中的作用。于是，索洛和米德在原有模型的基础上引入了技术进步和时间因素，得到修正模型：$G=\alpha\Delta K/K+(1-\alpha)\Delta L/L+\Delta T/T$，其中 $\Delta T/T$ 代表技术进步。从该模型可以看出，在长期经济发展中，经济增长率是由资本、劳动、技术进步增长率及其边际生产力决定的。

虽然新古典经济学模型是由一国宏观数据推导出来的，但在微观企业中，新古典经济增长理论同样适用。因为在市场机制下，企业的生产经营状况决定着一国的经济发展，企业产值的增加也意味着一国总产值的增加。在企业的生产经营中，同样需要考虑生产要素的投入配置，不同的资本、劳动、技术投入同样会给企业带来不同的生产效益，企业与国家只是研究单位的差异，并不影响新古典经济增长理论的适用。

2.1.2　税收对企业产值影响的作用机制

税收会直接影响企业税负水平，而企业税负会直接影响企业产值水平。基于市场的价格机制，税收负担的高低会直接影响企业的经营成本和企业收入，从而影响企业生产要素的投入，最终影响企业产值。

第一，企业税负影响生产要素价格，从而影响劳动投入，进而影响企业产值。例如，在企业所得税中，2018 年 1 月 1 日之前，一般企业职工教育经费税前扣除限额为工资薪金总额的 2.5%，高新技术企业职工教育经费税前扣除限额为工资薪金总额的 8%。[①] 相比一般企业，高新技术企业投入相同的劳动要素，价格会较低，从而增加劳动投入，进而影响企业产值。其传导过程为：企业税负变化→生产要素价格变化→劳动投入变化→企业产值变化。

第二，企业税负影响生产要素价格，从而影响技术投入，进而影响企业产值。例如，在企业所得税中，2018 年 1 月 1 日之前，一般企业研发费用加计扣除比例为 50%，科技型中小企业研发费用加计扣除比例为 75%。[②] 相比一般企业，高新技术企业技术研发成本较低，从而增加技术投入，进而影响企业产值。其传导过程为：企业税负变化→生产要素价格变化→技术投入变化→企业产值变化。

第三，企业税负影响生产要素价格和企业收入，从而影响资本投入，进而影响企业产值。例如，在企业所得税中，创业投资企业从事国家需要重点扶持和鼓励的创业投资，期限满 2 年（24 个月）的，可以按投资额的 70% 抵扣应纳税所得额。该政策引导了投资方向，降低了被投资企业资本成本，增加了企业收入，从而影响企业产值。其传导过程为：投资企业税负变化→资本流动方向变化→生产要素价格变化→被投资企业资本投入变化→被投资企业产值变化。

因此，通过税收影响生产要素价格和企业收入，会影响企业的产值。作用机制如图 2－1 所示。

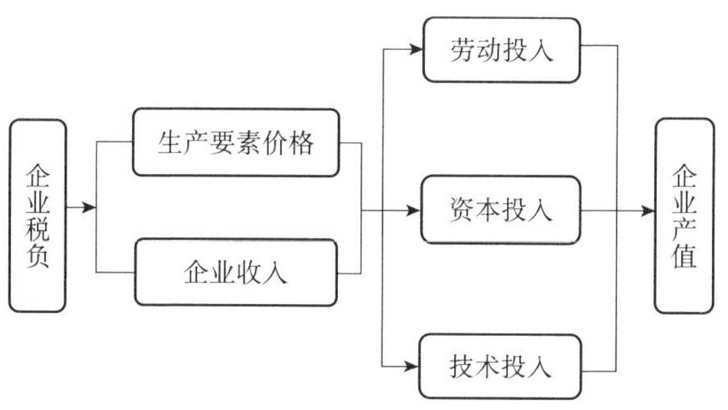

图 2－1　作用机制

① 根据《关于企业职工教育经费税前扣除政策的通知》（财税〔2018〕51 号），自 2018 年 1 月 1 日起，所有企业职工教育经费加计扣除限额比例适用 8%。

② 根据《财政部 税务总局 科技部关于提高研究开发费用税前加计扣除比例的通知》（财税〔2018〕99 号），2018 年 1 月 1 日至 2020 年 12 月 31 日期间，所有企业研发加计扣除比例为 75%。

2.2 税收对经济增长质量影响的理论分析

本章在基本理论分析基础上，剖析税收影响经济增长质量的作用机制，为实证分析提供理论支撑。

2.2.1 税收对经济增长质量影响的理论基础

2.2.1.1 索洛增长模型

索洛增长模型认为技术进步是外生变量，当不存在技术进步时，经济就无法保持长期稳定增长，只有其保持一定的增长率，经济增长率才能长期为正。索洛得出的重要结论是技术进步（全要素生产率提高）是经济增长的主要动力，打破了此前认为经济增长简单依赖资本和人力的积累，向人们展示了长期经济增长是依靠技术的进步、全要素生产率的提高。但在此理论中，税收不会在长期影响经济发展（Solow，1956；Swan，1956），只具有短期效应。

2.2.1.2 内生增长模型

内生增长模型则致力于技术进步内生化，在经济系统内部分析了技术进步对经济增长的作用机制，强调经济发展要以技术创新为基础。罗默认为要想保持经济增长持续为正，不能单依靠外部力量，必须重视教育发展和激励技术创新，以内生的技术进步保证经济长期稳定地增长。内生增长理论同样肯定了技术进步是经济增长的决定性因素。在内生增长理论中认为，税收影响内生变量会长期影响经济发展（Lucas，1988）。

虽然在把技术进步归于内生还是外生上，两个经济增长理论存在区别，但二者都肯定了技术创新对经济发展的重要性。技术的进步与创新能有效提高资源配置效率、提高经营规模效率，使全要素生产率提高，促进经济的高质量发展。尤其现阶段，中国经济开始迈向新时代，经济增长质量是当前我国经济建设的主题，其意在提高技术创新能力，提高全要素生产率。而税收政策作为国家宏观经济调节的重要组成部分，可以通过充分发挥各税种的功能，合理优化各税种之间的比例，实现我国经济发展方式有效转变的目标，以此来促进经济增长质量的提高。

2.2.2　税收对经济增长质量影响的作用机制

税收是影响市场和政府、协调经济发展和社会关系的重要因素，其合理安排与充分发挥国家调控政策的作用密不可分。因而，税制结构的合理性对经济增长质量的提升尤为重要。本部分主要从以下两个维度就税制结构影响经济增长质量的作用机制进行分析。

2.2.2.1　直接税对经济增长质量影响的作用机制

直接税，主要包括个人所得税、企业所得税和财产税类等，其直接向个人和企业征税，税负不易被转嫁，有利于公平，并通过对财富的再分配，影响消费结构和投资结构，进而改善产业生产模式、提高生产效率，促进经济增长质量提高。就个人所得税而言，一方面，征收个人所得税会导致消费者实际可支配收入减少，致使其改变原有消费及投资的组合，消费和投资需求端结构的变动，会推动供给端进行相适应的转变，进而实现供给结构的有效调整，促进产业生产模式的优化和资源配置效率的提升；另一方面，个人所得税具有累进性，其累进税率的设计，一定程度上有利于调节社会收入不均的问题，促进社会公平。对企业所得税而言，一方面，企业所得税已成为我国第二大主体税种，其筹措财政收入的职能，对经济发展有重要影响；另一方面，企业所得税的征收也会减少企业财富，激励企业为降低成本优化生产要素配置、增强创新能力，同时也促使企业积极探寻新的发展战略和投资方向，为全面提高资源配置效率和技术创新创造了良好的环境。同时，企业所得税通过实施一系列税收优惠、减免政策，贯彻落实国家产业政策，促进技术进步，鼓励技术创新，更有利于促使低端行业退出或转变生产方式，引领产业模式升级，达到实现经济结构优化的目的。

2.2.2.2　间接税对经济增长质量影响的作用机制

间接税主要包括增值税、消费税、资源税等，其税源丰富，是筹集财政资金的重要保障，为地方经济发展建设提供充足的财力支持，也是实现经济高质量发展的重要前提条件。间接税主要通过调节社会资源配置、要素供给来影响经济增长质量。从流转税类（如增值税）来说，一方面，就消费者来言，间接税征收会改变商品的相对价格，税负转嫁给消费者会使其实际可支配能力下降，促使其改变原有消费决策和投资理念，进而有效推动企业生产决策调整，实现社会资源配置能力提升。另一方面，就生产者而言，价格的相对变动、消费者消费理念和投资理念的变动，会相应导致生产者生产决策的变化，进而促使其重新规划最优生产方式和投入要素组合，增强资源利用能力，提高效率的同时也降低了成本，进而实现企业生产模式的改变，引领产业发展模式升级，优化经济结构，推动经济增长质量的提高。但是，以商品课税为主的间接税也具有累退性，不利于社会财富分配、促进社会公平，一定程度上有碍于经济增长质量的提高。从资源税类（如资源税、环境保护税）来说，资源税类可以促使企业技术创新，提高资源利用效率，有利于优化产业结构，以此实现节能减排、绿色发展和技术进步、产业结构升级的双赢，进而促进经济增长质量的提高。

税制结构影响经济增长质量的作用机制如图 2－2 所示。

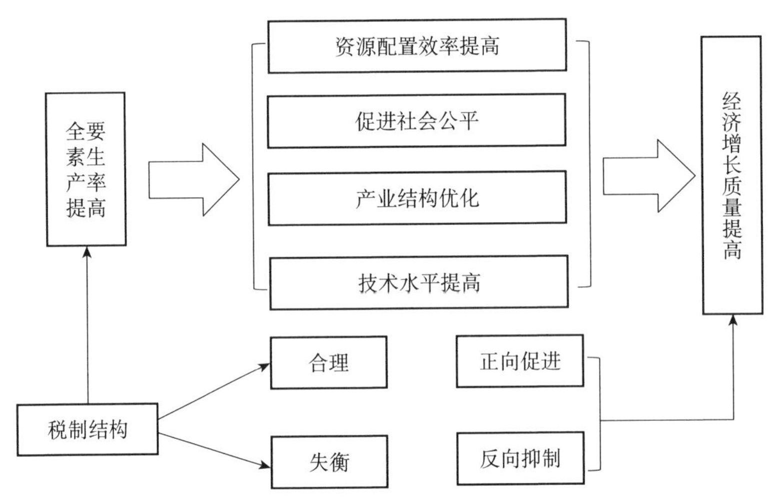

图 2－2　税制结构影响经济增长质量的作用机制

2.3　税收对生态系统服务价值影响的理论分析

生态系统服务价值包括生态系统供给服务价值、生态系统调节服务价值以及生态系统支持服务价值。流转税主要影响生态系统的供给服务价值，环境税会影响生态系统调节服务价值，资源税费影响生态系统的支持服务价值。

本节从流转税、环境税、资源税费三个层面，分别分析三类税收对生态系统供给服务价值、调节服务价值、支持服务价值的影响。

2.3.1　流转税对生态系统供给服务价值影响的作用机制

生态系统供给服务价值分为食物生产价值与原材料供给价值。流转税对生态系统供给服务价值的影响主要通过税负转嫁和税收的收入与替代效应发挥作用，从而影响生产水平和资源配置，进而影响生态系统供给服务价值。

2.3.1.1　增值税对生态系统供给服务价值影响的作用机制

增值税作为我国第一大税种，其征税范围较广，覆盖食物生产与原材料供给等领域。增值税针对农产品采用“轻税”政策，通过制定税收优惠和增加进项税抵扣，提升农产品产量与附加值，二者共同作用于食物生产价值，实现生态系统供给服务价值的提升。

具体而言，如图 2－3 所示，提升生态系统供给服务价值有以下两条路径。一方面，对于农业初级生产者，减少设备、化肥等生产成本的投入，同时从技术、资金、市场等多方面提供政策支持，从而提升农民的生产积极性，扩大生产规模，实现产量提升。食物生产产量是衡量农产品供给能力的主要指标，提高食物生产产量将直接提升食物生产价值。另一方面，由于我国增值税采用间接计算法，通过销项税额减去进项税额计算最终税额。对于农产品生产企业，通过改进凭票抵扣、核定抵扣等进项税抵扣方式完善增值税链条。在实现上游初级农产品免税的同时，使得处于下游的农产品加工业将上游产业转嫁过来的税负进行进项税抵扣，减轻农产品加工企业税负负担，从而减少企业资金占用，使资金投入改进产品质量之中，实现产品附加值的提升，最终提升食物生产价值。

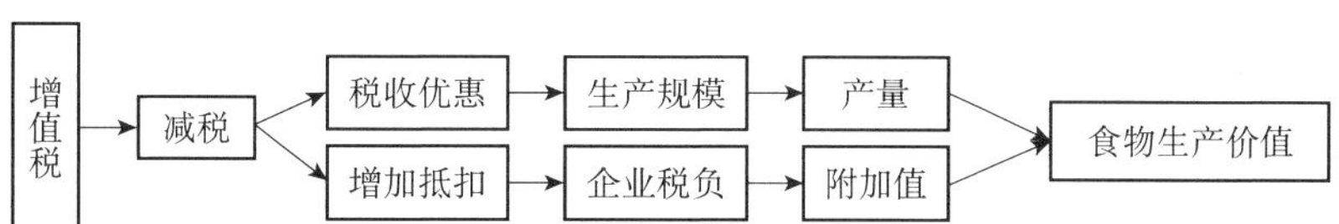

图 2－3　增值税对生态系统供给服务价值影响的作用机制

2.3.1.2　消费税对生态系统供给服务价值影响的作用机制

消费税作为价内税，税款包含在价格之中，通过对高耗能、高污染的产品与原料征收消费税，使得产品原料价格提升。生产者与消费者从自身利益出发，选择其他不征税商品替代征税商品，从而逐渐改变消费结构，提升原材料可持续供给水平。

具体而言，如图2-4所示，提升生态系统供给服务价值有以下两条路径。一方面，通过对高污染、高耗能和资源性产品征税，生产者将部分税负向前转嫁给消费者。对于消费者而言，将付出更多成本来购买该商品，理性消费者将减少该商品的购买需求以保持现有的收入水平，高污染、高耗能和资源性产品购买量将总体减少。另一方面，通过对不可再生等化石能源征收消费税，使得该种能源、材料价格提升。生产者出于自身利益考虑，为减少生产成本同时保障生产，将转移使用清洁能源、生物能源等不征税能源，使低污染、低耗能等产品消费量增加。通过以上两条路径，减少高污染、高耗能和资源性产品的购买，增加低污染、低耗能产品的消费，改变了消费结构，提升了资源利用水平，提升了原材料价值可持续供给能力。

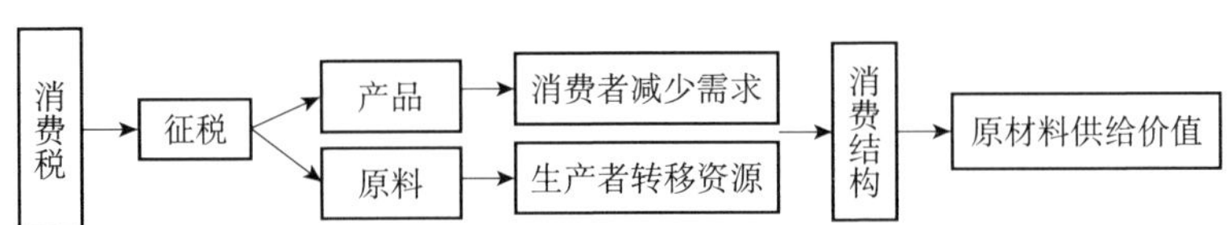

图2-4　消费税对生态系统供给服务价值影响的作用机制

2.3.2　环境税对生态系统调节服务价值影响的作用机制

环境税通过政府、生产者和消费者三条路径作用于生态系统调节服务价值。对政府而言，政府通过征收环境税筹集收入，用于生态环境建设；对生产者而言，环境税征收影响生产者成本，从而影响生产者供给需求；对消费者而言，环境税征收影响产品价格，从而影响消费需求。环境税对生态系统调节服务价值影响的作用机制如图2-5所示。

第一，政府通过征收环境税筹集收入，用于环境建设，对生态系统调节服务价值具有正向影响。环境税作为政府收入的关键组成部分，在一定程度上增加了政府用于环境建设方面的资金投入，提高了政府调控能力。政府将筹集的环境税收入用于生态环境保护和治理，弥补环境负外部性造成的损害，维持生态系统调节服务，在满足当代人生态环境需要的基础上，不损害后代

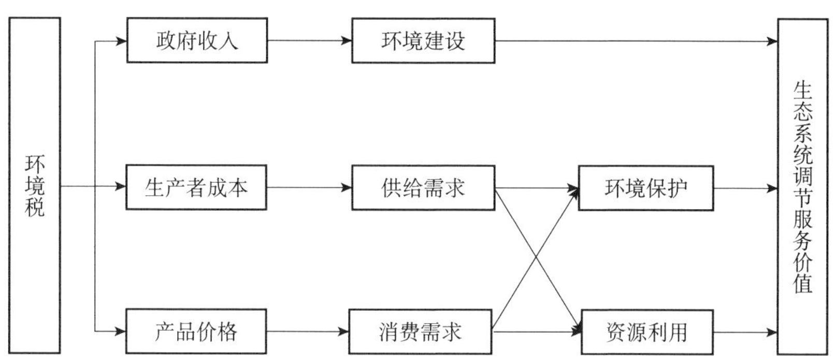

图 2－5　环境税对生态系统调节服务价值影响的作用机制

人利益，实现生态可持续。环境税还具有专款专用的特点，政府将其投入重点生态保护区或污染、破坏程度较严重的地区，用以改善生态环境状况，提升生态系统调节服务价值。

第二，环境税征收会提高生产者成本，影响生产者供给需求，促使生产者保护生态环境、提高资源利用效率，进而提升生态系统调节服务价值。生产者在生产过程中，会带来负外部效应，打破生态平衡，如向环境中排放污染物，降低空气质量、水体质量，以及开采资源时对周围环境造成的损害，引发水土流失、地质塌陷等生态问题，降低生态系统调节服务价值。环境税的征收有利于调节生产者引发的负外部效应，通过影响生产者成本，调整生产者污染产品、资源产品的供给需求，进而影响生态系统调节服务价值。

环境税影响生产者供给需求的作用机理如图 2－6 所示。

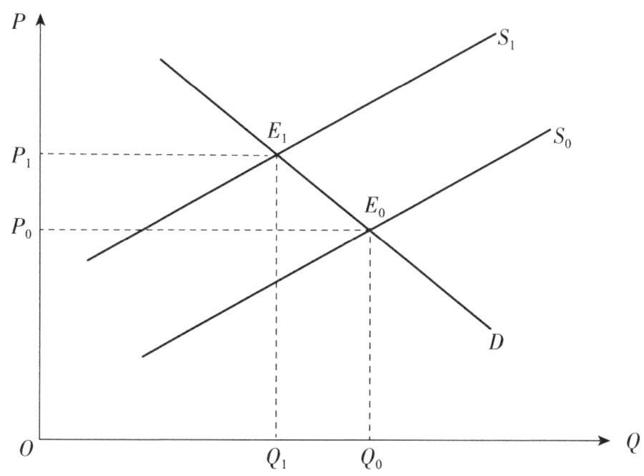

图 2－6　环境税影响生产者供给需求的作用机理

其中，S、D 分别表示供给曲线与需求曲线。假设消费者需求保持不变，当不征收环境税时，此时供给曲线为 S_0，确定的均衡点为 E_0，均衡价格及产量分别为 P_0、Q_0。当征收环境税时，生产者成本随之提高，S_0 移动至 S_1 位置，确定的市场均衡点为 E_1，均衡价格及产量为 P_1、Q_1。征收环境税后相比征收环境税前，均衡产量降低，均衡价格提高。可见，环境税的征收会提高生产者成本，降低供给数量，使生产者减少对生态环境、资源的消耗，从而提升生态系统调节服务价值。具体而言，当生产者需要缴纳的环境税高于治污成本时，生产者选择减少污染，并加快排污环保技术研发，间接减轻环境污染，对生态系统调节服务价值产生正向影响。环境税对重要资源产品征收，降低资源产品的消耗数量，调节资源开采引发的生态破坏问题，同时推动生产者提高利用效率，促进资源产品替代，提升生态系统调节服务价值。

第三，环境税征收提高产品价格，影响消费需求，引导消费者保护环境、合理利用资源，进而提升生态系统调节服务价值。环境税对消费者的影响，主要是通过提高污染产品、资源产品的价格，使消费者减少该产品消费、增强其他产品的替代作用来实现。

环境税影响消费需求的作用机理如图 2－7 所示。

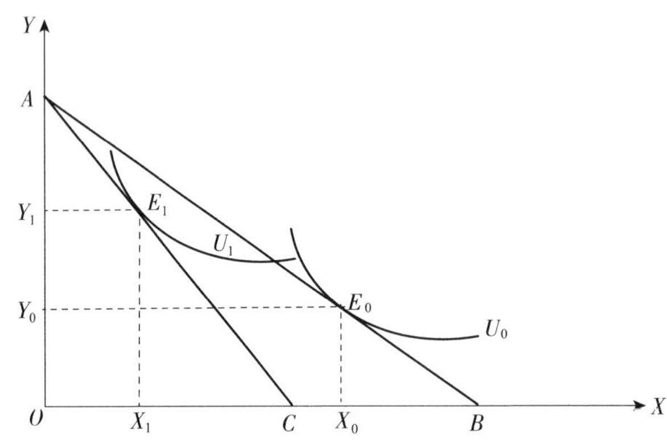

图 2－7　环境税影响消费需求的作用机理

其中，X 表示应税产品，Y 表示 X 产品的替代品。假设消费者收入保持不变，当未对 X 产品征收环境税时，确定的均衡点为 E_0，对 X 产品需求量为 X_0，对 Y 产品需求量为 Y_0。当对 X 产品征收环境税时，X 产品的价格随之上升，在消费者收入保持不变的条件下，预算线发生改变并移动到 AC 位置。

此时，确定的均衡点为 E_1，X 产品与 Y 产品的需求量为 X_1、Y_1。征收环境税后均衡点相比征收环境税前，X 需求量减少，Y 需求量增加。政府对污染产品、资源产品征收环境税，会提高污染产品、资源产品的价格，改变消费者消费选择，减少该产品消费，引导消费者保护环境、节约利用资源，提升生态系统调节服务价值。环境税的征收通过价格作用机制，改变消费者对污染产品、资源产品的消费选择，并寻求其他替代产品消费，减少环境污染、资源浪费，对生态系统调节服务价值具有正向影响。

2.3.3　资源税费对生态系统支持服务价值影响的作用机制

资源税费通过政府、企业与个人三条路径最终对生态系统支持服务价值产生影响。对于政府而言，征收资源税费可以获得大量财政收入，进而用于生态系统支持服务改善；对于企业而言，征收资源税费会调整企业的经营行为，一方面减少开采，另一方面提升开采效率；对于个人而言，征收资源税费会影响矿产资源等产品价格，从而对消费者的购买行为产生影响。资源税费对生态系统支持服务价值的作用传导机制如图 2－8 所示。

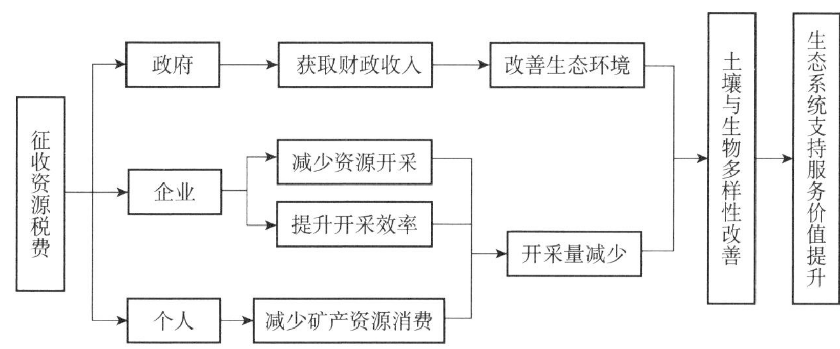

图 2－8　资源税费对生态系统支持服务价值的作用传导机制

从政府角度来说，资源税费可以为政府筹集财政收入进而用于生态保护、生态治理等方面，从而作用于生态系统支持服务价值。首先，资源税费作为税费收入的组成部分，可以直接为政府筹集财政收入。政府利用这些财政收入进一步履行其公共职能，用于生态保护方面的财政支出。其次，政府将这些财政收入专款专用于生态环境的改善与治理等方面，可以有效解决生态破坏情况，改善生态环境，从而提升生态系统支持服务价值。最后，除了专门用于生态环境改善方面的支出，政府还可以将这些收入用于居民的教育、生态保护科普以及生态保护奖励等方面，进而促进生态系统支持服务价值的提升。

从企业角度来说，资源税费会构成企业的成本，随着成本的增加会促使企业直接减少开采量并提升企业的技术创新积极性，运用技术提升开采效率弥补成本，最终减少开采从而提升生态系统支持服务价值。首先，在征收资源税费后，将会提升企业的生产成本，为了获取最大利润，企业将不得不减少矿产资源的开采和矿石产品的生产。其次，当开采产生较低生态破坏时适用轻税政策，而产生较大生态破坏时适用重税政策时，矿产企业将会自觉加大开采技术研发，提升开采效率，减轻生态破坏。税收通过引导企业减少开采和提升技术这两条路径，来提升生态系统支持服务价值。

从个人角度来说，征收资源税费后，资源税费成本将会在个人与企业间进行分摊。消费者会倾向选择税负负担较小的资源产品，从而减少传统矿产资源的消费，进而使资源开采量下降、生态环境改善、生态系统支持服务价值提升。

综上所述，资源税费将通过多种作用路径对生态系统支持服务价值产生影响，但我们并不清楚不同路径组合下，资源税费对于我国生态系统支持服务价值的影响如何。因此，本书将通过具体的数据考察我国资源税费与生态系统支持服务价值的现实状况，并利用计量手段检验我国资源税费的影响程度，最后提出相应的政策建议。

2.4 税制结构优化的理论分析

从20世纪20年代开始，税制结构的优化理论不断发展与完善。税制结构的优化是指通过对构成税制的要素进行改革与完善，最终实现理想的税制总体格局，即税制结构能够最大限度地符合当前经济的运行状况，维持经济增长与经济增长的稳定性。该理论主张税种之间的相互协调和最优组合，以尽可能地实现税收制度的整体功能，维持经济增长的稳定性。税制结构的优化理论与经济增长的稳定性之间，两者相辅相成。税制结构优化合理，符合我国经济运行情况，当面对经济冲击时，发挥出自动稳定的功能，结合相机决策机制，必然会减小经济波动对经济增长的冲击，保持经济增长的稳定性。而经济增长的稳定性，需要对税制结构进行优化。因此，分析最优税制结构存在的现实意义，就在于优化我国当前的税制改革，从而更好地促进经济发展，保持经济高质量发展。

2.4.1　最优商品税理论

商品税作为现代国家重要的一类税，包括的税类广泛，如增值税、消费税等税种，对于经济增长稳定性的影响较大。因此，如何进一步对商品税进行优化，维持经济增长的稳定性，成了一国税制结构优化的关键所在，同时需要对最优商品税理论进行深入研究。

商品税的课征，会对经济增长的稳定性造成相应的影响。商品税按照课税范围大小分为一般性商品税与选择性商品税。一般性商品税是对所有的商品征税，而选择性商品税是对流通中的一部分商品征税，对不同的商品进行课征，会对经济增长的稳定性产生不同的影响。因此，政府需要对课税范围进行一定的选择，主要课征一般性商品还是选择性商品，课征所有商品还是一部分商品，这是在设计税收制度时需要首先考虑的问题，下面进行一定的分析。

1. 最优课税范围

为了简化分析，假设市场上仅有甲乙两种商品（如图 2－9 所示），政府征税前，预算约束线为 AB，斜率为甲乙两种商品的价格之比 P_1/P_2，预算线 AB 与无差异曲线 U_1 相切于点 E_1。如果选择对所有商品征收一般性商品税，对甲乙两种商品课征相同的税率，则甲乙两种商品价格同比例上升，在消费者收入不变的情况下，消费者购买甲乙两种商品的最大数量减少，对整体的经济增长稳定性产生影响。于是在征收一般性商品税后，预算约束线从 AB 平移到 CD，与无差异曲线 U_2 相切于点 E_2，从而得到新的均衡消费组合 E_2。如果政府不选择征收一般性商品税，而是只针对甲商品征收选择性商品税，并且保证获得与征收一般性商品税一样的税收收入，那么需要提高税率，选择性商品税的税率高于一般性商品税的税率。由于对商品甲进行征税，从而使得商品甲价格上升，在消费者收入不变的前提下，对商品甲的消费数量会大幅减少，对经济增长稳定性产生影响，由于没有对商品乙征税，所以可以购买商品乙的最大数量不发生变化。因此，消费者的预算约束线将以 B 点为支点向左内旋转变为 BF，与无差异曲线 U_3 相切于点 E_3 。显然无差异曲线 U_2 的位置高于 U_3 ，即一般性商品税给消费者带来的福利损失小于选择性商品税给消费者造成的福利损失，更加有利于经济增长的稳定性。

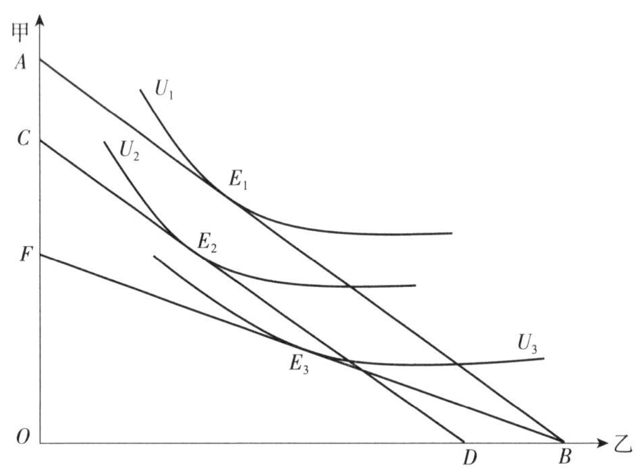

图 2-9　一般性商品税与选择性商品税分析

根据上述分析，在税收收入一定的情况下，一般商品税比选择商品税更符合税收效率原则要求，更有利于经济增长的稳定性。但是，从社会公平的角度考虑，对全部商品征税，不可避免地会涉及生活必需品，而对生活必需品征税具有较强的累退性，与高收入者相比，低收入者大部分收入会用于生活必需品的购买中，从而一般性商品税不符合税收的公平性原则。所以，最优商品税收制度要兼顾税收的效率与公平，尽可能地在广泛课征商品税的基础上，对一些生活必需品给予免税，降低经济波动性，以提高经济增长的稳定性，这种做法已经在许多国家的税收制度设计中有所体现。

2. 最优税率结构

从税收效率角度看，一般商品税优于选择商品税。那么，对全部商品使用统一税率还是按不同商品确定差别税率。主要介绍以下两个法则。

第一，拉姆齐法则。明确提出最优商品税理论，并运用数学推理进行研究，作出重要贡献的是英国经济学家拉姆齐。拉姆齐假定经济处于完全竞争状态，而且没有国际贸易的封闭状态，生产总是等于消费，不存在过剩问题，私人物品和公共物品总是相等，不存在外部性问题，也不考虑相应财政支出产生的各种经济波动影响问题。拉姆齐提出，要使征税后的效率损失最低，即额外负担最小，理想的商品税制应该保证所有相互独立的应税商品的生产等比例减少；如果应税商品在需求方面存在替代性或者互补性，则遵循征税应当使它们的消费比例保持不变，此结论被后人概括为等比例减少法则或拉姆齐法则（Ramsey Rule）。用公式表示为：

$$\frac{dx_1}{x_1} = \frac{dx_2}{x_2} = \cdots = \frac{dx_n}{x_n} \tag{2-1}$$

其中，x_n 为政府课税前的某一种商品的需求量，dx_n 为政府课税导致某一种商品需求减少的数量。拉姆齐法则是建立在严格的假设条件基础上的，具体包括整个经济中只有一个人或者人都是同质的、竞争性经济、劳动力是唯一的生产投入以及规模收益不变等。

第二，逆弹性法则。鲍莫尔和布莱德福德在拉姆齐研究的基础上，通过对用来推导拉姆齐法则的经济条件施加进一步约束，假定商品之间不仅存在交叉价格效应，来推导出逆弹性法则。逆弹性法则是指在最优商品课税体系中，当对各种商品的需求是相互独立时，对各种商品课征的税率必须与该商品自身的价格弹性呈反比关系。逆弹性法则与拉姆齐法则实质上是一致的，或者说只有符合弹性法则，商品税才能达到拉姆齐法则要求的最优状态。

用图进行分析（如图 2－10 所示），在没有税收的情况下，商品甲的价格与产量分别为 P_1 和 Q_1 。考虑两种不同的弹性需求曲线，一种有弹性需求曲线为 D_e ，另一种无弹性需求曲线为 D_i 。假定以税率 t 进行课征，价格上升至 $P_1(1+t)$ 。此时，无弹性需求曲线，商品需求下降至 Q_2 ，税收收入为 $P_1cb\,P_1(1+t)$ 矩形面积，超额负担为 abc ；而有弹性曲线，商品需求下降至 Q_3 ，税收收入为 $P_1ed\,P_1(1+t)$ 矩形面积，超额负担为 ade 。将两种情况进行比较，很容易得出，无弹性情况下的每 1 元税收收入的超额负担比有弹性情况下的超额负担要低。因此，应对需求弹性低的商品课以较高的税率。用公式表示为：

$$\frac{t_e}{t_i} = \frac{\eta_1}{\eta_2} \tag{2-2}$$

其中，t_e 、t_i 、η_1 、η_2 分别代表有弹性商品和无弹性商品的税率和需求价格弹性。逆弹性法则的经济含义为，基于效率的要求，并不需要对所有的商品课税，对需求弹性相对较小的商品设定高税率，对需求弹性相对较大的商品设定低税率。

通过上述分析得出，从经济效率角度考虑，商品税的最优税率高低与商品的价格需求弹性成反比。在现实生活中，生活必需品的需求弹性较小，而奢侈品的需求弹性较大，所以根据逆弹性法则的政策含义，对生活必需品设定高税率，而对奢侈品设定低税率，这意味着低收入者的税收负担高于高收入者的税收负担，这不仅违背公平性原则，还会对经济增长产生冲击，造成经济波动，降低了经济增长的稳定性。现实生活中，政府对于生活必需品制定较低税率，而对于奢侈品制定高税率，虽然会造成一定的效率损失，但是最优商品税需要兼顾效率与公平，有助于经济增长的稳定性。

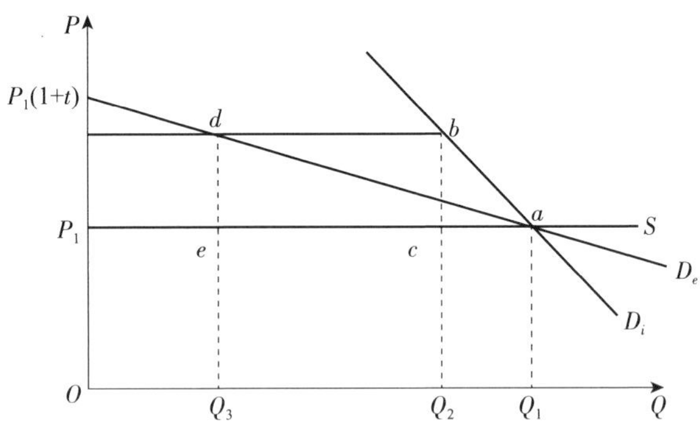

图 2－10　有弹性商品和无弹性商品的税率分析

2.4.2　最优所得税理论

所得税类同样作为重要的一类税，政府可以通过所得税类对市场运行进行调控，其目标定位于增加就业、促进产业结构的优化、经济稳定增长和减少经济波动性。而与所得税类联系较为紧密的最优所得税理论，无论是从假设上还是从模型建立的意义上，都是为调控经济这个目标服务的，这使得我们对最优所得税理论作更深一步的理解，以便更好地实现经济增长稳定这一目标。

1. 埃奇沃思模型

埃奇沃思（Edgeworth）于 1897 年建立了一个模型，用以考察最优所得税问题。如果 U_1 表示第 i 个人的效用，W 表示社会福利，n 代表社会成员的数量，则税制应该满足：$\text{Max}W = U_1 + U_2 + \cdots + U_n$。

埃奇沃思假定个人的效用函数完全相同；个人效用的大小仅取决于人们的收入水平；收入的边际效用是递减的，效用递减的比例超过收入增加的比例；可获得的收入总额是固定的；即使税率达到 100% 对产出也没有影响。由于个人效用函数完全相同，所以只有当收入水平也完全相同时，收入的边际效用才会相同，这就需要税收收入绝对公平。因此，需要对富人征收重税，才能达到绝对公平；如果已经达到绝对公平，政府增加税收收入，只需要将增加的税款平均分配到每个人即可。埃奇沃思模型意味着，所得税制要实行高度累进税率制度，这对于富人和穷人有着不同的影响，累进程度越高，对富人消费的影响程度越大，对经济增长稳定性将产生不利的影响。如果从最高端开始削减所得，直至绝对公平为止，这意味着对高收入者的边际税率是 100%。当对高收入者征收 100% 边际税率，会对经济增长造成极大的波动，经济增长稳定性将无法有效保持。因此，在制定相应边际税率时，对富人征收适用高税率，但是不能过高，过高会对经济波动产生影响，降低经济增长的稳定性。

2. 最优线性所得税

斯特恩（Stern，1976）将个人工作积极性纳入最优所得税模型，考虑个人在工作与闲暇之间进行选择的情况下，研究所得税的累进程度问题。并结合所得税对劳动供给的影响、负所得税设想，提出最优线性所得税模型，即：

$$T = -G + tY \tag{2-3}$$

G 为政府对个人的总补助，T 为税收收入，t 为税率，Y 为个人全部所得。当 $Y=0$ 时，税收收入为负，即政府需要支出 G 元补助给个人；当 $G/t \geqslant Y > 0$ 时纳税人获得 1 元收入需要向政府缴纳 t 元的税收。因此，t 为边际税率，即最后 1 元所得中应纳税额的比例是固定不变的常数。斯特恩认为，劳动供给弹性越大，边际税率 t 的值应当越小，以免造成经济较大波动。当社会保障支出被当作负所得税与所得税结合使用时，人们可维持个人消费情况，从而使经济获得增长，并保持增长的稳定性，因此，政府可以通过调整 G 和 t 的精确值来协调不同收入人群的负担率。

3. 最优非线性所得税

最优非线性所得税主要是米尔利斯最优所得税理论。与线性所得税不同，非线性所得税有多个边际税率，对不同的收入水平设定不同的税率，即税率具有累退或累进性。最优非线性所得税的核心问题是，应该如何确定所得税的累退或累进程度，即边际税率为多少。米尔利斯（Mirrlees）通过一系列假定与研究，得到以下三点结论。第一，一个具有行政管理方面优点的近似线性所得税方案是合意的。第二，所得税并不像我们想象的那样，是一项缩小不平等程度的有效工具。第三，需要设计与所得税互补的税收。

而从米尔利斯模型又可以得出三点结论：第一，所得税的累进税率处在0和1之间；第二，拥有最高所得的个人适用的边际税率应该为0；第三，如果具有最低工资率的人正在最优状态下工作，那么他的边际税率为0。

这就是著名的倒“U”型税率结构，即个人所得适用的边际税率应该先累进，然后再转向累退。

其政策含义为，政府应该通过削减所得税表中最高所得部分的税率，以减少其对最高收入者的作用；最优税收函数不可能是累进性的，须重新审视利用累进所得税制来实现再分配的观念，判断不同税率对于高低收入者的消费的影响，从而更好地判断对经济增长稳定性的影响。要使关注低收入者的社会福利函数最大化，未必需要通过对高收入者课重税才能实现经济增长的稳定性。事实上，让高收入者承担过重的税负，其结果可能反而使低收入者的福利水平下降，不利于经济增长的稳定性。

第3章　税收对不同产业企业影响的实证分析

2015年，我国发布了实施制造强国战略的第一个十年行动纲领——《中国制造2025》，力争用十年时间迈入制造强国行列，实现“制造大国”向“制造强国”的转变。在《中国制造2025》行动纲领中，明确提出要加大财税政策支持力度，运用税收杠杆作用，实施有利于制造业转型升级的税收政策，切实减轻制造业企业负担，为制造业发展创造良好的政策环境，促进制造业技术创新、转型升级和结构布局调整。[①] 2017年，党的十九大报告提出，我国经济已由高速增长阶段转向高质量发展阶段。在我国转变经济发展方式以及优化经济结构的背景下，服务业成为引领高质量发展的重要途径之一。

可见，制造业和服务业成为我国经济发展的重要产业，也是推动供给侧结构性改革、促进经济发展方式转变的重要动力。因此，本章从税负层面实证分析企业税负对制造业与服务业企业产值的影响。

3.1　制造业企业税负对企业产值影响的实证分析

3.1.1　模型构建及检验

本书模型构建采用的方法是在已有的经济学理论基础上建立计量模型。

---

① 《中国制造2025》。

3.1.1.1 理论模型

经济学界对制造业产值的研究有很多，最为经典的当属美国学者柯布和道格拉斯创造的生产函数理论。两位学者利用美国某两个州 1899 ~ 1922 年的制造业产出、资本投入、劳动投入相关数据进行实证研究，发现在既定的技术水平下，资本投入和劳动投入的变化对产值增长的影响是不同的，并得到柯布 - 道格拉斯生产函数：

$$Y = F\ (L,\ K) \tag{3-1}$$

其中，Y 代表工业总产值；L 代表劳动投入，用劳动力人数表示；K 代表资本投入，用固定资产净值表示。

柯布 - 道格拉斯生产函数假定了一定的技术投入，然而在现实生产活动中，技术投入并不是一成不变的，所以熊彼特提出技术创新理论，发展了新的生产函数：

$$Y = F\ (T,\ L,\ K) \tag{3-2}$$

其中，T 代表技术投入，其他变量代表的含义同式（3 - 1）。

基于新制度经济学派中的制度变迁理论，制度在决定一个国家经济增长和社会进步方面，起着决定性作用。① 同理，对于企业而言，制度也是影响其发展的重要因素。税收制度是经济制度中的重要制度之一，税收制度的变化会引起税收收入的变化，但是影响税收收入的因素还受经济形势、经济总量的影响，所以以税收收入或纳税额变化衡量税收制度变化失之偏颇。此外，根据财政受益学说和日本经济学家贝冢提出的公共产品要素理论可知，生产单位从使用公共物品中获得的收益与其应付税收是对应的。①因此，在研究企业产值增长中，生产性公共产品是影响企业产值变化的重要因素，实付税额即为其衡量标准。在此理论基础上，结合柯布 - 道格拉斯生产函数得到新的扩展生产函数：

$$Y = F\ (T,\ L,\ K,\ X) \tag{3-3}$$

其中，X 代表企业税负，以企业实际承担的税负额来衡量，其他变量代表的含义同式（3 - 2）。

---

① 基于道格拉斯·诺斯（Douglas C North）的制度变迁理论。

3.1.1.2　企业税负对企业产值影响的判别标准

由日本经济学家贝冢的生产性公共产品理论可知，公共产品也是生产要素之一，税收便是纳税人获得公共产品的交易价格。由于政府是公共产品的主要提供者，公共产品的价格并不受市场供需的影响，而是由政府以强制性税收的形式进行定价，所以税负的高低能衡量公共产品的价格。但是，公共产品的价格是否合理，需结合企业在生产经营过程中，享用的公共产品的效用来衡量，即在一定的公共产品价格水平下，一单位公共产品要素投入所带来的产值增加量。若在其他生产要素不变的前提下，企业受用 1 单位的公共产品要素导致企业产值增加小于 1 单位，说明该公共产品定价高于其“市场价格”，即税负较重，不利于企业产值增长；相反，若企业受用 1 单位的公共产品要素导致企业产值增加大于 1 单位，说明该公共产品定价低于其“市场价格”，即税负较轻，有利于企业产值增长。

3.1.1.3　计量模型

（1）方法选择。本书选择面板数据回归分析方法。首先，回归分析通常用来分析两个及两个以上变量之间的相关关系，根据模型对于参数是否为线性可以将模型分为线性模型和非线性模型。在关于生产理论的研究中，较多学者采用多元线性回归模型，秦德智和邵慧敏（2016）基于扩展的柯布－道格拉斯生产函数，运用多元回归模型对我国农业产业结构调整的动因进行分析。因此，基于前人的研究成果，本书选择面板数据回归分析方法具有可行性；此外，在建立回归模型时，在经济意义上影响产值的因素较多，需根据各种统计准则筛选变量，产生最优的计量模型。综上所述，本书选择组合不同控制变量进行回归分析。

（2）变量选择与基本模型。探究我国制造业企业税负对企业产值的影响，基于前面的理论分析，本书以企业税负额为解释变量，企业产值为被解释变量。考虑到影响企业产值的其他因素，将引入技术投入、资本投入、劳动投入作为控制变量。利用多元线性回归模型，建立企业税负影响企业产值的基本计量模型。

$$Y_{it} = c_{it} + \alpha_{it} X_{it} + \beta_{it} T_{it} + \gamma_{it} K_{it} + \theta_{it} L_{it} + \mu_{it} \qquad (3-4)$$

其中，Y_{it}表示第 i 个企业第 t 期的企业产值，用工业增加值衡量；X_{it}表

示第 i 个企业第 t 期企业税负额，用企业实缴税负额衡量；T_{it}表示第 i 个企业第 t 期的技术投入，用研究试验经费与新产品开发经费之和来衡量；K_{it}表示第 i 个企业第 t 期的资本投入，用固定资产折旧衡量；L_{it}表示第 i 个企业第 t 期的劳动投入，用应付职工薪酬衡量；μ_{it}表示第 i 个企业第 t 期的随机扰动项；c 为常数项；α、β、γ、θ 为各项系数，分别代表在其他变量不变的情况下，增加 1 单位对应变量投入所引起的产值变化量。其中，α 是本书重点关注的系数，反映了企业税负额对企业产值的影响，如果 $\alpha>1$ 且显著，则说明企业税负对企业产值有促进作用；相反，若 $\alpha<1$ 且显著，则说明企业税负对企业产值有抑制作用。

（3）模型设定与检验。含有 N 个截面方程的 Panel Data 模型可分为 3 种类型：截面个体变系数模型、截面个体变截距模型和截面个体系数截距不变模型。不同类型的 Panel Data 模型会导致参数估计不是一致估计或估计出的参数无意义。因此，需对样本数据进行协方差分析检验，判断模型适用的 Panel Data 模型，避免模型设定偏差，提高参数估计的有效性。利用 Hausman 检验方法，能判断模型是固定效应还是随机效应，检验结果如表 3－1 所示。

表 3－1　　模型形式设定检验结果

检验统计量	F_1	F_2	Hausman 检验 P 值
检验统计值	1.78 （2.35）	3.77 ** （2.37）	77.23 0.0000

注：F_2为检验截距和系数在不同横截面上个体相同假设的统计量；F_1为检验系数在不同横截面上个体相同，但截距不同假设的统计量；括号内为 F 的统计量临界值；** 表示在5% 的显著性水平上显著。Hausman 检验仅给出相应的 Prob. 值。

由表 3－1 可知，F_2统计量在 5% 的显著性水平上显著，但 F_1统计量不显著。两个统计量值说明本模型应拒绝截距和系数在不同横截面上个体相同的假设，接受系数在不同横截面上个体相同，但截距不同的假设。因此，本模型采用截面个体变截距模型。从 Hausman 检验结果可以看出，模型应采用固定效应，所以本书最终选择了个体固定效应变截距模型。

$$Y_{it}=c_i+\alpha X_{it}+\beta T_{it}+\gamma K_{it}+\theta L_{it}+\mu_{it} \tag{3-5}$$

（4）单位根检验。为避免伪回归，对面板数据进行回归估计之前，需要对模型所含变量进行单位根检验，以验证数据是否平稳。因为本书数据各截面序列拥有不同单位根过程，所以本书以 Fisher – ADF 和 Fisher – PP 检验方法对各变量进行单位根检验，在 Pool 中选择 Summary 检验类型，检验结果见表 3 –2。

从表 3 –2 可知，对各变量进行水平检验且均采用有截距和趋势项的检验形式时，各变量 Fisher – ADF 和 Fisher – PP 检验结果的 P 值均小于 0.001，说明各变量均在 1% 的显著性水平上显著。因此，拒绝存在单位根的原假设，各变量服从同阶单整，通过单位根检验，数据平稳，可以对模型进行回归估计。

表 3 –2　　各变量单位根检验结果

变量	检验形式	检验方法	T 统计值	P 值	结论
Y	(c, t, 0)	Fisher – ADF	3250.88 ***	0.0025	平稳
		Fisher – PP	5042.33 ***	0.0000	
X	(c, t, 0)	Fisher – ADF	3539.39 ***	0.0000	平稳
		Fisher – PP	5496.17 ***	0.0000	
K	(c, t, 0)	Fisher – ADF	3483.93 ***	0.0000	平稳
		Fisher – PP	5491.74 ***	0.0000	
T	(c, t, 0)	Fisher – ADF	3295.56 ***	0.0000	平稳
		Fisher – PP	5031.49 ***	0.0000	
L	(c, t, 0)	Fisher – ADF	3620.77 ***	0.0000	平稳
		Fisher – PP	5407.79 ***	0.0000	

注：*** 表示在 1% 的显著性水平上显著。

3.1.2　不同视角下制造业企业税负对企业产值影响的实证分析

本节将从四个角度对我国制造业企业税负对企业产值的影响进行实证分析：首先，从整体上分析我国制造业企业税负对企业产值的影响；其次，分别从不同类型、不同耗能、高新技术与非高新技术三个角度分析我国制造业企业税负对企业产值的影响。

3.1.2.1　整体的制造业企业视角

逐步回归分析方法具体可分为四种：单方向筛选法、逐步筛选法、互换变量法、组合法。本模型采用组合法，即将给定的所有变量进行组合分别进行回归，使得 R^2 最大的变量组合即为最终的回归方程（高铁梅，2016）。逐步回归结果见表 3 - 3。

表 3 - 3　　　　整体视角回归结果

变量	模型Ⅰ	模型Ⅱ	模型Ⅲ	模型Ⅳ	模型Ⅴ	模型Ⅵ	模型Ⅶ
X	0.3729 * (1.77)	0.7261 *** (10.68)	0.4389 *** (4.58)	0.3091 *** (3.09)	0.1409 * (1.78)	0.3964 *** (7.01)	0.1728 *** (2.74)
T	1.1637 *** (18.34)			1.0551 *** (44.12)	1.0643 *** (25.86)		1.0129 *** (82.53)
K		1.8937 *** (12.24)		1.2768 *** (16.75)		1.4163 *** (6.86)	1.0221 *** (23.61)
L			3.9985 *** (6.56)		2.4445 *** (7.72)	2.6823 *** (6.32)	1.5696 *** (7.10)
c	1.71e+08 *** (3.36)	-1.88e+08 *** (-4.13)	-7.54e+07 (-1.20)	-3.66e+07 (-0.93)	5.18e+07 (1.25)	-2.38e+08 *** (-4.37)	-7.17e+07 ** (-2.11)
时间项	N	N	N	N	N	N	N
个体项	Y	Y	Y	Y	Y	Y	Y
R^2	0.7993	0.5202	0.4946	0.8748	0.8518	0.5763	0.8935

注：括号内为 t 统计值，* 、** 和 *** 分别表示在 10% 、5% 和 1% 的显著性水平上显著。

由表 3 - 3 可知，7 种模型中 X 的系数在 10% 、5% 或 1% 的显著性水平上显著，且系数值小于 1，说明在不同模型下，税负对企业产值均显示为抑制作用。其中，模型Ⅶ拟合优度值最大，因此，最终选择该模型分析。在模型Ⅶ中，变量 X、T、K、L 的系数均在 1% 的显著性水平上显著，说明各变量对企业产值造成影响。但是，各变量系数大小存在差异，说明不同生产要素投入的边际产出是不同的。其中，技术投入 T、资本投入 K、劳动投入 L 的系数值均大于 1，说明在其他生产要素投入不变的情况下，技术、资本、劳动三种生产要素的投入能促进产值的增长。劳动投入 L 的系数值最大，说明当前我国劳动投入促进产值增长的作用最大，这与我国劳动力廉价的特点相符。相反，衡量公共产品要素投入的税负额系数小于 1，说明公共产品要素的价格过高，税负对企业产值有抑制作用。

3.1.2.2　不同类型的制造业企业视角

根据2012年证监会对制造业的分类，制造业可分为31个类型，本书选取其中27个类型进行了现状分析，具体分类见上文，在此不再赘述。根据《中国制造2025》战略中重点发展的制造业类型，并考虑其中个别类型制造业的上市公司数目较少，本书最终对C_{13}农副食品加工业，C_{14}食品制造业，C_{17}纺织业，C_{22}造纸和纸制品业，C_{25}石油加工、炼焦和核燃料加工业，C_{26}化学原料和化学制品制造业，C_{27}医药制造业，C_{29}橡胶和塑料制品业，C_{30}非金属矿物制品业，C_{31}黑金属冶炼和压延加工业，C_{33}金属制品业，C_{35}专用设备制造业，C_{37}铁路、船舶、航空航天和其他运输设备制造业，C_{38}电气机械和器材制造业，C_{39}计算机、通信和其他电子设备制造业，共15个类型的制造业进行实证分析。

对C_{13}农副食品加工业在不同控制变量下进行回归，共组合5个回归模型：模型Ⅰ的控制变量为资本投入K，模型Ⅱ的控制变量为劳动投入L，模型Ⅲ的控制变量为技术投入T和资本投入K，模型Ⅳ的控制变量为资本投入K和劳动投入L，模型Ⅴ的控制变量为技术投入T、资本投入K和劳动投入L。C_{13}农副食品加工业在不同控制变量组合下的回归结果见表3－4。

表3－4　　C_{13}在不同控制变量下的回归结果

变量	模型Ⅰ	模型Ⅱ	模型Ⅲ	模型Ⅳ	模型Ⅴ
X	0.1583*** (4.51)	0.2421*** (5.66)	0.0893*** (3.55)	0.3449*** (6.37)	0.0474*** (2.74)
T			1.0272*** (53.62)		1.1727*** (87.73)
K	3.5849*** (20.73)		1.3376*** (23.14)	2.5454*** (11.61)	1.9836*** (25.90)
L		5.7400*** (15.67)		2.5025*** (6.58)	1.1452*** (18.72)
c	－1.42e+08*** (－4.04)	－3.99e+07 (－1.00)	1.14e+07 (1.35)	－1.51e+08*** (－4.72)	－555368.8 (－0.11)

注：括号内为t统计值，***表示在1%的显著性水平上显著。

由表3－4可知，在5种模型下，X的系数均在1%的显著性水平上显著，说明农副食品加工业企业税负对企业产值有影响。此外，X 的系数均小于 1，说明农副食品加工业的企业税负对企业产值是抑制作用，政府对农副食品加工业享用的公共产品定价过高。

对 C_{14} 食品制造业在不同控制变量下进行回归，共组合 5 个回归模型：模型Ⅰ的控制变量为技术投入 T，模型Ⅱ的控制变量为资本投入 K，模型Ⅲ的控制变量为技术投入 T 和资本投入 K，模型Ⅳ的控制变量为技术投入 T 和劳动投入 L，模型Ⅴ的控制变量为技术投入 T、资本投入 K 和劳动投入 L。不同控制变量组合下的回归结果见表 3－5。

表 3－5　　C_{14} 在不同控制变量下的回归结果

变量	模型Ⅰ	模型Ⅱ	模型Ⅲ	模型Ⅳ	模型Ⅴ
X	0.0421*** (12.06)	0.0601*** (5.91)	0.5707*** (11.03)	0.5228*** (5.35)	0.0946*** (4.94)
T	1.9119*** (16.67)		1.9617*** (33.62)	1.9367*** (21.34)	1.9787*** (116.47)
K		1.8932*** (15.25)	1.0479*** (18.10)		1.0299*** (62.39)
L				1.0142*** (7.66)	1.0681*** (39.72)
c	1.10e+07 (0.48)	-1.18e+08*** (-3.15)	-3.64e+07*** (-3.26)	5.38e+07*** (2.89)	633306.6 (0.17)

注：括号内为 t 统计值，*** 表示在 1% 的显著性水平上显著。

由表 3－5 可知，在 5 种模型下，X 的系数均在 1% 的显著性水平上显著，说明食品制造业企业税负对企业产值有影响。此外，X 的系数均小于 1，说明食品制造业的企业税负对企业产值是抑制作用，政府对食品制造业享用的公共产品定价过高。

对 C_{17} 纺织业在不同控制变量下进行回归，共组合 5 个回归模型：模型Ⅰ的控制变量为技术投入 T，模型Ⅱ的控制变量为劳动投入 L，模型Ⅲ的控制变量为技术投入 T 和资本投入 K，模型Ⅳ的控制变量为技术投入 T 和劳动投入 L，模型Ⅴ的控制变量为技术投入 T、资本投入 K 和劳动投入 L。不同控制变量组合下的回归结果见表 3－6。

表 3－6　　C_{17}在不同控制变量下的回归结果

变量	模型Ⅰ	模型Ⅱ	模型Ⅲ	模型Ⅳ	模型Ⅴ
X	0.1776 * (1.92)	0.8955 *** (6.14)	0.1166 *** (3.02)	0.1090 * (1.72)	0.0904 *** (3.95)
T	1.2663 *** (34.25)		1.0948 *** (66.02)	1.9884 *** (32.25)	1.9865 *** (84.50)
K			1.2024 *** (28.37)		1.9524 *** (31.85)
L		5.1645 *** (16.46)		2.1924 *** (14.60)	1.1411 *** (17.37)
c	1.11e+08 *** (10.73)	4078536 (0.20)	1.91e+07 *** (3.53)	5.39e+07 *** (6.73)	8551808 ** (2.53)

注：括号内为 t 统计值，*、** 和 *** 分别表示在 10%、5% 和 1% 的显著性水平上显著。

由表 3－6 可知，在 5 种模型下，*X* 的系数在不同的显著性水平上均显著，说明纺织业企业税负对企业产值有影响。此外，*X* 的系数均小于 1，说明纺织业的企业税负对企业产值是抑制作用。此外，技术投入、资本投入、劳动投入的边际产出均大于 1，技术、劳动、资本要素对产值增长促进较大。相反，政府对食品制造业享用的公共产品定价过高，公共产品要素投入产出低。

对 C_{22}造纸和纸制品业在不同控制变量下进行回归，共组合 5 个回归模型：模型Ⅰ的控制变量为技术投入 *T*，模型Ⅱ的控制变量为资本投入 *K*，模型Ⅲ的控制变量为劳动投入 *L*，模型Ⅳ的控制变量为技术投入 *T* 和劳动投入 *L*，模型Ⅴ的控制变量为技术投入 *T*、资本投入 *K* 和劳动投入 *L*。不同控制变量组合下的回归结果见表 3－7。

表 3－7　　C_{22}在不同控制变量下的回归结果

变量	模型Ⅰ	模型Ⅱ	模型Ⅲ	模型Ⅳ	模型Ⅴ
X	0.7095 *** (23.02)	0.5927 *** (14.04)	0.7741 *** (19.59)	0.3662 *** (17.53)	0.0116 *** (3.16)
T	1.7715 *** (22.42)			1.8179 *** (27.88)	1.0367 *** (123.63)
K		1.5246 *** (3.52)			1.0949 *** (46.17)

续表

变量	模型Ⅰ	模型Ⅱ	模型Ⅲ	模型Ⅳ	模型Ⅴ
L			2.2233 (0.25)	2.2824 *** (7.20)	1.2531 *** (14.75)
c	1.09e+07 (0.60)	-1.26e+08 *** (-3.19)	-1.43e+08 *** (-3.33)	-1.23e+07 (-0.83)	1.46e+07 *** (3.63)

注：括号内为t统计值，*** 表示在1%的显著性水平上显著。

由表3-7可知，在5种模型下，X的系数在不同的显著性水平上均显著，说明造纸和纸制品业企业税负对企业产值有影响。此外，X的系数均小于1，说明造纸和纸制品业的企业税负对企业产值是抑制作用，且相比于食品制造业、纺织业，造纸和纸制品业的X系数最低，说明我国对纸制品业公共产品投入较少，这与我国实施的环保政策相符。技术投入、资本投入和劳动投入在不同模型下的边际产出均大于1，说明技术、劳动、资本要素对造纸和纸制品业产值增长促进较大。

对C_{25}石油加工、炼焦和核燃料加工业在不同控制变量下进行回归，共组合5个回归模型：模型Ⅰ的控制变量为技术投入T，模型Ⅱ的控制变量为劳动投入L，模型Ⅲ的控制变量为技术投入T和资本投入K，模型Ⅳ的控制变量为技术投入T和劳动投入L，模型Ⅴ的控制变量为技术投入T、资本投入K和劳动投入L。不同组合回归结果见表3-8。

表3-8　　C_{25}在不同控制变量下的回归结果

变量	模型Ⅰ	模型Ⅱ	模型Ⅲ	模型Ⅳ	模型Ⅴ
X	0.2383 *** (15.95)	0.5317 *** (16.62)	0.0959 *** (7.49)	0.2283 *** (16.98)	0.1020 *** (9.48)
T	1.1732 *** (26.62)		1.0744 *** (52.64)	1.0804 *** (30.90)	1.0644 *** (62.55)
K			1.0785 *** (15.12)		1.0208 *** (16.99)
L		3.2071 ** (2.27)		3.6116 *** (7.51)	1.4134 *** (10.65)
c	2.30e+08 *** (6.65)	3.48e+07 (0.37)	2.89e+07 ** (1.90)	1.19e+08 *** (5.36)	-307361.8 (-0.03)

注：括号内为t统计值，** 和 *** 分别表示在5%和1%的显著性水平上显著。

由表 3－8 可知，在 5 种模型下，X 的系数在不同的显著性水平上均显著，说明石油加工、炼焦和核燃料加工业企业税负对企业产值有影响。此外，X 的系数均小于 1，说明造纸和纸制品业的企业税负对企业产值是抑制作用，且相比于食品制造业、纺织业、造纸和纸制品业的 X 系数较高，说明我国对石油加工、炼焦和核燃料加工业公共产品的投入较多。技术投入、资本投入、劳动投入在不同模型下的边际产出均大于 1，说明技术、劳动、资本要素对石油加工、炼焦和核燃料加工业产值增长促进较大。

对 C_{26} 化学原料和化学制品制造业在不同控制变量下进行回归，共组合 5 个回归模型：模型Ⅰ的控制变量为技术投入 T，模型Ⅱ的控制变量为劳动投入 L，模型Ⅲ的控制变量为技术投入 T 和资本投入 K，模型Ⅳ的控制变量为技术投入 T 和劳动投入 L，模型Ⅴ的控制变量为技术投入 T、资本投入 K 和劳动投入 L。不同控制变量组合下的回归结果见表 3－9。

表 3－9　　C_{26} 在不同控制变量下的回归结果

变量	模型Ⅰ	模型Ⅱ	模型Ⅲ	模型Ⅳ	模型Ⅴ
X	0.2326*** (36.37)	0.3399*** (11.98)	0.4718*** (15.10)	0.5199*** (23.34)	0.2177*** (8.25)
T	1.9229*** (71.79)		1.9899*** (116.90)	1.2173*** (78.42)	1.9842*** (142.90)
K			1.8675*** (33.28)		1.8437*** (40.16)
L		2.1461*** (5.15)		1.7351*** (12.70)	1.5076*** (20.18)
c	7.71e+07*** (7.55)	−2.77e+07 (−0.97)	1.43e+07** (2.18)	5.35e+07*** (5.79)	−4263904 (−0.79)

注：括号内为 t 统计值，** 和 *** 分别表示在 5% 和 1% 的显著性水平上显著。

由表 3－9 可知，在 5 种模型下，X 的系数在不同的显著性水平上均显著，说明化学原料和化学制品制造业企业税负对企业产值有影响。此外，X 的系数均小于 1，说明化学原料和化学制品制造业的企业税负对企业产值是抑制作用，且相比于食品制造业、纺织业、造纸和纸制品业，石油加工、炼焦和核燃料加工业的 X 系数较高，说明我国对化学原料和化学制品制造业公共产品的投入较多。技术投入、资本投入、劳动投入在不同模型下的边际产出均大于1，说明技术、劳动、资本要素对化学原料和化学制品制造业产值增长促进较大。

对C_{27}医药制造业在不同控制变量下进行回归，共组合成5个回归模型：模型Ⅰ的控制变量为资本投入K，模型Ⅱ的控制变量为劳动投入L，模型Ⅲ的控制变量为技术投入T和资本投入K，模型Ⅳ的控制变量为资本投入K和劳动投入L，模型Ⅴ的控制变量为技术投入T、资本投入K和劳动投入L。不同控制变量组合下的回归结果见表3－10。

表3－10　C_{27}在不同控制变量下的回归结果

变量	模型Ⅰ	模型Ⅱ	模型Ⅲ	模型Ⅳ	模型Ⅴ
X	0.8766*** (5.43)	0.1025** (2.34)	0.0978** (1.91)	0.6220*** (4.32)	0.0500** (2.60)
T			1.0464*** (28.20)		1.0032*** (53.31)
K	4.2166*** (10.84)		1.4225*** (10.70)	3.5804*** (10.50)	1.3135*** (17.16)
L		7.2765*** (5.47)		3.5209*** (4.98)	1.0302*** (6.95)
c	8.63e+07 (1.64)	1.59e+08** (1.97)	3.07e+07** (2.45)	−1.27e+07 (−0.27)	8387455 (0.92)

注：括号内为t统计值，** 和 *** 分别表示在5%和1%的显著性水平上显著。

由表3－10可知，模型Ⅰ和模型Ⅳ中X的系数在1%的显著性水平上显著，模型Ⅱ、模型Ⅲ和模型Ⅴ是在5%的显著性水平上显著，说明医药制造业企业税负对企业产值有影响。此外，X的系数均小于1，说明医药制造业的企业税负对企业产值是抑制作用，但相较于石油加工、炼焦和核燃料加工业，化学原料和化学制品制造业的X系数值较小，说明我国医药制造业的税负高于石油加工行业和化学原料制造业。技术投入、资本投入、劳动投入在不同模型下的边际产出均大于1，说明技术、劳动、资本要素对医药制造业产值增长促进较大。

对C_{29}橡胶和塑料制品业在不同控制变量下进行回归，共组合5个回归模型：模型Ⅰ的控制变量为技术投入T，模型Ⅱ的控制变量为技术投入T和资本投入K，模型Ⅲ的控制变量为技术投入T和劳动投入L，模型Ⅳ的控制变量为资本投入K和劳动投入L，模型Ⅴ的控制变量为技术投入T、资本投入K

和劳动投入 L。不同控制变量组合下的回归结果见表3－11。

表3－11 C_{29}在不同控制变量下的回归结果

变量	模型Ⅰ	模型Ⅱ	模型Ⅲ	模型Ⅳ	模型Ⅴ
X	0.8079*** (13.19)	0.2209*** (5.11)	0.6732*** (9.03)	0.3778*** (7.57)	0.0813*** (3.71)
T	1.1017*** (24.12)	1.0060*** (67.52)	1.4378*** (32.24)		1.2973*** (134.48)
K		1.1554*** (32.06)		1.0240*** (21.15)	1.0070*** (52.51)
L			1.8315*** (11.58)	1.3761*** (3.48)	1.0840*** (24.50)
c	6.79e+07*** (6.33)	6298308 (1.32)	4.47e+07*** (5.25)	−4863552 (−0.22)	441327.9 (0.18)

注：括号内为t统计值，***表示在1%的显著性水平上显著。

由表3－11可知，在5种模型下，X 的系数在1%的显著性水平上均显著，说明橡胶和塑料制品业企业税负对企业产值有影响。此外，X 的系数均小于1，说明橡胶和塑料制品业的企业税负对企业产值是抑制作用。由技术投入、资本投入、劳动投入在不同模型下的系数可知，技术投入、资本投入、劳动投入边际产出均大于1，说明技术、劳动、资本要素对橡胶和塑料制品业产值增长促进较大，其中，技术投入的边际产出最大，说明技术是促进橡胶和塑料制品业产值增长最有效的生产要素。

对 C_{30} 非金属矿物制品业在不同控制变量下进行回归，共组合5个回归模型：模型Ⅰ的控制变量为技术投入 T，模型Ⅱ的控制变量为劳动投入 L，模型Ⅲ的控制变量为技术投入 T 和资本投入 K，模型Ⅳ的控制变量为技术投入 T 和劳动投入 L，模型Ⅴ的控制变量为技术投入 T、资本投入 K 和劳动投入 L。不同控制变量组合下的回归结果见表3－12。

表3－12 C_{30}在不同控制变量下的回归结果

变量	模型Ⅰ	模型Ⅱ	模型Ⅲ	模型Ⅳ	模型Ⅴ
X	0.7234*** (13.26)	0.5491*** (5.11)	0.0877*** (5.03)	0.5362*** (10.81)	0.0665*** (4.82)
T	1.5281*** (27.74)		1.0568*** (118.31)	1.4277*** (29.36)	1.0181*** (135.01)

续表

变量	模型Ⅰ	模型Ⅱ	模型Ⅲ	模型Ⅳ	模型Ⅴ
K			1.0584*** (64.58)		1.9099*** (34.22)
L		6.2872*** (10.22)		3.5090*** (11.45)	1.2254*** (14.32)
c	1.62e+08*** (6.79)	-9.90e+07** (-2.41)	2.05e+07*** (3.07)	7.27e+07*** (3.85)	-1867158 (-0.34)

注：括号内为t统计值，** 和 *** 分别表示在5%和1%的显著性水平上显著。

由表3-12可知，在5种模型下，X 的系数在1%的显著性水平上均显著，说明非金属矿物制品业企业税负对企业产值有影响。此外，X 的系数均小于1，说明非金属矿物制品业的企业税负对企业产值是抑制作用。由技术投入、资本投入、劳动投入在不同模型下的系数可知，技术投入、资本投入、劳动投入边际产出均大于1，说明技术、劳动、资本要素对非金属矿物制品业产值增长促进较大。

对 C_{31} 黑金属冶炼和压延加工业在不同控制变量下进行回归，共组合5个回归模型：模型Ⅰ和模型Ⅱ的控制变量分别为技术投入 T 和劳动投入 L，模型Ⅲ的控制变量为技术投入 T 和资本投入 K，模型Ⅳ的控制变量为技术投入 T 和劳动投入 L，模型Ⅴ的控制变量为技术投入 T、资本投入 K 和劳动投入 L。不同控制变量组合下的回归结果见表3-13。

表3-13　C_{31} 在不同控制变量下的回归结果

变量	模型Ⅰ	模型Ⅱ	模型Ⅲ	模型Ⅳ	模型Ⅴ
X	0.3676** (2.35)	0.4079** (2.58)	0.2742*** (4.63)	0.6459*** (37.74)	0.1004** (2.45)
T	1.9090*** (25.27)		1.0409*** (67.50)	1.1358*** (26.80)	1.0458*** (84.10)
K			2.5420*** (9.13)		1.3291*** (12.62)
L		2.6379*** (10.17)		2.7254*** (7.42)	1.1756*** (9.34)
c	1.59e+08*** (3.17)	-5.67e+08*** (-4.74)	2.76e+07** (2.13)	9.82e+07*** (4.96)	9317742 (1.11)

注：括号内为t统计值，** 和 *** 分别表示在5%和1%的显著性水平上显著。

由表3－13可知，模型Ⅰ、模型Ⅱ和模型Ⅴ的X系数在5%的显著性水平上显著，模型Ⅲ和模型Ⅳ的X系数在1%的显著性水平上显著，说明黑金属冶炼和压延加工业企业税负对企业产值有影响。此外，X的系数均小于1，说明黑金属冶炼和压延加工业的企业税负对企业产值是抑制作用。由技术投入、资本投入、劳动投入在不同模型下的系数可知，技术投入、资本投入、劳动投入边际产出均大于1，说明技术、劳动、资本要素对黑金属冶炼和压延加工业产值增长促进较大。

对C_{33}金属制品业在不同控制变量下进行回归，共组合5个回归模型：模型Ⅰ的控制变量为技术投入T，模型Ⅱ的控制变量为资本投入K，模型Ⅲ的控制变量为劳动投入L，模型Ⅳ的控制变量为技术投入T和资本投入K，模型Ⅴ的控制变量为技术投入T、资本投入K和劳动投入L。不同控制变量组合下的回归结果见表3－14。

表3－14　C_{33}在不同控制变量下的回归结果

变量	模型Ⅰ	模型Ⅱ	模型Ⅲ	模型Ⅳ	模型Ⅴ
X	0.3921*** (3.36)	0.2723*** (11.52)	0.4098*** (13.31)	0.6273*** (11.56)	0.0238** (2.31)
T	2.0095*** (38.85)			1.4656*** (49.90)	1.2844*** (52.53)
K		3.6931*** (21.13)		1.7639*** (29.22)	1.4050*** (20.06)
L			3.1940*** (58.66)		1.4016*** (32.84)
c	6.77e+07** (2.16)	－3.42e+07 (－0.62)	1.04e+08*** (4.47)	－3.19e+07** (－2.47)	2.12e+07*** (3.27)

注：括号内为t统计值，**和***分别表示在5%和1%的显著性水平上显著。

由表3－14可知，模型Ⅰ、模型Ⅱ、模型Ⅲ、模型Ⅳ的X系数在1%的显著性水平上均显著，模型Ⅴ的X系数在5%的显著性水平上显著，说明金属制品业企业税负对企业产值有影响。此外，X的系数均小于1，说明金属制品业的企业税负对企业产值是抑制作用。由技术投入、资本投入、劳动投入在不同模型下的系数可知，技术投入、资本投入、劳动投入边际产出均大于1，说明技术、劳动、资本要素对金属制品业产值增长促进较大。

对 C_{35} 专用设备制造业在不同控制变量下进行回归，共组合 5 个回归模型：模型Ⅰ的控制变量为技术投入 T，模型Ⅱ的控制变量为技术投入 T 和资本投入 K，模型Ⅲ的控制变量为技术投入 T 和劳动投入 L，模型Ⅳ的控制变量为劳动投入 L 和资本投入 K，模型Ⅴ的控制变量为技术投入 T、资本投入 K 和劳动投入 L。不同控制变量组合下的回归结果见表 3－15。

表 3－15　C_{35} 在不同控制变量下的回归结果

变量	模型Ⅰ	模型Ⅱ	模型Ⅲ	模型Ⅳ	模型Ⅴ
X	0.7591 *** (17.50)	0.4172 *** (11.88)	0.4628 *** (14.40)	0.8492 *** (11.80)	0.1341 *** (13.51)
T	1.1169 *** (43.62)	1.1513 *** (61.67)	1.0590 *** (51.70)		1.0002 *** (187.26)
K		1.0664 *** (22.33)		1.3115 *** (8.16)	1.0376 *** (81.27)
L			1.0303 *** (25.27)	1.7310 *** (20.22)	1.0144 *** (87.45)
c	8.21e+07 *** (6.64)	1.10e+07 (1.22)	6.99e+07 *** (8.29)	1.07e+07 (0.53)	3020621 (1.18)

注：括号内为 t 统计值，*** 表示在 1% 的显著性水平上显著。

由表 3－15 可知，在 5 种模型下，X 的系数在 1% 的显著性水平上均显著，说明专用设备制造业企业税负对企业产值有影响。此外，X 的系数均小于 1，说明专用设备制造业的企业税负对企业产值是抑制作用。由技术投入、资本投入、劳动投入在不同模型下的系数可知，技术投入、资本投入、劳动投入边际产出均大于 1，说明技术、劳动、资本要素对专用设备制造业企业产值增长促进较大。

对 C_{37} 铁路、船舶、航空航天和其他运输设备制造业在不同控制变量下进行回归，共组合成 5 个回归模型：模型Ⅰ的控制变量为技术投入 T，模型Ⅱ的控制变量为劳动投入 L，模型Ⅲ的控制变量为技术投入 T 和资本投入 K，模型Ⅳ的控制变量为技术投入 T 和劳动投入 L，模型Ⅴ的控制变量为技术投入 T、资本投入 K 和劳动投入 L。不同控制变量组合下的回归结果见表 3－16。

表3-16 C_{37}在不同控制变量下的回归结果

变量	模型Ⅰ	模型Ⅱ	模型Ⅲ	模型Ⅳ	模型Ⅴ
X	0.4625*** (6.24)	0.6133*** (11.32)	0.2758*** (10.44)	0.0615** (2.17)	0.1631*** (7.24)
T	1.0687*** (15.99)		1.2886*** (33.18)	1.0408*** (15.10)	1.9760*** (53.61)
K			1.1599*** (35.11)		1.9874*** (29.37)
L		4.8453*** (8.89)		3.7123*** (14.04)	1.2509*** (9.97)
c	2.70e+08*** (6.23)	9.80e+07 (1.36)	2.98e+07** (2.14)	6.71e+07*** (2.82)	-6499448 (-0.65)

注：括号内为t统计值，**和***分别表示在5%和1%的显著性水平上显著。

由表3-16可知，模型Ⅰ、模型Ⅱ、模型Ⅲ和模型Ⅴ的X系数在1%的显著性水平上均显著，模型Ⅳ的X系数在5%的显著性水平上显著，说明铁路、船舶、航空航天和其他运输设备制造业企业税负对企业产值有影响。此外，X的系数均小于1，说明铁路、船舶、航空航天和其他运输设备制造业的企业税负对企业产值是抑制作用。由技术投入、资本投入、劳动投入在不同模型下的系数可知，技术投入、资本投入、劳动投入边际产出均大于1，说明技术、劳动、资本要素对铁路、船舶、航空航天和其他运输设备制造业产值增长促进较大。

对C_{38}电气机械和器材制造业在不同控制变量下进行回归，共组合成5个回归模型：模型Ⅰ的控制变量为技术投入T，模型Ⅱ的控制变量为资本投入K，模型Ⅲ的控制变量为技术投入T和资本投入K，模型Ⅳ的控制变量为技术投入T和劳动投入L，模型Ⅴ的控制变量为技术投入T、资本投入K和劳动投入L。不同控制变量组合下的回归结果见表3-17。

表3-17 C_{38}在不同控制变量下的回归结果

变量	模型Ⅰ	模型Ⅱ	模型Ⅲ	模型Ⅳ	模型Ⅴ
X	0.0389*** (5.54)	0.2461** (2.10)	0.0359*** (2.70)	0.1549*** (9.77)	0.1030*** (10.68)
T	1.3273*** (99.54)		1.1995*** (158.72)	1.0057*** (82.32)	1.0539*** (141.92)

续表

变量	模型Ⅰ	模型Ⅱ	模型Ⅲ	模型Ⅳ	模型Ⅴ
K		2.7669*** (19.10)	1.1699*** (44.12)		1.1103*** (32.40)
L				1.8702*** (35.13)	1.0736*** (27.63)
c	8.45e+07*** (6.82)	-6.62e+07* (-1.69)	9274823 (1.43)	4.45e+07*** (5.84)	9434111** (2.06)

注：括号内为t统计值，*、**和***分别表示在10%、5%和1%的显著性水平上显著。

由表3-17可知，模型Ⅰ、模型Ⅲ、模型Ⅳ和模型Ⅴ的 X 系数在1%的显著性水平上均显著，模型Ⅱ的 X 系数在5%的显著性水平上显著，说明电气机械和器材制造业企业税负对企业产值有影响。此外，X 的系数均小于1，说明电气机械和器材制造业的企业税负对企业产值是抑制作用。由技术投入、资本投入、劳动投入在不同模型下的系数可知，技术投入、资本投入、劳动投入边际产出均大于1，说明技术、劳动、资本要素对电气机械和器材制造业产值增长促进较大。

对 C_{39} 计算机、通信和其他电子设备制造业在不同控制变量下进行回归，共组合成5个回归模型：模型Ⅰ的控制变量为技术投入 T，模型Ⅱ的控制变量为资本投入 K，模型Ⅲ的控制变量为技术投入 T 和资本投入 K，模型Ⅳ的控制变量为技术投入 T 和劳动投入 L，模型Ⅴ的控制变量为技术投入 T、资本投入 K 和劳动投入 L。不同控制变量组合下的回归结果见表3-18。

表3-18　C_{39} 在不同控制变量下的回归结果

变量	模型Ⅰ	模型Ⅱ	模型Ⅲ	模型Ⅳ	模型Ⅴ
X	0.2412*** (18.69)	0.7378*** (6.42)	0.1409*** (3.70)	0.4728*** (4.88)	0.0531*** (2.72)
T	1.4563*** (57.79)		1.1586*** (90.42)		1.0504*** (151.29)
K		2.0196*** (33.86)	1.2925*** (60.47)	1.4727*** (26.19)	1.0627*** (90.00)
L				1.6005*** (20.93)	1.1961*** (60.77)

续表

变量	模型Ⅰ	模型Ⅱ	模型Ⅲ	模型Ⅳ	模型Ⅴ
c	2.34e+08*** (11.04)	1.21e+08*** (3.73)	1.76e+07** (1.79)	6.77e+07** (2.49)	1120478 (0.21)

注：括号内为t统计值，** 和 *** 分别表示在5%和1%的显著性水平上显著。

由表3-18可知，在5种模型下，X 的系数在1%的显著性水平上均显著，说明计算机、通信和其他电子设备制造业企业税负对企业产值有影响。此外，X 的系数均小于1，说明计算机、通信和其他电子设备制造业的企业税负对企业产值是抑制作用。由技术投入、资本投入、劳动投入在不同模型下的系数可知，技术投入、资本投入、劳动投入边际产出均大于1，说明技术、劳动、资本要素对电气机械和器材制造业产值增长促进较大。

根据以上15种类型的制造业实证结果得出以下结论。不同类型的制造业企业税负额系数在不同的显著性水平上显著，且系数值均小于1，说明不同类型的制造业企业税负额对企业产值增长均为抑制作用，一单位的公共产品要素投入，并不能带来一单位的产值增长。其中，C_{22} 造纸和纸制品行业和 C_{33} 金属制品业税负额系数值最小，说明这两个行业公共产品要素投入产出比最低，政府对造纸和纸制品行业与金属制品业享用的公共产品定价较高，这与我国实行的产业政策是相符的。造纸和纸制品业与金属制品业均属于高污染、高能耗行业，对其享用的公共产品定价较高，有利于该行业低产值、高耗能、高污染的企业淘汰[①]；C_{26} 化学原料和化学制品制造业、C_{35} 专用设备制造业、C_{37} 铁路、船舶航空航天和其他运输设备业、C_{38} 电气机械和器材制造业在各类型中系数值相对较大，说明相较其他类型制造业，企业税负对这些类型制造业的抑制作用较弱，这与目前我国《中国制造2025》战略相吻合。但 C_{39} 计算机、通信和其他电子设备制造业虽也属于《中国制造2025》重点发展领域，但其税负额系数值仅为0.0531，抑制作用相较前四个行业较大。[②]

① 2007年发布的《造纸产业发展政策》明确规定淘汰高污染、高能耗的造纸企业，抑制纸制品供给增速。

② 《中国制造2025》提出重点发展十大领域产业，包括新一代信息技术产业、高档数控机床和机器人、航空航天装备、海洋工程装备及高技术船舶、先进轨道交通装备、节能与新能源汽车、电力装备、农机装备、新材料、生物医药及高性能医疗器械。

3.1.2.3 不同耗能的制造业企业视角

为了进一步研究税收在调整产业耗能结构中的杠杆作用，在本小节中，将从不同耗能水平的制造业企业视角进行研究，对不同耗能的制造业企业进行分类，在相同模型下进行实证分析。

根据《2017年国民经济和社会发展统计公报》中关于高耗能行业分类标准，将1514家制造业上市公司划分为高耗能制造业和非高耗能制造业。[①] 根据面板数据，选择最小二乘法，对不同耗能水平的制造业企业税负与企业产值关系进行实证分析。将不同控制变量进行组合，高耗能制造业与非高耗能制造业分别组合成5个模型：模型Ⅰ的控制变量为技术投入 *T*，模型Ⅱ的控制变量为资本投入 *K*，模型Ⅲ的控制变量为技术投入 *T* 和资本投入 *K*，模型Ⅳ的控制变量为技术投入 *T* 和劳动投入 *L*，模型Ⅴ的控制变量为技术投入 *T*、资本投入 *K* 和劳动投入 *L*。5种模型中均以 *X* 为解释变量，不同控制变量下的实证结果见表3－19。

表3－19　不同耗能的制造业企业在不同控制变量下的回归结果

耗能水平		*X*	*T*	*K*	*L*	*c*
模型Ⅰ	非高耗能	0.6521455*** (14.60)	1.06943*** (65.29)			2.51e+08*** (8.13)
	高耗能	0.0964285*** (5.92)	1.305752*** (114.81)			1.41e+08*** (10.89)
模型Ⅱ	非高耗能	0.8400875*** (17.60)		1.165165*** (16.45)		−3.51e+07 (−1.43)
	高耗能	0.7253851*** (99.87)		1.082841*** (35.92)		−5.61e+07*** (−3.24)
模型Ⅲ	非高耗能	0.1349288*** (11.19)	1.042279*** (289.94)	1.091588*** (92.28)		1.74e+07** (2.39)
	高耗能	0.1127984*** (18.29)	1.11335*** (153.14)	1.413676*** (58.59)		−4771516 (−0.58)
模型Ⅳ	非高耗能	0.3365005*** (16.98)	1.226811*** (55.74)		5.238324*** (25.74)	2.84e+07 (1.42)
	高耗能	0.0427563*** (2.97)	1.057288*** (113.38)		1.809795*** (39.22)	7.84e+07*** (8.10)

① 详见上文中对高耗能与非高耗能的具体分类。

续表

耗能水平		X	T	K	L	c
模型V	非高耗能	0. 1061634*** (20. 89)	1. 020009*** (310. 23)	1. 195127*** (25. 04)	1. 316835*** (135. 35)	-4042616 (-1. 02)
	高耗能	0. 0946813*** (8. 98)	1. 023573*** (143. 28)	1. 02271*** (43. 03)	1. 041943*** (76. 82)	-3392421 (-0. 86)

注：括号内为 t 统计值，** 和 *** 分别表示在 5% 和 1% 的显著性水平上显著。

根据实证结果可知：X 在 1% 的显著性水平上均显著，且其系数均小于 1，说明高耗能与非高耗能制造业企业税负对企业产值增长均为抑制作用；但是，在 5 种模型下，非高耗能制造业 X 系数值高于高耗能制造业 X 的系数值，说明税负额对高耗能制造业产值的抑制作用要强于非高耗能制造业。税收在调节耗能产业结构中发挥了杠杆作用。

3. 1. 2. 4　高新技术与非高新技术的制造业企业视角

为了进一步研究税收对促进企业技术进步方面的作用，在本小节中，将从高新技术与非高新技术的制造业企业视角进行研究，对不同技术水平的制造业企业进行分类，在相同模型下进行实证分析。

根据 2013 年国家统计局发布的《高技术产业（制造业）分类》标准，本书将 1514 家制造业上市公司划分为高新技术企业和非高新技术企业。[①] 根据面板数据，选择最小二乘法，对不同技术水平的制造业企业税负与企业产值的关系进行实证分析。对不同控制变量进行组合，共组合成 5 个模型：模型Ⅰ的控制变量为技术投入 T，模型Ⅱ的控制变量为资本投入 K，模型Ⅲ的控制变量为技术投入 T 和资本投入 K，模型Ⅳ的控制变量为技术投入 T 和劳动投入 L，模型Ⅴ的控制变量为技术投入 T、资本投入 K 和劳动投入 L。不同控制变量下的实证结果见表 3 -20。

表 3 -20　　高新与非高新技术制造业回归结果

耗能水平		X	T	K	L	c
模型Ⅰ	非高新	0. 2108595*** (54. 99)	1. 05943*** (98. 56)			2. 19e +08*** (9. 41)
	高新	0. 3362577*** (7. 47)	1. 284561*** (98. 99)			1. 41e +08*** (10. 24)

① 详见上文中对高新技术与非高新技术企业的具体分类。

续表

耗能水平		X	T	K	L	c
模型Ⅱ	非高新	0. 3466875 *** (15. 60)		1. 135165 *** (15. 45)		-3. 21e+07 (-1. 43)
	高新	0. 4133221 *** (99. 87)		2. 081041 *** (29. 92)		-5. 51e+07 ** (-2. 24)
模型Ⅲ	非高新	0. 1161283 *** (14. 79)	1. 137676 *** (231. 77)	1. 144922 *** (92. 28)		5213766 (0. 80)
	高新	0. 1540453 *** (10. 72)	1. 107594 *** (121. 54)	1. 263898 *** (102. 34)		7802737 (1. 20)
模型Ⅳ	非高新	0. 1554737 *** (35. 09)	1. 0636365 *** (119. 12)		2. 027295 *** (49. 11)	1. 43e+08 *** (7. 92)
	高新	0. 1940918 *** (6. 00)	1. 088689 *** (98. 14)		1. 660555 *** (49. 72)	8. 50e+07 *** (7. 29)
模型Ⅴ	非高新	0. 0849099 *** (19. 97)	1. 019092 *** (298. 94)	1. 1878498 *** (244. 70)	1. 116141 *** (72. 94)	-7937525 (-1. 57)
	高新	0. 1257512 *** (9. 70)	1. 023385 *** (115. 90)	1. 03107 *** (60. 95)	1. 090663 *** (30. 21)	-1781926 (-0. 29)

注：括号内为 t 统计值，** 和 *** 分别表示在 5% 和 1% 的显著性水平上显著。

根据实证结果可知：X 的系数在 1% 的显著性水平下显著，且系数值均小于 1，高新技术与非高新技术制造业企业税负对企业产值均为抑制作用；但是，高新技术制造业 X 的系数值高于非高新技术制造业 X 的系数值，说明税负对非高新技术制造业产值的抑制作用要强于高新技术制造业，税收在淘汰落后技术与落后产能中发挥了杠杆作用。

3. 2　服务业企业税负对企业绩效影响的实证分析

3. 1 节实证分析了制造业税负对制造业产值的影响，本节将从企业绩效层面进行实证分析，从而更全面地反映企业税负对企业产值的影响。

3. 2. 1　实证设计

本书选取了面板数据，在已有的经济理论上构建实证模型并进行实证分析。

1. 模型构建

影响服务业企业绩效的因素通常分为宏观因素、行业因素、企业自身因素和其他因素。本书选取了员工薪酬、公司规模、财务杠杆、周转能力和盈利能力作为控制变量。

前文探讨了服务业企业税负对企业绩效的影响机制。首先，征税会加重企业的经营成本，使得企业的净利润减少，使得企业绩效下降；其次，征税会改变企业和消费者之间的价格均衡，企业为了弥补损失会改变原来的经营模式，进而抑制企业绩效的提高；最后，不同业务之间的税负差异影响着企业的业务选择，企业需要通过调整资本结构和投资结构来适应变化，进而增加了企业的资本成本，对企业绩效产生负面效应。基于以上分析，本书提出如下假设。

H1：服务业企业的税负会抑制企业绩效的提高，两者呈负相关关系。

本书结合第 2 章的概念界定和理论基础提出上述相关的研究假设，参考了温忠麟等（2005）的回归方程，建立多元线性回归模型，构建模型如下：

$$ROA_{it} = \alpha_0 + \alpha_1 TAX_{it} + \alpha_2 ZZ_{it} + \alpha_3 ZCF_{it} + \alpha_4 ZL_{it} + \alpha_5 J_{it} + \alpha_6 Y_{it} + \varepsilon_{it} \tag{3-6}$$

其中，ROA_{it}表示第 i 个企业第 t 期的企业绩效，用企业总资产净利率来衡量；TAX_{it}为第 i 个企业第 t 期的企业营业收入税负率；ZZ_{it}表示第 i 个企业第 t 期的公司规模，用总资产的对数值衡量；ZCF_{it}表示第 i 个企业第 t 期的财务杠杆，用资产负债率衡量；ZL_{it}表示第 i 个企业第 t 期的周转能力，用总资产周转率衡量；J_{it}表示第 i 个企业第 t 期的盈利能力，用净利润增长率衡量；Y_{it}表示第 i 个企业第 t 期的员工薪酬，用应付职工薪酬的对数值来衡量；α_0 为常数项；α_1、α_2、α_3、α_4、α_5、α_6 为各项系数；ε_{it} 表示第 i 个企业第 t 期的随机扰动项。

2. 变量选取

本书选取了总资产净利率（*ROA*）作为被解释变量。学界关于企业绩效的衡量标准并不一致，常用的有净资产利润率（*ROE*）、经济增加值（*EVA*）、总资产净利率（*ROA*）等。总资产净利率反映公司运用全部资产获得利润的水平，该指标越高，表明企业的投入产出水平越高，资产利用效率越高，即企业绩效越高。此外，总资产净利率可以用来进行行业之间的比较。

关于企业税负的衡量指标，本书选取了基于现金流量表的企业税负衡量指标。衡量企业税负的指标很多，目前学界主要有三种：其一是总税率指标（李炜光，2017），其二是公司实际所得税率指标（王延明，2003；黄顺春，2018；蔡昌，2017），其三是基于现金流量表的企业税负衡量指标（陈明艺，2018；何辉，2019）。基于现金流量表的企业税负衡量指标将企业缴纳的流转税也纳入考虑范围，用企业支付的各项税费减去收到的税收返还作为分子，用营业收入作为分母，计算得出税负率，其中，企业支付的各项税费、收到的税收返还和营业收入全部来源于企业当期的利润表。由于流转税是中国的主要税种之一，也是中国税收收入的主要来源，所以本书选取了基于现金流量表的企业税负衡量指标。

另外，本书选取了员工薪酬、公司规模、财务杠杆、周转能力和盈利能力作为控制变量。员工薪酬可以影响企业员工的工作积极性进而影响企业绩效；公司规模决定了企业的运营成本，会对企业绩效产生影响；财务杠杆反映了企业的资金结构，良好的资金结构可以促进企业绩效的提高；周转能力意味着企业总资产利用效率的高低，周转率的高低可以影响整个企业的资金链，从而对企业绩效产生影响；盈利能力代表企业在一定时期内赚取利润的能力，主要用企业财务报表中的企业资金利润率、销售利润率、成本费用利润率、净利润增长率等评价，盈利能力是企业经营业绩和管理能力的集中体现。变量选取具体见表 3－21。

表 3－21　变量类别、衡量指标、符号以及计算方法

变量类别	衡量指标	符号	计算方法
被解释变量	企业绩效	*ROA*	总资产净利率＝净利润/平均资产总额
解释变量	税负率	*TAX*	营业收入税负率＝（支付的各项税费－收到的税收返还）/营业收入
控制变量	员工薪酬	*Y*	ln（应付职工薪酬）
	公司规模	*ZZ*	ln（总资产）
	财务杠杆	*ZCF*	资产负债率＝期末负债总额/平均总资产
	周转能力	*ZL*	总资产周转率＝销售收入/总资产
	盈利能力	*J*	净利润增长率＝（本年净利润/上年净利润－1）×100%

资料来源：企业数据来源于 Wind。

3. 数据来源

本书以 2015～2020 年的 649 家服务业上市公司数据为样本。数据来源于 Wind 数据终端。针对原始数据可能会出现一些数据缺失和异常情况，需要对样本进行筛选，本书进行如下处理：①剔除重复数据；②剔除数据缺失样本；③剔除 ST、ST＊开头的公司，经过筛选得到用于实证研究的 649 个样本观测值；④剔除以前年度有亏损，且在本年度仍未弥补完毕的公司样本。

4. 单位根检验

在对面板数据回归分析之前，需要对面板数据进行单位根检验，以避免出现因变量不平稳而导致的伪回归现象。本书使用 Fisher－ADF 和 Fisher－PP 检验方法对各变量进行单位根检验来判断数据平稳性。一般来说，若面板数据通过单位根检验，则可以判定面板数据是平稳的。检验结果见表 3－22。

表 3－22　变量的单位根检验结果

变量名	水平值（含时间项）	
	Fisher－ADF	Fisher－PP
周转能力	29.6015 (0.0000)***	41.8870 (0.0000)***
企业绩效	46.3326 (0.0000)***	40.7680 (0.0000)***
企业税负	60.0006 (0.0000)***	70.2145 (0.0000)***
盈利能力	70.6878 (0.0000)***	17.2969 (0.0000)***
公司规模	43.8591 (0.0000)***	35.6456 (0.0000)***
员工薪酬	17.6917 (0.0000)***	9.2051 (0.0000)***
财务杠杆	40.4284 (0.0000)***	43.0518 (0.0000)***

注：括号内为 t 统计值，*** 表示在 1% 的显著性水平上显著。
资料来源：企业数据来源于 Wind。

由表 3－22 可以看出，各变量的 Fisher－ADF 和 Fisher－PP 检验结果 P

值均小于0.001，并且在5%的显著性水平上显著。因此，拒绝存在单位根的原假设，数据平稳，可以进行回归分析。

5. 协整性检验

为了确定数据是否具有长期稳定的均衡关系，本书采用了两种方法对于数据进行了协整性检验，分别是Kao检验和Westerlund检验。结果见表3－23。

表3－23　变量的协整性检验结果

统计值	统计量	P值
ADF	3.2440***	0.0006
Variance ratio	4.1644***	0.0001

注：括号内为t统计值，*** 表示在1%的显著性水平上显著。
资料来源：企业数据来源于Wind。

如表3－23所示，两种方法所得的结果均在1%的显著性水平上显著，即数据通过了协整性检验。

3.2.2 整体视角

1. 描述性统计

由表3－24可以看出，整体服务业的企业绩效最大值为28.74，最小值为－9.77，平均值为3.85，表明绩效偏低的企业居多；企业税负最大值为0.20，最小值为0.001，表明企业之间税负差距很大。

表3－24　整体服务业变量描述性统计

变量	平均数	标准差	最小值	最大值
企业税负	0.0711	0.0452	0.0013	0.1996
周转能力	0.6302	0.5461	0.0033	6.2913
公司规模	1.5931	0.6270	－0.2233	3.7895
盈利能力	9.8871	9.8871	－99.0331	99.8105
财务杠杆	48.0690	11.1331	30.0006	69.9744
员工薪酬	7.4073	0.7931	2.4980	10.5314
企业绩效	3.8502	2.7886	－9.7688	28.7397

资料来源：企业数据来源于Wind。

财务杠杆的标准差最大，为11.13，表明不同企业之间的资产负债率相差较大，数据有较大波动。盈利能力的最大值为 99.81，最小值为 -99.03，平均值为 9.89，表明企业盈利能力的差距较大，且盈利能力低的企业居多。另外，公司规模、周转能力和员工薪酬标准差都较小，数据与其平均值之间差异较小，较为平稳。

2. 回归结果分析

由表 3-25 可以看出，模型中税负率的系数符号为负，可以得出企业税负对企业绩效存在抑制作用，且在 1% 的显著性水平上显著。另外，模型中公司规模的系数为负，说明公司规模的增加会抑制企业绩效的提高，可能的原因是公司规模越大，企业就需要更多的成本来运营，企业如果不能及时投入与公司规模相匹配的精力来经营企业，可能会造成企业绩效下降。财务杠杆的系数为负，说明资产负债率越高，企业绩效越低，并且在 1% 的显著性水平上显著；周转能力的系数为正，并且在 1% 的显著性水平上显著，即总资产周转率与企业绩效为正相关，总资产周转率越高，企业的销售能力越强，资产投资的效益越好，企业绩效越高；盈利能力系数符号为正，且在 1% 的显著性水平上显著，表明企业盈利能力越强企业绩效越高；员工薪酬的系数符号为正，表明员工薪酬越高，企业绩效越好。

表 3-25　　　　整体视角服务业回归结果

回归结果			
变量	系数	变量	系数
企业税负	-1.9661 ** (-2.46)	财务杠杆	-0.1433 *** (-14.51)
周转能力	4.8713 *** (11.87)	员工薪酬	0.7673 *** (3.93)
公司规模	-1.1162 *** (-2.90)	c	6.0610 *** (3.71)
盈利能力	0.0010 *** (12.28)	R^2	0.1221

注：括号内为 t 统计值，** 和 *** 分别表示在 5% 和 1% 的显著性水平上显著。
资料来源：企业数据来源于 Wind。

3. 稳健性检验

为了保证实证结果的稳健性，本书将给定的变量进行组合后进行逐步回归，回归结果见表 3-26。可以看出，5 个模型中企业税负的系数均为负，并且显著性基本相同，即企业税负对企业绩效具有负效应。

表 3－26　　整体视角服务业逐步回归结果

变量	模型Ⅰ	模型Ⅱ	模型Ⅲ	模型Ⅳ	模型Ⅴ
	系数	系数	系数	系数	系数
企业税负	－2.6710*** （－3.19）	－2.6281*** （－3.15）	－2.5346*** （－3.09）	－2.0018** （－2.50）	－1.9661** （－2.46）
周转能力	4.4346*** （10.70）	4.0603*** （9.55）	3.9728*** （9.52）	4.8808*** （11.87）	4.8713*** （11.87）
公司规模		－1.5268*** （－3.84）	－1.6284*** （－4.17）	－0.9542** （－2.49）	－1.1162*** （－2.90）
盈利能力			0.0011*** （12.29）	0.0010*** （12.30）	0.0010*** （12.28）
财务杠杆				－0.1441*** （－14.56）	－0.1433*** （－14.51）
员工薪酬					0.7673*** （3.93）
c	3.5087*** （13.93）	6.3604*** （8.11）	6.5364*** （8.49）	11.5980*** （14.02）	6.0610*** （3.71）
R^2	0.0320	0.0356	0.0714	0.1187	0.1221

注：括号内为t统计值，** 和 *** 分别表示在5%和1%的显著性水平上显著。
资料来源：企业数据来源于Wind。

关于控制变量，由表3－26可以看出，周转能力在各个模型中的系数均为正，且均在1%的显著性水平上显著；公司规模在各个模型中的系数均为负，并且显著性基本相同；盈利能力在各个模型中的系数均为正，且均在1%的显著性水平上显著；财务杠杆在两个模型中的系数均为负，且均在1%的显著性水平上显著；员工薪酬的系数为正，且在1%的显著性水平上显著。

3.2.3　不同类型服务业视角

本节将从不同类型服务业企业视角分析我国服务业企业税负对企业绩效的影响。由于H住宿和餐饮业，P教育业，Q卫生、社会保障和社会福利业，L租赁和商务服务业这四个服务业行业所包含的上市企业数量过少，所以本节不对这四个下属行业进行实证分析。本书进行分类研究的行业包括：K 房地产业，G 交通运输、仓储和邮政业，J 金融业，M 科学研究、技术服务和地质勘查业，N 水利、环境和公共设施管理业，I 信息传输、计算机服务和软件业，R 文化、体育和娱乐业。

3.2.3.1　房地产企业税负影响企业绩效的实证分析

（1）描述性统计。由表 3－27 可以看出，房地产业的企业绩效最大值为 14.85，最小值为 0.12，平均值为 3.69，标准差为 2.64，表明数据波动较大，且绩效低的企业较多；企业税负最大值为 0.20，最小值为 0.02，平均值为 0.12，标准差为 0.04，表明企业之间税负差距较大，但是极值只出现在个别企业中，数据波动较小。

表 3－27　　K 房地产业变量描述性统计

变量	平均数	标准差	最小值	最大值
企业税负	0.1247	0.0425	0.0198	0.1995
周转能力	0.3058	0.1857	0.0594	1.1848
公司规模	2.0387	0.4887	0.3883	3.3992
盈利能力	4.8727	41.7156	－94.4665	96.7987
财务杠杆	57.5114	9.1401	32.3178	69.7890
员工薪酬	7.2959	0.8262	3.7126	9.1139
企业绩效	3.6931	2.6402	0.1151	14.8466

资料来源：企业数据来源于 Wind。

盈利能力的标准差最大，为 41.72，最大值为 96.80，最小值为 －94.47，平均数为 4.87，表明不同企业之间的盈利能力相差较大，并且盈利能力偏低的企业占多数。财务杠杆的标准差较大，为 9.14，平均值为 57.51，表明多数企业的资产负债率都较高。另外，公司规模、周转能力和员工薪酬标准差都较小，数据与其平均值之间差异较小，较为平稳。

（2）协整性检验。为了确定数据是否具有长期稳定的均衡关系，本书采用了两种方法对数据进行了协整性检验，分别是 Kao 检验和 Westerlund 检验。结果见表 3－28。

表 3－28　　变量的协整性检验结果

统计值	统计量	P 值
ADF	－4. 7015 ***	0. 0006
Variance ratio	－2. 90390 ***	0. 0018

注：括号内为 t 统计值，*** 表示在 1% 的显著性水平上显著。
资料来源：企业数据来源于 Wind。

如表 3－28 所示，两种方法所得的结果均在 1% 的显著性水平上显著，即数据通过了协整性检验。

（3）回归结果分析。基于表 3－29 房地产业的回归结果的结果可以看出，企业税负系数为正，企业税负并未抑制企业绩效，但影响不显著；周转能力系数为正，并且均在 1% 的显著性水平上显著，表明周转能力对企业绩效有正面效应；公司规模系数为正；盈利能力的系数均为正，表明盈利能力越强企业绩效越高；模型Ⅳ中财务杠杆的系数为正，模型Ⅴ中财务杠杆的系数为负；员工薪酬系数为正，即高薪酬有助于企业绩效的提升。

表 3－29　　K 房地产业回归结果

回归结果			
变量	系数	变量	系数
企业税负	0. 0665 （0. 07）	财务杠杆	－0. 0639 *** （－5. 92）
周转能力	9. 1495 *** （8. 49）	员工薪酬	0. 2391 （1. 15）
公司规模	0. 5961 （1. 38）	c	1. 6873 （1. 12）
盈利能力	0. 0022 *** （7. 33）	R^2	0. 3079

注：括号内为 t 统计值，*** 表示在 1% 的显著性水平上显著。
资料来源：企业数据来源于 Wind。

由于房地产行业的特殊性，项目开发时间长，资金需求较大，公司规模一般较大。并且，房地产行业通常有着高额的投资回报率，处于成长期间的房地产企业可以通过扩大公司规模和融资等模式来增加产品，企业的固定成本随着产品的增加而不断减少，从而提高企业绩效。所以，周转能力、财务杠杆等因素对房地产企业的经营绩效影响较大。

（4）稳健性检验。基于表 3－30 房地产业的回归结果的结果可以看出，模型Ⅰ、模型Ⅱ、模型Ⅲ的税负率系数均为负，但是模型Ⅳ和模型Ⅴ的税负率系数均为正；5 个模型的周转能力系数均为正，并且均在 1% 的显著性水平上显著，表明周转能力对企业绩效有正面效应；模型Ⅲ的公司规模系数为负，模型Ⅱ、模型Ⅳ和模型Ⅴ的公司规模系数均为正；盈利能力的系数均为正，表明盈利能力越强企业绩效越高；模型Ⅳ中财务杠杆的系数为正，模型Ⅴ中财务杠杆的系数为负；员工薪酬系数为正，即高薪酬有助于企业绩效的提升。

表 3－30　　K 房地产业逐步回归结果

变量	模型Ⅰ	模型Ⅱ	模型Ⅲ	模型Ⅳ	模型Ⅴ
	系数	系数	系数	系数	系数
企业税负	－0.9981 （－0.91）	－0.9445 （－0.85）	－0.0201 （－0.02）	0.1109 （0.11）	0.0665 （0.07）
周转能力	9.8967*** （8.82）	10.0616*** （8.60）	8.9032*** （8.02）	9.2252*** （8.58）	9.1495*** （8.49）
公司规模		0.1911 （0.50）	－0.8882 （－0.25）	0.8302*** （2.19）	0.5961 （1.38）
盈利能力			0.0025*** （8.24）	0.0023*** （7.39）	0.0022*** （7.33）
财务杠杆				0.1077*** （－6.03）	－0.0639*** （－5.92）
员工薪酬					0.2391 （1.15）
c	0.7076* （1.74）	0.2229 （0.21）	0.8865 （0.90）	2.9708*** （2.92）	1.6873 （1.12）
R^2	0.1590	0.1595	0.2571	0.3061	0.3079

注：括号内为 t 统计值，*** 表示在 1% 的显著性水平上显著。
资料来源：企业数据来源于 Wind。

3.2.3.2　交通运输、仓储和邮政企业税负影响企业绩效的实证分析

（1）描述性统计。由表 3－31 可以看出，交通运输、仓储和邮政业的企业绩效最大值为 25.55，最小值为－0.33，平均值为 4.91，标准差为 4.82，

数据波动较大，且绩效低的企业较多；企业税负最大值为0.20，最小值为0.007，平均值为0.08，标准差为0.05，表明数据较为平稳，但是会有个别极值出现，税负平均值处于几个行业中较低水平。

盈利能力的标准差最大，为31.71，最大值为95.90，最小值为-99.03，平均数为4.78，数据波动较大。财务杠杆的标准差较大，为9.52。另外，公司规模、周转能力和员工薪酬标准差都较小，数据较平稳。

表3-31　　G交通运输、仓储和邮政业变量描述性统计

变量	平均数	标准差	最小值	最大值
企业税负	0.0757	0.0471	0.0076	0.1986
周转能力	0.6062	0.6409	0.0351	4.1167
公司规模	1.9768	0.5968	0.4667	3.3926
盈利能力	4.7831	31.7093	-99.0331	95.8989
财务杠杆	46.9559	9.5286	30.0006	69.9043
员工薪酬	7.6024	0.7838	5.4651	9.6021
企业绩效	4.9146	4.8157	-0.3346	25.5514

资料来源：企业数据来源于Wind。

（2）协整性检验。为了确定数据是否具有长期稳定的均衡关系，本书采用了两种方法对数据进行了协整性检验，分别是Kao检验和Westerlund检验。结果见表3-32。

表3-32　　变量的协整性检验结果

统计值	统计量	P值
ADF	-0.8697***	0.1922
Variance ratio	3.1761***	0.0007

注：括号内为t统计值，***表示在1%的显著性水平上显著。
资料来源：企业数据来源于Wind。

如表3-32所示，两种方法所得的结果均在1%的显著性水平上显著，即数据通过了协整性检验。

（3）回归结果分析。基于表3-33交通运输、仓储和邮政业的回归结果分析可知，企业税负的系数为正，即企业税负并未抑制企业绩效；公司规模、周转能力和盈利能力的系数均为正，表明公司规模、周转能力和净利润增长率的增大均有利于企业绩效的提高，但是周转能力的系数最大，表明企业周转能力对企业绩效的促进作用最大；财务杠杆的系数为负，表明企业的资产负债率如果过高，会造成企业绩效下降；员工薪酬的系数为负，表明增加员工薪酬会降低企业绩效。

表 3－33　　G 交通运输、仓储和邮政业回归结果

回归结果			
变量	系数	变量	系数
企业税负	15.4079*** (3.79)	财务杠杆	－0.0367* (－2.57)
周转能力	3.0155*** (6.73)	员工薪酬	－0.5664** (－2.80)
公司规模	0.4423 (0.78)	c	7.2707*** (3.72)
盈利能力	0.0051*** (12.51)	R^2	0.3590

注：括号内为 t 统计值，*、** 和 *** 分别表示在 10%、5% 和 1% 的显著性水平上显著。
资料来源：企业数据来源于 Wind。

（4）稳健性检验。基于表 3－34 交通运输、仓储和邮政业的回归结果分析可知，5 个模型的企业税负系数为正，表明 G 交通运输、仓储和邮政业的企业税负会对企业绩效产生正效应，这与预期不符，本书认为造成这种现象的原因是交通运输、仓储和邮政业的营运依赖于道路等国家公共设施的建设，企业税负增加，国家的税收收入也随之增加，政府将这部分收入用于修建和完善公共基础设施，在某种程度上会提高交通运输、仓储和邮政业的企业绩效；公司规模、周转能力和盈利能力的系数均为正，表明公司规模、周转能力和净利润增长率对企业绩效的提高均有促进作用；财务杠杆的系数为负，表明企业的资产负债率如果过高，会造成企业绩效下降；员工薪酬的系数为负，表明员工薪酬对企业绩效有负面影响，这可能是因为过高的员工薪酬会导致企业的经营成本增加，如果这部分员工无法为企业创造出与其薪酬相匹配的经济效益，可能会造成企业绩效的降低。

表 3-34　　G 交通运输、仓储和邮政业逐步回归结果

变量	模型Ⅰ	模型Ⅱ	模型Ⅲ	模型Ⅳ	模型Ⅴ
	系数	系数	系数	系数	系数
企业税负	17.7178*** (3.84)	18.0769*** (3.93)	15.5543*** (3.96)	16.0428*** (4.11)	15.4079*** (3.79)
周转能力	2.5296*** (4.86)	2.3101*** (4.40)	2.8925*** (6.42)	3.0494*** (6.76)	3.0155*** (6.73)
公司规模		1.5749* (2.40)	0.1719 (0.30)	0.3199 (0.56)	0.4423 (0.78)
盈利能力			0.0052*** (12.51)	0.0052*** (12.48)	0.0051*** (12.51)
财务杠杆				-0.0373* (-2.59)	-0.0367* (-2.57)
员工薪酬					-0.5664** (-2.80)
c	2.2611*** (4.26)	-0.8382 (-0.60)	1.9068 (1.58)	3.1376* (2.43)	7.2707*** (3.72)
R^2	0.0726	0.0854	0.3363	0.3468	0.3590

注：括号内为 t 统计值，*、** 和 *** 分别表示在 10%、5% 和 1% 的显著性水平上显著。
资料来源：企业数据来源于 Wind。

3.2.3.3　金融企业税负影响企业绩效的实证分析

(1) 描述性统计。由表 3-35 可以看出，金融业的企业绩效最大值为 28.44，最小值为 0.23，平均值为 4.32，标准差为 4.52，数据波动较大；企业税负最大值为 0.20，最小值为 0.005，平均值为 0.12，标准差为 0.04，表明数据较为平稳，波动不大，并且企业税负平均值与房地产业相近。

盈利能力的标准差最大，为 42.25，财务杠杆的标准差次之，为 11.50。公司规模、周转能力和员工薪酬标准差都较小，数据较平稳。

表 3-35　　J 金融业变量描述性统计

变量	平均数	标准差	最小值	最大值
企业税负	0.1262	0.0427	0.0049	0.1966
周转能力	0.3355	0.5580	0.0322	2.5978

续表

变量	平均数	标准差	最小值	最大值
公司规模	2.1590	0.7117	0.2935	3.6402
盈利能力	4.4789	42.2578	-86.7091	96.5273
财务杠杆	54.8858	11.5046	30.5165	69.5507
员工薪酬	8.4272	0.9593	5.9043	10.5314
企业绩效	4.3254	4.5225	0.2361	28.4350

资料来源：企业数据来源于 Wind。

（2）协整性检验。为了确定数据是否具有长期稳定的均衡关系，本书采用了两种方法对数据进行了协整性检验，分别是 Kao 检验和 Westerlund 检验。结果见表 3-36。

表 3-36　变量的协整性检验结果

统计值	统计量	P 值
ADF	-0.8697***	0.1922
Variance ratio	-2.4783***	0.0066

注：括号内为 t 统计值，*** 表示在 1% 的显著性水平上显著。
资料来源：企业数据来源于 Wind。

如表 3-36 所示，两种方法所得的结果均在 1% 的显著性水平上显著，即数据通过了协整性检验。

（3）回归结果分析。基于表 3-37 金融业的回归结果分析可知，企业税负的系数为负值，即税负的升高会抑制企业绩效的提高；此外，公司规模、周转能力、盈利能力的系数均为正，说明公司规模、企业周转能力、企业盈利能力对企业绩效均有促进作用；财务杠杆的系数值为负，表明企业负债过高会降低企业绩效；员工薪酬的系数为正，表明提高员工的薪酬有利于企业绩效的提高。

表 3-37　J 金融业回归结果

回归结果			
变量	系数	财务杠杆	-0.0503*** (-3.99)
企业税负	-3.7589*** (-12.45)	员工薪酬	0.1727 (1.05)

续表

回归结果			
变量	系数	财务杠杆	-0.0503*** (-3.99)
周转能力	3.1474*** (4.80)	*c*	0.8091** (0.45)
公司规模	1.2692*** (3.16)	R^2	0.4209
盈利能力	0.0042*** (10.77)	财务杠杆	-0.0503*** (-3.99)

注：括号内为t统计值，** 和 *** 分别表示在5%和1%的显著性水平上显著。

资料来源：企业数据来源于Wind。

（4）稳健性检验。基于表3-38金融业的回归结果分析可知，5个模型中企业税负的系数均为负值，表明J金融业的企业税负对企业绩效有抑制作用；此外，几个模型中公司规模、周转能力、盈利能力的系数均为正，说明公司规模、企业周转能力、企业盈利能力对企业绩效均有促进作用；财务杠杆的系数值为负，表明企业负债过高会降低企业绩效；员工薪酬的系数为正，表明提高员工的薪酬有利于企业绩效的提高。

表3-38　J金融业逐步回归结果

变量	模型Ⅰ	模型Ⅱ	模型Ⅲ	模型Ⅳ	模型Ⅴ
	系数	系数	系数	系数	系数
企业税负	-4.0446*** (-11.97)	-4.0628*** (-12.05)	-3.8586*** (-12.64)	-3.7561*** (-12.44)	-3.7589*** (-12.45)
周转能力	2.4831*** (3.98)	3.2250*** (4.41)	2.9826*** (4.51)	3.1967*** (4.88)	3.1474*** (4.80)
公司规模		0.7301* (1.93)	0.4173 (1.22)	1.2799*** (3.18)	1.2692*** (3.16)
盈利能力			0.0041*** (10.71)	0.0042*** (11.27)	0.0042*** (10.77)
财务杠杆				-0.5015*** (-3.98)	-0.0503*** (-3.99)
员工薪酬					0.1727 (1.05)

续表

变量	模型 I	模型 II	模型 III	模型 IV	模型 V
	系数	系数	系数	系数	系数
c	2.7061 (18.31)	0.3607 (0.29)	1.1828 (1.07)	2.2666 (2.01)	0.8091 ** (0.45)
R^2	0.2604	0.2658	0.4014	0.4196	0.4209

注：括号内为 t 统计值，*、** 和 *** 分别表示在 10%、5% 和 1% 的显著性水平上显著。
资料来源：企业数据来源于 Wind。

3.2.3.4　科学研究、技术服务和地质勘察企业税负影响企业绩效的实证分析

（1）描述性统计。由表 3－39 可以看出，科学研究、技术服务和地质勘察业的数据平稳程度与前几个行业类似，但是其企业绩效的平均值高于其他几个行业。企业税负、周转能力、公司规模和员工薪酬的数据波动均较小，盈利能力的数据波动最大，财务杠杆次之，企业绩效再次之。

表 3－39　　M 科学研究、技术服务和地质勘察业变量描述性统计

变量	平均数	标准差	最小值	最大值
企业税负	0.0752	0.0343	0.0037	0.1810
周转能力	0.6615	0.2856	0.1178	1.9129
公司规模	1.1278	0.4873	0.0006	2.0997
盈利能力	11.9863	35.4701	－83.7763	87.4932
财务杠杆	46.5763	10.1955	30.0090	69.2677
员工薪酬	7.3785	0.7337	3.8853	8.7634
企业绩效	9.3500	5.6632	0.1542	28.7397

资料来源：企业数据来源于 Wind。

（2）协整性检验。为了确定数据是否具有长期稳定的均衡关系，本书采用了两种方法对数据进行了协整性检验，分别是 Kao 检验和 Westerlund 检验。结果见表 3－40。

表 3-40　　变量的协整性检验结果

统计值	统计量	P 值
ADF	3.6800 ***	0.0001
Variance ratio	-5.6519 ***	0.0000

注：括号内为 t 统计值，*** 表示在 1% 的显著性水平上显著。
资料来源：企业数据来源于 Wind。

如表 3-40 所示，两种方法所得的结果均在 1% 的显著性水平上显著，即数据通过了协整性检验。

（3）回归结果分析。基于表 3-41 科学研究、技术服务和地质勘察业的回归结果分析可知，企业税负系数为正，即企业税负对 M 科学研究、技术服务和地质勘查业的企业绩效有促进作用，但影响不显著。通常情况下，我们会认为税负降低企业绩效会更好，但是回归结果显示税负的降低会使企业绩效降低。本书认为，这是由于科学研究、技术服务和地质勘查业行业性质特殊，企业包含很多具有高技术性的业务，征税会促进企业的创新积极性，引导企业进行技术开发，提高企业绩效。公司规模系数为负，即公司规模越大企业绩效越低，本书认为，原因可能是规模报酬呈递减规律存在，公司规模越大，其内部沟通成本越高，带来营业成本的增加，导致企业绩效下降；财务杠杆系数为负，说明对于 M 科学研究、技术服务和地质勘察业来说，如果企业负债过高，可能会影响企业的现金流，进而影响企业的资金结构，导致企业绩效降低；周转能力系数为正，表明企业周转能力越强，企业绩效越高；盈利能力系数为正，表明企业盈利能力越强，企业绩效越高；员工薪酬系数为正，即提高员工薪酬有利于企业绩效的提升。

表 3-41　　M 科学研究、技术服务和地质勘察业回归结果

回归结果			
变量	系数	变量	系数
税负率	8.8328 (1.53)	财务杠杆	-0.0394 ** (-1.80)
周转能力	12.2854 *** (9.22)	员工薪酬	0.0729 (0.20)

续表

回归结果			
变量	系数	变量	系数
公司规模	-1.4788 (-1.33)	c	2.9726 (0.92)
盈利能力	0.0025*** (3.17)	R^2	0.3785

注：括号内为 t 统计值，** 和 *** 分别表示在 5% 和 1% 的显著性水平上显著。
资料来源：企业数据来源于 Wind。

（4）稳健性检验。为了保证实证结果的稳健性，本书对数据进行了逐步回归分析。基于表 3-42 科学研究、技术服务和地质勘察业的回归结果分析可知，5 个模型中企业税负的系数均为正，即提高企业税负可以使科学研究、技术服务和地质勘察企业的绩效提高。几个模型中公司规模系数均为负，即企业绩效会随着公司规模的扩大而降低；财务杠杆系数为负，说明对于 M 科学研究、技术服务和地质勘察业来说，如果企业负债过高，可能会影响企业的现金流，进而影响企业的资金结构，导致企业绩效降低；周转能力系数为正，表明企业周转能力越强，企业绩效越高；模型Ⅲ、模型Ⅳ和模型Ⅴ的盈利能力系数均为正，且在 1% 的显著性水平上显著，表明企业盈利能力对企业绩效有显著的正效应；员工薪酬系数为正，即提高员工薪酬有利于企业绩效的提升。

表 3-42　M 科学研究、技术服务和地质勘察业逐步回归结果

变量	模型Ⅰ	模型Ⅱ	模型Ⅲ	模型Ⅳ	模型Ⅴ
	系数	系数	系数	系数	系数
税负率	10.9314* (1.65)	8.6321 (1.48)	9.3697 (1.63)	8.9431 (1.56)	8.8328 (1.53)
周转能力	11.9526*** (11.09)	11.1707*** (9.01)	11.2983*** (9.29)	12.2945*** (9.25)	12.2854*** (9.22)
公司规模		-1.509 (-1.33)	-1.6036 (-1.44)	-1.4661 (-1.32)	-1.4788 (-1.33)
盈利能力			0.0026*** (3.25)	0.0025*** (3.20)	0.0025*** (3.17)
财务杠杆				-0.0397** (-1.82)	-0.0394** (-1.80)

续表

变量	模型Ⅰ	模型Ⅱ	模型Ⅲ	模型Ⅳ	模型Ⅴ
	系数	系数	系数	系数	系数
员工薪酬					0.0729 (0.20)
c	0.4737 (0.56)	2.8079 (1.44)	2.6734 (1.40)	3.4926 ** (1.79)	2.9726 (0.92)
R^2	0.3374	0.3423	0.3699	0.3784	0.3785

注：括号内为 t 统计值，*、** 和 *** 分别表示在 10%、5% 和 1% 的显著性水平上显著。
资料来源：企业数据来源于 Wind。

3.2.3.5　水利、环境和公共设施管理企业税负影响企业绩效的实证分析

（1）描述性统计。由表 3 - 43 可以看出，水利、环境和公共设施管理业的企业绩效最大值为 20.36，最小值为 - 3.79，也出现了负值，平均数为 5.69，标准差为 3.49。

表 3 - 43　　N 水利、环境和公共设施管理业变量描述性统计

变量	平均数	标准差	最小值	最大值
企业税负	0.0761	0.0376	0.0019	0.1938
周转能力	0.4775	0.4354	0.0033	2.9318
公司规模	1.5324	0.4403	0.5342	2.7535
盈利能力	18.0485	37.5245	-98.4925	98.1692
财务杠杆	52.3452	9.8052	31.1400	69.6504
员工薪酬	7.0134	0.9152	2.4980	8.3617
企业绩效	5.6973	3.4900	-3.7926	20.3565

资料来源：企业数据来源于 Wind。

（2）协整性检验。为了确定数据是否具有长期稳定的均衡关系，本书采用了两种方法对数据进行了协整性检验，分别是 Kao 检验和 Westerlund 检验。结果见表 3 - 44。

表 3 - 44　　变量的协整性检验结果

统计值	统计量	P 值
ADF	2.4919 ***	0.0064
Variance ratio	3.8307 ***	0.0001

注：括号内为 t 统计值，*** 表示在 1% 的显著性水平上显著。
资料来源：企业数据来源于 Wind。

如表3-44所示，两种方法所得的结果均在1%的显著性水平上显著，即数据通过了协整性检验。

（3）回归结果分析。基于表3-45水利、环境和公共设施管理业回归结果分析可以看出，企业税负系数为负，即企业税负会抑制企业绩效的提高，但影响不显著；公司规模系数为负，表明公司规模过大可能会导致企业绩效降低；周转能力和盈利能力的系数均为正，表明公司规模、周转能力和盈利能力都会对企业绩效有正向影响；财务杠杆系数均为负，说明负债过多会使企业绩效下降；员工薪酬的系数为正，表明高薪资有助于企业绩效的提高。

表3-45　N水利、环境和公共设施管理业回归结果

回归结果			
变量	系数	变量	系数
企业税负	-1.6584 (-0.69)	财务杠杆	-0.0669*** (-3.75)
周转能力	10.4080*** (8.47)	员工薪酬	0.0838 (0.30)
公司规模	-0.3072 (-0.42)	*c*	4.3335* (1.78)
盈利能力	0.0013*** (2.85)	R^2	0.3526

注：括号内为t统计值，*和***分别表示在10%和1%的显著性水平上显著。
资料来源：企业数据来源于Wind。

（4）稳健性检验。基于表3-46水利、环境和公共设施管理业回归结果分析可以看出，5个模型的企业税负系数均为负，即N水利、环境和公共设施管理业的企业税负与企业绩效为负相关；公司规模系数为负，即扩张公司规模可能会导致企业绩效降低；周转能力和盈利能力的系数均为正，表明公司规模、周转能力和盈利能力都会对企业绩效有正向影响；财务杠杆系数均为负，说明资产负债率过高有可能导致企业在经营过程中资金周转不畅，难以应对市场带来的冲击，使企业绩效下降；员工薪酬的系数为正，表明提高员工的薪酬有利于提高企业的绩效。

表 3-46　　N 水利、环境和公共设施管理业逐步回归结果

	模型 1	模型 2	模型 3	模型 4	模型 5
变量	系数	系数	系数	系数	系数
企业税负	-1.7728 (-0.72)	-1.9924 (-0.81)	-1.2515 (-0.51)	-1.6424 (-0.69)	-1.6584 (-0.69)
周转能力	10.9514*** (9.56)	10.1336*** (8.15)	9.8022*** (7.94)	10.3513*** (8.55)	10.4080*** (8.47)
公司规模		-1.1920* (-1.66)	-1.2080 (-1.70)	-0.2993 (-0.41)	-0.3072 (-0.42)
盈利能力			0.0012*** (2.64)	0.0013*** (2.85)	0.0013*** (2.85)
财务杠杆				-0.0664*** (-3.75)	-0.0669*** (-3.75)
员工薪酬					0.0838 (0.30)
c	1.1686* (1.95)	3.2862** (2.33)	3.3183** (2.38)	4.9165*** (3.46)	4.3335* (1.78)
R^2	0.2852	0.2934	0.3137	0.3523	0.3526

注：括号内为 t 统计值，*、** 和 *** 分别表示在 10%、5% 和 1% 的显著性水平上显著。
资料来源：企业数据来源于 Wind。

3.2.3.6　信息传输、计算机服务和软件企业税负影响企业绩效的实证分析

（1）描述性统计。由表 3-47 可以看出，信息传输、计算机服务和软件业的企业绩效最大值为 28.70，最小值为 -9.77，小于其他几个行业，平均值为 7.23，标准差为 5.02，表明数据波动较大，且绩效低的企业较多；企业税负最大值为 0.17，最小值为 0.003，平均值为 0.05，标准差为 0.04，表明企业之间税负差距较大，企业税负平均数低于其余几个行业。

盈利能力的标准差最大，为 35.95，最大值为 98.26，最小值为 -95.40，平均数为 10.13，表明不同企业之间的盈利能力相差较大，并且盈利能力偏低的企业占多数。财务杠杆的标准差较大，为 10.52，平均值为 45.12，数值大小较为分散，波动明显。公司规模、周转能力和员工薪酬标准差都较小，数据与其平均值之间差异较小，较为平稳。

表 3-47　　I 信息传输、计算机服务和软件业变量描述性统计

变量	平均数	标准差	最小值	最大值
企业税负	0.0505	0.0270	0.0012	0.1690
周转能力	0.7179	0.4543	0.1185	6.2913
公司规模	1.2836	0.5491	0.0161	3.7895
盈利能力	11.3784	35.9533	-95.4006	98.2640
财务杠杆	45.1151	10.5236	30.0019	69.9179
员工薪酬	7.2824	0.6425	3.3188	9.8388
企业绩效	7.2340	5.0247	-9.7688	28.7093

资料来源：企业数据来源于 Wind。

（2）协整性检验。为了确定数据是否具有长期稳定的均衡关系，本书采用了两种方法对数据进行了协整性检验，分别是 Kao 检验和 Westerlund 检验。结果见表 3-48。

表 3-48　　变量的协整性检验结果

统计值	统计量	P 值
ADF	-5.5994***	0.0000
Variance ratio	-8.5164***	0.0000

注：括号内为 t 统计值，*** 表示在 1% 的显著性水平上显著。
资料来源：企业数据来源于 Wind。

如表 3-48 所示，两种方法所得的结果均在 1% 的显著性水平上显著，即数据通过了协整性检验。

（3）回归结果分析。基于表 3-49 信息传输、计算机服务和软件业的回归结果分析可知，企业税负系数为正，即企业税负对企业绩效具有正效应，但影响不显著；周转能力系数为正，表明企业资金周转能力越强，企业绩效越高；公司规模系数为负，表明公司规模过大会降低企业绩效；盈利能力系数为正，即企业盈利能力可以促进企业绩效的增加；财务杠杆系数为负，表明过高的资产负债率对企业绩效的提高是不利的；员工薪酬的系数为正，即提高员工薪酬有利于企业绩效的提高。

表 3-49　　I 信息传输、计算机服务和软件业回归结果

回归结果			
变量	系数	变量	系数
企业税负	9.9281 (1.22)	财务杠杆	-0.2752*** (-12.98)
周转能力	5.7545*** (7.75)	员工薪酬	1.1582* (2.36)
公司规模	-4.6838*** (-5.48)	c	9.4620* (2.44)
盈利能力	0.0006*** (4.42)	R^2	0.1645

注：括号内为 t 统计值，* 和 *** 分别表示在 10% 和 1% 的显著性水平上显著。
资料来源：企业数据来源于 Wind。

（4）稳健性检验。基于表 3-50 信息传输、计算机服务和软件业的回归结果分析可知，5 个模型的企业税负系数为正，即企业税负的降低会使 I 信息传输、计算机服务和软件业企业的绩效降低；公司规模系数为负，说明企业绩效会随着公司规模的扩大而降低；财务杠杆系数为负，且在 1% 的显著性水平上显著，表明对于 I 信息传输、计算机服务和软件业来说，来源于债务的资金越多，企业的财务风险越高，现金流不足时资金链易断裂，导致企业绩效降低；周转能力的系数为正，表明好的企业周转能力可以带来更高的企业绩效；盈利能力的系数为正，且在 1% 的显著性水平上显著，表明企业盈利能力越强，企业的绩效越高。

I 信息传输、计算机服务和软件业属于高技术行业，软件相关的业务一直占据该行业的主导地位。对于信息传输、计算机服务和软件行业来说，服务需求的不断上升以及技术的不断发展都使其要求该行业具有良好的创新能力。所以，征税有利于促进信息传输、计算机服务和软件业进行资金结构的调整，加大研发投入，增强其创新能力，从而更加适应市场的变化和消费者的需求，提高企业绩效。

表3-50　　I信息传输、计算机服务和软件业逐步回归结果

变量	模型Ⅰ	模型Ⅱ	模型Ⅲ	模型Ⅳ	模型Ⅴ
	系数	系数	系数	系数	系数
企业税负	14.2645 (1.63)	12.0348 (1.38)	12.1123 (1.40)	9.0135 (1.10)	9.9281 (1.22)
周转能力	4.9597*** (6.50)	4.1712*** (5.34)	4.1053*** (5.28)	5.7699*** (7.76)	5.7545*** (7.75)
公司规模		-3.8162*** (-4.20)	-3.8063*** (-4.21)	-4.5271*** (-5.30)	-4.6838*** (-5.48)
盈利能力			0.0058*** (4.22)	0.0058*** (4.46)	0.0006*** (4.42)
财务杠杆				-0.2787*** (-13.16)	-0.2752*** (-12.98)
员工薪酬					1.1582* (2.36)
c	3.1422*** (4.01)	8.4011*** (5.69)	8.4109*** (5.74)	17.8473*** (11.46)	9.4620* (2.44)
R^2	0.0305	0.0428	0.0551	0.1611	0.1645

注：括号内为t统计值，*和***分别表示在10%和1%的显著性水平上显著。
资料来源：企业数据来源于Wind。

3.2.3.7　文化、体育和娱乐业企业税负影响企业绩效的实证分析

（1）描述性统计。由表3-51可以看出，文化、体育和娱乐业的企业绩效最大值为20.00，最小值为-0.02，平均值为7.44，标准差为3.91，表明数据波动较大，且绩效低的企业较多；企业税负最大值为0.17，最小值为0.003，平均值为0.05，标准差为0.04，表明企业之间税负差距较大，企业税负平均数低于其余几个行业。

盈利能力的标准差最大，为31.94，最大值为92.81，最小值为-94.47，平均数为10.13，表明不同企业之间的盈利能力相差较大，并且盈利能力偏低的企业占多数。财务杠杆的标准差较大，为10.28，平均值为43.35，数值大小较为分散，波动明显。公司规模、周转能力和员工薪酬标准差都较小，数据与其平均值之间差异较小，较为平稳。

表 3-51　　　　R 文化、体育和娱乐业变量描述性统计

变量	平均数	标准差	最小值	最大值
企业税负	0.0504	0.0398	0.0031	0.1741
周转能力	0.6678	0.3315	0.1625	2.4247
公司规模	1.6850	0.4506	0.5295	2.3752
盈利能力	10.1262	31.9425	-91.5912	92.8105
财务杠杆	43.3534	10.2789	30.0385	67.1788
员工薪酬	7.5158	0.7595	4.6439	9.0413
企业绩效	7.4376	3.9087	-0.0203	19.9985

资料来源：企业数据来源于 Wind。

（2）协整性检验。为了确定数据是否具有长期稳定的均衡关系，本书采用了两种方法对数据进行了协整性检验，分别是 Kao 检验和 Westerlund 检验。结果见表 3-52。

表 3-52　　　　变量的协整性检验结果

统计值	统计量	P 值
ADF	2.4919***	0.0064
Variance ratio	3.8307***	0.0001

注：括号内为 t 统计值，*** 表示在 1% 的显著性水平上显著。
资料来源：企业数据来源于 Wind。

如表 3-52 所示，两种方法所得的结果均在 1% 的显著性水平上显著，即数据通过了协整性检验。

（3）回归结果分析。根据表 3-53 文化、体育和娱乐业的回归结果分析可知，企业税负的系数符号为负，表示 R 文化、体育和娱乐业的企业税负对企业绩效有负面影响，但影响不显著；公司规模的系数符号为正，即公司规模对企业绩效的影响是正向的；财务杠杆的系数符号为负，并且在 1% 的显著性水平上显著，表明企业负债过多会对企业绩效产生显著的负效应；周转能力的系数符号为正，并且在 1% 的显著性水平上显著，即企业的周转能力越强，企业绩效越高；盈利能力的系数符号为正，且在 1% 的显著性水平上显著，表明企业的盈利能力增强可以促进企业绩效的提高；员工薪酬的系数为正，表明企业员工的薪资越高，企业绩效越好。

表3－53　　R 文化、体育和娱乐业回归结果

回归结果			
变量	系数	变量	系数
企业税负	－5.9332 （－0.75）	财务杠杆	－0.1534 *** （－3.90）
周转能力	17.5497 *** （6.08）	员工薪酬	1.4572 （1.63）
公司规模	0.7446 （0.42）	c	－11.3632 （－1.43）
盈利能力	0.0010 *** （2.80）	R^2	0.2224

注：括号内为 t 统计值，*、** 和 *** 分别表示在 10%、5% 和 1% 的显著性水平上显著。
资料来源：企业数据来源于 Wind。

（4）稳健性检验。根据表3－54 文化、体育和娱乐业的逐步回归结果分析可知，除模型Ⅰ外，其余几个模型的企业税负的系数符号均为负，表示 R 文化、体育和娱乐业的企业税负对企业绩效有抑制作用；各个模型公司规模的系数符号均为正，即公司规模越大，企业绩效越高；财务杠杆的系数符号均为负，并且在1%的显著性水平上显著，表明企业负债过多会抑制企业绩效的提高；周转能力的系数符号为正，并且均在1%的显著性水平上显著，即企业的周转能力越强，企业绩效越高；盈利能力的系数符号均为正，且在1%的显著性水平上显著，表明企业的盈利能力增强可以促进企业绩效的提高；员工薪酬的系数为正，表明企业提高员工薪酬有利于企业绩效的提高。

表3－54　　R 文化、体育和娱乐业逐步回归结果

变量	模型Ⅰ	模型Ⅱ	模型Ⅲ	模型Ⅳ	模型Ⅴ
	系数	系数	系数	系数	系数
企业税负	0.6694 ** （0.08）	－3.3452 （－0.40）	－2.9473 （－0.37）	－5.8635 （－0.74）	－5.9332 （－0.75）
周转能力	17.0249 *** （6.26）	19.3205 *** （6.45）	17.7009 *** （5.96）	17.6018 *** （6.08）	17.5497 *** （6.08）

续表

变量	模型Ⅰ	模型Ⅱ	模型Ⅲ	模型Ⅳ	模型Ⅴ
	系数	系数	系数	系数	系数
公司规模		3.1982* (1.80)	2.3015 (1.31)	0.7225 (0.41)	0.7446 (0.42)
盈利能力			0.0013*** (3.51)	0.0010*** (2.90)	0.0010*** (2.80)
财务杠杆				-0.1567*** (-3.97)	-0.1534*** (-3.90)
员工薪酬					1.4572 (1.63)
c	-4.0902* (-2.20)	-10.5601* (-2.61)	-8.2743* (-2.06)	-0.4965 (-0.11)	-11.3632 (-1.43)
R^2	0.1243	0.1343	0.1707	0.2150	0.2224

注：括号内为t统计值，*、** 和 *** 分别表示在10%、5%和1%的显著性水平上显著。
资料来源：企业数据来源于Wind。

3.3 战略性新兴企业税负对企业成长能力影响的实证分析

本章首先对我国战略性新兴企业税收负担影响企业成长能力的实证模型进行设计。然后，在整体和分五大领域两个视角下，分别对战略性新兴企业税负对企业成长能力的影响进行实证分析，通过基准回归和稳健性检验得知企业税负和其成长能力是负相关关系。

3.3.1 实证设计

3.3.1.1 模型构建

战略性新兴企业税负和其成长能力之间到底什么关系？前述的理论分析中我们了解到企业税负会对企业产生三种效应。首先，税收是企业的成本之一，在税负不能有效转嫁时，成本上升导致企业利润下降，从而减缓企业成长脚步；其次，高额的税负会迫使企业提高产品价格来保证其利润水平，这又可能降低其市场竞争力，影响企业的规模扩张；最后，税收的缴纳直接减少了企业现金流，现金流的缺失会直接导致企业营运困难、风险增大，从而影响企业的成长。基于以上理论，我们提出本研究的基本假设。

H2：战略性新兴企业税负与企业成长能力呈显著负相关。

下面我们将建立实证模型，运用样本企业数据检验这一假设。

模型被解释变量选用企业成长能力 G，解释变量是企业税负 Tax。考虑到影响战略性新兴企业成长能力的因素不仅有税收负担，因此，本书基于前文影响因素研究，引入了不同控制变量，实证部分选用2011～2018年的上市企业面板数据，构建多元回归模型，采用OLS方法回归。基准模型构建如下：

$$G_{i,t} = c + \alpha_1 Tax_{i,t} + \alpha_i Control_{i,t} + \mu_i + \varepsilon_{i,t} \tag{3-7}$$

其中，i 和 t 分别代表企业和时间；$G_{i,t}$ 代表第 i 个企业在 t 年的成长能力；$Tax_{i,t}$ 代表企业税负；$Control_{i,t}$ 是各控制变量；c 是常数项，μ_i 代表个体固定效应，$\varepsilon_{i,t}$ 是随机扰动项；α 为各变量系数，α_1 是本研究重点，代表企业税负对企业成长能力的影响，若 α_1 为负数，则表示企业税负与其成长能力呈负相关。

3.3.1.2　变量选取及数据来源

本章选用前文测算的企业成长能力综合评分体系作为被解释变量。企业税收负担为解释变量，但目前学界对微观企业税收负担的研究方法、衡量指标并不一致。考虑到本书研究中税负不仅包含所得税，还包括缴纳的其他税，另外，企业税收可以通过减少现金流来影响企业成长能力，因此，本书基于税费现金流标准构建了企业税负。

企业现金流量表中披露了各个会计期间会计主体实际支付的各项税费信息，利用此信息构建微观企业税负衡量体系可以匹配宏观税负水平，因此，其结果相对可靠。此类研究多选用企业支付的各项税收为分子项，用企业利润或销售收入为分母来表示企业税负。若选择企业利润作为分母，除了企业所得税，增值税、消费税等税种的税基并不是利润，在企业盈利水平下降时，以利润为税基会大大高估企业税负；采用销售收入作为分母也难言合理，企业销售收入与企业经营形式密切相关，例如，物流企业的销售收入明显高于研发企业，但却不能得出前者税负低的结论。

基于此，本书借鉴了中国人民大学财税研究所发布的《中国企业税收负担报告》（2019）中的企业税负衡量方法，采用收入法计算企业增加值来衡量企业税收负担。在该《报告》中，总税收负担率计算公式为：

$$企业总税收负担率=\frac{企业实际支付的税款}{企业增加值} \tag{3-8}$$

其中，企业增加值 = 固定资产折旧 + 生产税净额 + 劳动者报酬 + 营业利润；生产税净额 = 营业税金及附加 + 增值税；劳动者报酬 = 支付给职工以及为职工支付的现金 + 应付职工薪酬本年变化值。

上述公式中，企业实际支付总税款数据来自企业现金流量表，现金流量表中同时还披露了企业该会计期间收到的税收返还，企业收到的税收返还是政府返还给公司一部分资金，直接增加了企业可支配收入，不属于企业的税收负担。因此，本书研究的税负用企业实际支付的税款与收到的税收返还之差比上企业增加值来表示，计算公式如下：

$$企业税负（Tax）=\frac{企业实际支付的税款-收到的税收返还}{企业增加值} \tag{3-9}$$

在控制变量方面，基于理论分析部分中关于影响企业成长能力因素的研究，结合数据的可得性，本章以企业规模、资本结构、员工人数、股权结构、资产流动率、上市年限和固定资产周转率为指标，反映对企业成长能力的影响。企业规模和上市年限反映了企业特征，企业规模的变动和企业年龄的增长会造成企业竞争力的变化，从而影响企业的成长能力；员工人数多寡影响了企业成本和创造力，进而影响企业成长；资本结构反映企业资金构成状况；股权集中度体现公司治理情况，高效的治理能促进企业成长能力提高；净资产收益率反映企业股东权益的获利能力，是企业盈利能力的重要体现；流动资产比反映企业营运资金变化情况，也能反映企业资产结构；固定资产周转率体现资产使用效率，反映企业经营状况（见表 3－55）。

表 3－55　变量名称、符号及计算方式

变量属性	变量（符号）	描述和计算方式
被解释变量	企业成长能力 G	用企业成长能力综合评价指标表示
解释变量	企业税负 Tax	（企业实际支付的税款－取得的税收返还）/企业增加值

续表

变量属性	变量（符号）	描述和计算方式
控制变量	企业规模 *Size*	用 ln（企业当年销售收入）表示
	上市年限 *Ipoage*	用企业上市年龄表示
	净资产收益率 *Roe*	用净利润/股东权益表示
	资本结构 *Lev*	用资产负债率表示
	固定资产周转率 *Gd*	用销售收入/平均固定资产净值表示
	员工人数 ln*staff*	用 ln（企业年末员工总数）表示
	股权结构 *H*10	用前十大股东持股比例表示
	流动资产比 *Ldzc*	用流动资产/总资产表示

样本包含1284家战略性新兴产业上市企业2011～2018年的数据，企业选择来源于：①中证指数有限公司和上海证券交易所于2017年1月25日发布的中国战略性新兴产业综合指数（代码：000891）成分股；②沪深市场概念板块所属产业分类进行样本企业提取。详细分类如表3-56所示。

表3-56　　所选沪深市场概念板块样本股分类

所属产业	概念板块名称
网络经济	区块链，网络安全，安防监控，超级电容，电子元件，国产芯片，集成电路，量子通信，人工智能，云计算
生物经济	基因测序，抗癌，生物疫苗，超级细菌，创新药，疫苗检测
高端制造	超导，多晶硅，海工装备，航母，航天，军用材料，石墨，武器装备，无人机，新材料，有色金属
绿色低碳	大气治理，地热能，低碳经济，核电，海水淡化，氢能源，污水治理
数字创意	电子竞技，手游，文化传媒，网络游戏，增强现实，VR

样本企业数据来源于Wind数据库和CCER中国经济金融数据库，并用Excel进行如下处理：删除数据不全的企业；剔除新兴综指中的新三板上市公司；剔除成立年限小于8年的企业；剔除样本中的ST类企业，因为这类企业成长状态异常；由于本书税负指标由计算所得，因此删除税负小于0和大于1的企业。

通过以上处理，本书研究确定样本企业1284家，共获得观测值10272个。

3.3.2 整体视角

3.3.2.1 描述性统计分析

表3－57呈现了各变量数据的整体情况，其中企业成长能力 *G* 的最大值为27.43，最小值为－1.17，均值为1.55，说明整体战略性新兴企业成长能力整体较低，标准差较大，说明各企业成长能力差异较大。企业税负 *Tax* 的均值为0.21，较低于《中国企业税收负担报告》（2019）中测算的平均税负（24.8%～25.9%）；其标准差较低，说明战略性新兴企业税负波动幅度较小，税收负担水平相对集中。

表3－57 整体视角变量描述性统计

变量	平均数	中位数	最大值	最小值	标准差
G	1.55554	1.121675	27.43249	－1.172843	1.599489
Tax	0.213648	0.19085	0.9389	0.0001	0.143851
Size	22.07648	21.93598	27.59069	17.38817	1.26998
Roe	0.065941	0.0698	2.0269	－10.8997	0.198964
Gd	8.108702	3.34075	865.7567	0.0213	24.83208
Ldzc	0.580953	0.5948	1.0000	0.0356	0.192706
Lev	0.407416	0.3962	3.2619	0.0075	0.211759
ln*staff*	7.640141	7.57635	12.5976	2.1972	1.234543
*H*10	0.569403	0.5746	1.0156	0.0881	0.152146

控制变量中，净资产收益率、资产流动比、资本结构和股权结构的标准差相对较低，说明数据呈现平稳态势；固定资产周转率的标准差最大，说明其数据波动大，最大值为865.76，平均值只有8.11，说明该数据整体偏低。

3.3.2.2 基准回归结果分析

（1）平稳性检验。在回归分析之前，为避免出现伪回归情况，需要对样本进行单位根检验，考察数据是否具有平稳性。本书用Fisher－ADF和Fisher－PP方法进行异根检验，结果如表3－58所示。

表 3 – 58　　整体视角单位根检验结果

变量	水平值（含趋势项）		水平值（含常数项）	水平值（none）
	Fisher – ADF	Fisher – PP	Fisher – ADF	Fisher – ADF
G	4046.00 (0.0000)	6970.17 (0.0000)		
Tax	3785.88 (0.0000)	6496.78 (0.0000)		
Size	4187.81 (0.0000)	7484.81 (0.0000)		
Roe	3723.36 (0.0000)	6155.32 (0.0000)		
Gd	2592.33 (0.3640)	4387.42 (0.0000)	3875.24 (0.0000)	
Ldzc	2592.20 (0.3647)	4446.19 (0.0000)	3223.17 (0.0000)	
Lev	2842.19 (0.0000)	4871.72 (0.0000)		
ln*staff*	3196.66 (0.0000)	4934.07 (0.0000)		
*H*10	2355.69 (0.9988)	3949.69 (0.0000)		4665.51 (0.0000)

注：括号内为 t 统计值。

由 3 – 58 的检验结果可知，所有变量 Fisher – PP 检验 P 值均为 0.0000，拒绝原假设，说明各变量都具有水平值上的平稳性。而在水平值包含常数项和趋势项的条件下，*Gd*、*Ldzc* 和 *H*10 没通过 Fisher – ADF 检验。在包含常数项的情况下 *Dg*、*Ldzc* 通过平稳性检验，在选择 none 的情况下，*H*10 也通过了平稳性检验。综上所述，各变量服从同阶单整，在水平值下呈平稳状态。

为判断数据是否具有长期稳定性，我们需要做一个协整性分析，面板数据的协整性检验有 Kao 检验、Fisher 检验、Westerlund 检验等方法，这里用 Kao 检验和 Westerlund 检验方法来检验面板数据的协整性关系，结果如表 3 – 59 所示。

表 3 – 59　　变量的协整性检验结果

统计值	统计量	P 值
ADF	– 18.21189 *	0.0000
Variance ratio	2758.7755 *	0.0000

注：* 表示在 5% 的显著性水平上拒绝“没有协整关系”的原假设。

协整性检验的原假设是“不存在协整性向量”。如表3－59所示，Kao检验和Westerlund检验的统计量分别为－18.21189和2758.7755，P值都是0.0000，都在5%的显著性水平上拒绝原假设。因此，模型中各变量之间存在协整性关系，可以进行后续回归分析。

为保证参数估计的有效性，下面对本书的样本数据进行F检验和Hausman检验（见表3－60）。通过F检验判断本模型适用的面板数据类型是变截距模型、变系数模型还是系数截距不变模型；通过Hausman检验方法考察本模型是固定效应还是随机效应。

表3－60　　模型F检验和Hausman检验

F检验	F（1283，8979）＝8.61	Prob＞F＝0.0000
Hausman检验	chi2（9）＝128.97	Prob＞chi2＝0.0000

F检验的原假设为“H_0：所有$u_i=0$”，由表3－60可知，F检验的P值为0.0000，所以可知固定效应优于混合效应，且允许个体有截距项；Hausman检验P值为0.0000，可知应使用固定效应模型，而非随机效应模型。综上所述，本书研究构建了变截距个体固定效应模型。

（2）回归结果分析。运用EViews 9.0对战略性新兴企业税负和企业成长能力的关系进行实证研究，基本回归结果见表3－61。

表3－61　　战略性新兴企业税负对其成长能力的影响（整体视角）

变量	回归结果
Tax	－0.224** （－2.154）
Ldzc	2.560*** （7.099）
Ipoage	－0.062*** （－5.534）
Size	0.007*** （3.242）
Lev	－2.506*** （－28.99）
ln*staff*	0.007 （0.268）

续表

变量	回归结果
Gd	0.003*** (3.687)
*H*10	0.564** (2.846)
Roe	0.041 (0.446)
c	1.263*** (4.600)
观测值	10272
R^2	0.701408
P 值	0.0000

注：括号内为 t 统计值，** 和 *** 分别表示在 5% 和 1% 的显著性水平上显著。

由表 3-61 可知，主要解释变量税负的系数为负，说明战略性新兴企业的税负与企业成长能力负相关，即税负会抑制战略性新兴企业的成长。其他变量中，资产流动比、企业规模、固定资产周转率和股权结构的系数显著为正，即这几个变量对战略性新兴企业的成长均有正向效应；此外，上市年限、资本结构对战略性新兴企业成长能力具有负向效应。

上述结果中，战略性新兴企业税负具有企业成长能力负效应与理论分析是相统一的，作为公司的一项成本支出，税收缴纳减少了企业现金流，降低了企业资金再投入能力，从而会对其成长产生抑制作用。实证结果还显示企业规模越大，其成长能力就越高，这与埃文斯（Evans，1987）和李旭红（2014）的研究结果相一致；企业规模通常以企业总资产或营收水平来衡量，一般情况下，企业资产越多或收入量越大，融资能力就越强，市场竞争力提高，企业便会有更多的资源投入生产，从而助推企业成长。同时，我们注意到上市年限越大，企业成长性越低，在企业的不同发展时期，其成长能力各有不同，企业起步阶段的成长性往往最大，随着年龄的增长，企业步入成熟期后其成长能力会逐渐降低。最后，资本结构对战略性新兴企业的成长能力有显著负效应，说明企业资产相对于负债的规模越大，越有利于企业成长。

3.3.2.3　稳健性检验

本部分采用逐步增加控制变量的方法进行逐步回归，以保证实证结果的稳健性。表3－62为战略性新兴企业税负对企业成长能力影响的实证检验结果，所有模型都加入了上市年限和资产流动率作为控制变量，模型Ⅱ又加入了资本结构和固定资产周转率作为控制变量，模型Ⅲ在模型Ⅱ的基础上增加了股权结构作为控制变量，模型Ⅳ将以上所有变量都作为控制变量进行回归。

表3－62　战略性新兴企业税负对企业成长能力影响的模型回归结果（整体视角）

变量	模型Ⅰ	模型Ⅱ	模型Ⅲ	模型Ⅳ	模型Ⅴ
	系数	系数	系数	系数	系数
Tax	－0.238** (－2.009)	－0.229** (－2.195)	－0.218** (－2.060)	－0.224** (－2.154)	
Ldzc	3.214*** (7.398)	2.626*** (7.061)	2.559*** (7.093)	2.560*** (7.099)	
Ipoage	－0.072*** (－7.393)	－0.065*** (－5.519)	－0.060*** (－5.414)	－0.062*** (－5.534)	
Size				0.007*** (3.242)	
Lev		－2.598*** (－35.616)	－2.503*** (－33.667)	－2.506*** (－28.99)	
ln*staff*				0.007 (0.268)	
Gd		0.004*** (3.833)	0.003*** (3.728)	0.003*** (3.687)	
*H*10			0.579*** (2.768)	0.564** (2.846)	
Roe				0.041 (0.446)	
c	0.512*** (3.235)	1.810*** (15.095)	1.428*** (7.896)	1.263*** (4.600)	
观测值	10272	10272	10272	10272	
R^2	0.671948	0.700653	0.701304	0.701408	
样本数	1284	1284	1284	1284	

注：括号内为t统计值，** 和 *** 分别表示在5%和1%的显著性水平上显著。

由表3－62可知，整体视角下，我国战略性新兴企业税负对企业成长能力具有显著负效应。4个模型中，主要解释变量税负的系数都为负，且系数集中在－0.22左右，说明增加1单位税负会使企业成长能力降低0.22单位左右。4 个模型的拟合优度 R^2 都在 0.70 左右，说明模型拟合度良好。

控制变量方面，资产流动比的系数在 4 个模型中均显著为正，说明企业资金营运状况越好，企业成长能力越高。上市年龄在 4 个模型中的系数均显著为负，说明企业上市时间越长，其成长能力越低，这与杜传忠和郭树龙（2012）的研究结果相符合。资本结构的系数在 3 个模型中都显著为负，说明战略性新兴企业的高资产负债率，会降低企业成长能力。根据旷卫东（2015）的研究，资产负债率高意味着负债相对于资产更高，当企业负债较重时，管理者可能采取谨慎的态度，即减弱企业的多元化发展战略，从而影响企业成长。固定资产周转率的系数在各模型中均显著为正，意味着企业经营状况越好，企业资产周转越快越频繁，越有利于提升企业成长能力。

3.3.3　不同领域视角

在上述分析中我们了解到，整体视角下，战略性新兴企业税负与企业成长能力呈显著负相关。我国战略性新兴产业分为网络经济、生物经济、高端制造、绿色低碳和数字创意五个领域，为了深入研究战略性新兴企业税负对企业成长能力的影响，下面分五个领域分别进行实证结果分析。

3.3.3.1　网络经济企业税负对企业成长能力影响的实证结果分析

（1）描述性统计分析。表 3 - 63 呈现了网络经济领域各变量数据的情况，其中企业成长能力 *G* 的最大值为 21.46，最小值为 0.02，均值为 1.49，说明网络经济领域战略性新兴企业成长能力整体水平较低，标准差较大，说明各企业成长能力差异较大。企业税负 *Tax* 的均值为 0.17，低于整体视角下的企业税负水平，可能是由于近些年国家重点扶持互联网等信息产业的发展，这类企业优惠政策较多，因此税负相对较低；其标准差较低，说明战略性新兴企业税负波动幅度较小，税收负担水平相对集中。

控制变量的情况及具体数据见表 3 - 63。

表 3 - 63　　网络经济领域变量描述性统计

变量	平均数	中位数	最大值	最小值	标准差	观测值
G	1.49385	1.107381	21.4612	0.022208	1.40526	3400
Tax	0.167786	0.138800	0.865300	0.000400	0.119364	3400

续表

变量	平均数	中位数	最大值	最小值	标准差	观测值
Size	19.00698	19.22498	26.33941	7.399471	2.425454	3400
Roe	0.067183	0.071700	2.026900	-4.211	0.176698	3400
Gd	19.56611	4.573250	56.441	0.029500	12.2387	3400
Ldzc	0.630474	0.638900	0.998300	0.064400	0.176417	3400
Lev	0.383982	0.368750	1.561300	0.011000	0.198737	3400
ln*staff*	7.559375	7.529400	12.44400	2.564900	1.208971	3400
*H*10	0.552712	0.560900	1.015600	0.111900	0.150101	3400

（2）基准回归结果分析。在整体视角的基础上，把网络经济企业作为样本单独做回归分析，考察网络经济领域战略性新兴企业税负与成长能力的关系。在做实证分析时加入了资产流动比、上市年限、企业规模、资本结构、员工人数、固定资产周转率和股权结构作为控制变量，基本实证结果见表3-64。

表3-64　战略性新兴企业税负对其成长能力的影响（网络经济）

变量	回归结果
Tax	-0.748** (-2.305)
Ldzc	4.942*** (5.989)
Ipoage	-0.148*** (-5.018)
Size	0.803*** (3.783)
Lev	-0.861* (-1.896)
ln*staff*	-0.424*** (-3.773)
Gd	0.001*** (2.664)
*H*10	-1.653* (-1.872)
c	-13.019*** (-3.732)

续表

变量	回归结果
观测值	3400
R^2	0. 528039
P 值	0. 0000

注：括号内为 t 统计值，*、** 和 *** 分别表示在 10%、5% 和 1% 的显著性水平上显著。

如表 3－64 所示，网络经济领域战略性新兴企业税负与其成长能力呈负相关关系。说明网络经济类企业税负越大，对其成长能力的抑制作用越明显。此外，资产流动比、企业规模和固定资产周转率的系数都显著为正，说明这三个因素对企业成长都具有正向效应；上市年限、资本结构和员工人数的系数显著为负，说明了这三个变量对企业成长能力具有负向影响。

（3）稳健性检验。为保证实证结果的稳健性，本部分采用逐步增加控制变量的方法进行逐步回归。表 3－65 为网络经济领域战略性新兴企业税负对企业成长能力影响的实证检验结果，所有模型都加入了上市年限、企业规模和资产流动率作为控制变量，模型Ⅱ又加入了固定资产周转率作为控制变量，模型Ⅲ在模型Ⅱ的基础上增加了员工人数作为控制变量，模型Ⅳ又加入了资本结构和股权结构作为控制变量进行回归。

表 3－65　战略性新兴企业税负对企业成长能力影响的模型回归结果（网络经济）

变量	模型Ⅰ	模型Ⅱ	模型Ⅲ	模型Ⅳ
	系数	系数	系数	系数
Tax	－0. 500** （－1. 941）	－0. 562** （－2. 056）	－0. 646** （－2. 144）	－0. 748** （－2. 305）
Ldzc	4. 942*** （7. 113）	4. 801*** （6. 746）	4. 719*** （6. 724）	4. 942*** （5. 989）
Ipoage	－0. 098*** （－6. 380）	－0. 103*** （－6. 087）	－0. 117*** （－6. 632）	－0. 148*** （－5. 018）
Size	0. 427*** （3. 037）	0. 425*** （2. 751）	0. 710*** （3. 499）	0. 803*** （3. 783）
Lev				－0. 861* （－1. 896）
ln*staff*			－0. 425*** （－4. 161）	－0. 424*** （－3. 773）

续表

变量	模型Ⅰ	模型Ⅱ	模型Ⅲ	模型Ⅳ
	系数	系数	系数	系数
Gd		0.001*** (3.075)	0.001*** (2.614)	0.001*** (2.664)
*H*10				-1.653* (-1.872)
c	-9.873*** (-2.982)	-9.592*** (-2.683)	-12.391*** (-3.161)	-13.018*** (3.732)
观测值	3400	3400	3400	3400
R^2	0.524192	0.525274	0.526889	0.528039
样本数	425	425	425	425

注：括号内为t统计值，*、**和***分别表示在10%、5%和1%的显著性水平上显著。

由表3-65可知，和整体视角一样，4个模型中，主要解释变量税负的系数都为负，所以，我国网络经济领域战略性新兴企业税负对企业成长能力具有负效应。

控制变量方面，网络经济领域资产流动比与整体视角相同，系数在四个模型中均显著为正，说明流动资产比例越大越有利于企业成长。网络经济领域的上市年龄的在4个模型中的系数均显著为负，也和整体视角一致，说明企业上市时间越长，其成长能力越低。网络经济视角下，企业规模的系数显著为正，说明企业规模对企业成长能力有正向影响，因为资产越多，企业扩张能力就越强。固定资产周转率的系数在各模型中均显著为正。在表3-65中也可看出，员工人数与企业成长能力成反比，因为企业员工越来越多时，人力成本支出和培训支出会增加，企业可投入再生产的资金有所减少，从而减缓企业成长。

3.3.3.2 生物经济企业税负对企业成长能力影响的实证结果分析

(1) 描述性统计分析。表3-66呈现了生物经济领域各变量数据的情况，其中企业成长能力 *G* 的最大值为15.225，最小值为0.1897，均值为1.81，与网络经济相比，生物经济类企业的成长能力更为集中且水平略低；其标准差较大，说明各企业成长能力差异较大。企业税负 *Tax* 的均值为0.29，高于整体视角下企业税负水平和网络经济领域企业税负，可能是由于生物制药类企业生产周期长、研发成本高，因此企业增加值相对较低。另外，国家对药品销售管控较严，高新企业认定门槛较高（张涵思，2018），导致税负相对较高。其标准差较低，说明战略性新兴企业税负波动幅度较小，税收负担水平相对集中。

控制变量的情况及具体数据见表3-66。

表3-66　　生物经济领域变量描述性统计

变量	平均数	中位数	最大值	最小值	标准差	观测值
G	1.8141	1.2878	15.2255	0.1897	1.7075	1400
Tax	0.2903	0.2926	0.9006	0.0021	0.1561	1400
Size	21.9045	21.8075	26.2169	18.5761	1.0505	1400
Roe	0.0974	0.0957	0.7611	-1.9776	0.1282	1400
Gd	4.9639	3.0340	115.2340	0.3843	7.2780	1400
Ldzc	0.5580	0.5609	0.9751	0.0893	0.1724	1400
Lev	0.3472	0.3253	1.1625	0.0075	0.2048	1400
ln*staff*	7.6731	7.5614	10.8340	3.3322	1.0479	1400
*H*10	0.5654	0.5788	0.9528	0.1689	0.1558	1400

注：括号内为t统计值，*、**和***分别表示在10%、5%和1%的显著性水平上显著。

（2）基准回归结果分析。在整体视角的基础上，把网络经济企业作为样本单独做回归分析，考察网络经济领域战略性新兴企业税负与成长能力的关系。在做实证分析时加入了资产流动比、上市年限、企业规模、资本结构、员工人数、固定资产周转率和股权结构作为控制变量，基本实证结果见表3-67。

表3-67　　战略性新兴企业税负对其成长能力的影响（生物经济）

变量	回归结果
Tax	-0.725*** (-3.425)
Ldzc	3.49*** (8.034)
Ipoage	-0.185*** (-8.561)
Size	0.505*** (4.939)
Lev	-3.279*** (-10.331)

续表

变量	回归结果
ln*staff*	0.018 (0.268)
Gd	0.021 ** (2.504)
*H*10	1.519 *** (2.818)
Roe	-0.269 (-1.205)
c	-8.719 *** (-4.546)
观测值	1400
R^2	0.733121
P 值	0.0000

注：括号内为 t 统计值，** 和 *** 分别表示在 5% 和 1% 的显著性水平上显著。

如表 3-67 所示，与网络经济领域类似，生物经济领域战略性新兴企业税负与其成长能力呈负相关关系。说明生物经济类企业税负越大，对其成长能力的负向效应越明显，这也是由于税收增加企业成本而抑制了企业扩张能力引起的。此外，资产流动比、企业规模、固定资产周转率和股权结构的系数都显著为正，说明这几个因素对企业成长都具有正向效应。生物制药企业规模越大，集约化水平会更高，因此，应提高资源共享效率，加快研发成果转化，从而提升企业成长能力。股权集中度越高企业成长能力越强，这体现了股东对企业经营决策的控制力越强，决策正确率和执行力越有保障，就越有利于助推企业成长。此外，上市年限和资本结构的系数显著为负，说明了这两个变量对企业成长能力具有负向影响。

（3）稳健性检验。表 3-68 为生物经济领域战略性新兴企业税负对企业成长能力影响的实证检验结果，采用多模型逐步加入控制变量的方法检验结果的稳定性。所有模型都加入了上市年限和资产流动率作为控制变量，模型Ⅱ又加入了资本结构和企业规模作为控制变量，模型Ⅲ在模型Ⅱ的基础上增加了股权结构和固定资产周转率作为控制变量，模型Ⅳ又加入了员工人数和净资产收益率作为控制变量进行回归。各模型回归结果见表 3-68。

表 3－68　战略性新兴企业税负对企业成长能力影响的模型回归结果（生物经济）

变量	模型Ⅰ	模型Ⅱ	模型Ⅲ	模型Ⅳ
	系数	系数	系数	系数
Tax	－0.508** (－1.993)	－0.697*** (－2.958)	－0.735*** (－3.230)	－0.725*** (－3.425)
Ldzc	4.989*** (8.341)	3.846*** (7.249)	3.464*** (8.033)	3.49*** (8.034)
Ipoage	－0.087*** (－7.371)	－0.199*** (－7.629)	－0.184*** (－8.148)	－0.185*** (－8.561)
Size		0.573*** (6.233)	0.515*** (5.972)	0.505*** (4.939)
Lev		－3.462*** (－9.982)	－3.228*** (－10.683)	－3.279*** (－10.331)
ln*staff*				0.018 (0.268)
Gd			0.021** (2.479)	0.021** (2.504)
*H*10			1.485*** (2.780)	1.519*** (2.818)
Roe				－0.269 (－1.205)
c	0.209 (0.735)	－9.130*** (－4.545)	－8.819*** (－4.722)	－8.719*** (－4.546)
观测值	1400	1400	1400	1400
R^2	0.685158	0.726819	0.732858	0.733121
样本数	175	175	175	175

注：括号内为 t 统计值，** 和 *** 分别表示在 5% 和 1% 的显著性水平上显著。

由表 3－68 可知，和整体视角下的结果一样，4 个模型中，主要解释变量税负的系数都为负，说明生物经济领域战略性新兴企业税负对企业成长能力具有显著负效应。4 个模型的拟合优度 R^2 都在 0.70 左右，说明模型拟合度良好。

控制变量方面，资产流动比的系数在 4 个模型中均显著为正，说明企业流动资产比例越高，其偿债能力越有保证，便于融资，因此企业成长能力就越高。上市年龄的系数在4个模型中均显著为负，说明企业上市时间越长，成长能力反而越低，这与整体视角的结果相一致。资本结构的系数在3个模型中都显著为负，说明战略性新兴企业资产负债率过高，会抑制企业成长能力。这是由于企业负债过高时发展策略会趋向于谨慎，减缓扩张速度，从而影响企业成长能力的提升。

3.3.3.3 高端制造企业税负对企业成长能力影响的实证结果分析

（1）描述性统计分析。表3-69呈现了高端制造领域各变量数据的情况，其中企业成长能力*G*的最大值为27.43，最小值为-0.27，均值为1.62，与前两个领域相比，高端制造类企业的成长能力相对更高；其标准差较大，说明各企业成长能力差异较大。企业税负*Tax*的均值为0.22，与整体视角下的企业税负水平相似。其标准差较低，说明高端制造领域战略性新兴企业税负波动幅度较小，税收负担水平相对集中。

具体数据见表3-69。

表3-69　　高端制造领域变量描述性统计

变量	平均数	中位数	最大值	最小值	标准差	观测值
G	1.6232	1.1352	27.4325	-0.2706	1.7411	3472
Tax	0.2179	0.2020	0.9389	0.0001	0.1409	3472
Size	22.2368	22.0588	27.5907	18.1624	1.3112	3472
Roe	0.0559	0.0582	1.3733	-3.2822	0.1656	3472
Gd	5.1327	2.8312	258.2117	0.0213	11.5364	3472
Ldzc	0.5688	0.5824	0.9899	0.0356	0.1828	3472
Lev	0.4331	0.4315	2.0239	0.0111	0.2112	3472
ln*staff*	7.7788	7.7078	12.5976	3.0445	1.2588	3472
*H*10	0.5651	0.5645	0.9999	0.0881	0.1526	3472

（2）基准回归结果分析。在整体视角的基础上，把高端制造类企业作为样本单独做回归分析，考察高端制造领域战略性新兴企业税负与成长能力的关系。在做实证分析时加入了资产流动比、上市年限、企业规模、资本结构、员工人数和固定资产周转率作为控制变量，进行个体固定效应回归，基本实证结果见表3-70。

表 3 – 70　　战略性新兴企业税负对其成长能力的影响（高端制造）

变量	回归结果
Tax	–0. 314 * (–1. 931)
Ldzc	2. 575 *** (6. 294)
Ipoage	–0. 072 *** (–5. 114)
Size	0. 157 *** (4. 346)
Lev	–2. 542 *** (–27. 037)
ln*staff*	–0. 162 ** (–2. 224)
Gd	0. 005 * (1. 826)
Roe	0. 119 (1. 070)
c	–0. 162 (–0. 381)
观测值	3472
R^2	0. 758523
P 值	0. 0000

注：括号内为 t 统计值，*、** 和 *** 分别表示在 10%、5% 和 1% 的显著性水平上显著。

如表 3 – 70 所示，高端制造领域战略性新兴企业税负与其成长能力呈负相关关系，即高端制造类企业税负越大，其成长能力越低。此外，资产流动比、企业规模和固定资产周转率的系数都显著为正，说明这几个因素对企业成长都具有正向效应。此外，上市年限和资本结构的系数显著为负，说明了这两个变量对企业成长能力具有负向影响。

（3）稳健性检验。表 3 – 71 为高端制造领域战略性新兴企业税负对企业成长能力影响的实证检验结果，采用多模型逐步加入控制变量的方法检验结果的稳定性。所有模型都加入了上市年限、资产流动比、资本结构和固定资产周转率作为控制变量，模型Ⅱ又加入了企业规模作为控制变量，模型Ⅲ在模型Ⅱ的基础上增加了员工人数作为控制变量，模型Ⅳ把上述所有变量都作为控制变量进行回归。各模型回归结果见表 3－71。

表 3－71　战略性新兴企业税负对企业成长能力影响的模型回归结果（高端制造）

变量	模型Ⅰ	模型Ⅱ	模型Ⅲ	模型Ⅳ
	系数	系数	系数	系数
Tax	－0.274* （－1.706）	－0.266* （－1.684）	－0.289* （－1.842）	－0.314* （－1.931）
Ldzc	2.674*** （6.121）	2.754*** （6.020）	2.641*** （6.222）	2.575*** （6.294）
Ipoage	－0.059*** （－4.057）	－0.069*** （－5.699）	－0.075*** （－5.272）	－0.072*** （－5.114）
Size		0.077** （2.130）	0.190*** （7.187）	0.157*** （4.346）
Lev	－2.536*** （－26.578）	－2.550*** （－32.649）	－2.544*** （－32.739）	－2.542*** （－27.037）
ln*staff*			－0.189*** （－2.673）	－0.162** （－2.224）
Gd	0.006** （2.374）			0.005* （1.826）
Roe				0.119 （1.070）
c	1.863*** （11.579）	0.246 （0.364）	－1.958** （0.331）	－0.162 （－0.381）
观测值	3472	3472	3472	3472
R^2	0.757640	0.757014	0.757939	0.758523
样本数	434	434	434	434

注：括号内为 t 统计值，*、** 和 *** 分别表示在 10%、5% 和 1% 的显著性水平上显著。

由表 3－71 可知，和前两个领域的结果一样，4 个模型中，主要解释变量税负的系数都为负，说明高端制造领域战略性新兴企业税负对企业成长能力具有负效应。4 个模型的拟合优度 R^2 都在 0.75 左右，说明模型拟合度良好。

控制变量方面，资产流动比的系数在 4 个模型中均显著为正，说明企业流动资产比例越高，企业成长能力越高。上市年龄的系数在 4 个模型中均显著为负，说明企业上市时间越长，成长能力越低，这与整体视角的结果相一致。资本结构的系数在 3 个模型中均显著为负，说明战略性新兴企业资产负债率过高，会减缓企业的成长速度。

高端制造领域包括空天装备制造、智能设备制造、民生装备制造和新材料的制造，这类企业是推进“制造强国”的主力军。这类企业有很大一部分资金支出会投入在研发阶段，其生产周期也较长，因此资金需求比较大。企业税负越高，则投入再生产的资金就越少，因此会影响企业规模扩张，从而减缓企业成长。资产负债率对企业成长有负向影响意味着企业资产相对于负债越高时，越有利于企业自身成长。

3.3.3.4　绿色低碳企业税负对企业成长能力影响的实证结果分析

（1）描述性统计分析。表 3 – 72 呈现了绿色低碳领域各变量数据的情况，其中企业成长能力 *G* 的最大值为 17.69，最小值为 –1.17，均值为 1.14，与其他几个领域相比，绿色低碳领域是成长能力最低的领域；同时其标准差较大，说明各企业的成长能力差异较大。企业税负 *Tax* 的均值为 0.22，在五个领域中属于中等偏上的水平。其标准差较低，说明该领域战略性新兴企业税负波动幅度较小，税收负担水平相对集中。

其他变量及具体数据情况见表 3 – 72。

表 3 – 72　　绿色低碳领域变量描述性统计

变量	平均数	中位数	最大值	最小值	标准差	观测值
G	1.1355	0.8905	17.6928	–1.1728	1.1620	1800
Tax	0.2292	0.2154	0.9139	0.0001	0.1414	1800
Size	22.6055	22.4574	27.3861	18.3838	1.3145	1800
Roe	0.0662	0.0706	0.9927	–1.7070	0.1614	1800
Gd	5.1229	2.5347	347.9943	0.0766	12.8648	1800
Ldzc	0.5352	0.5527	1.0000	0.0356	0.2192	1800
Lev	0.4969	0.5104	3.2619	0.0282	0.2039	1800
ln*staff*	7.8189	7.7315	12.3021	2.8904	1.2370	1800
*H*10	0.5802	0.5830	0.9444	0.1735	0.1516	1800

（2）基准回归结果分析。在整体视角的基础上，把绿色低碳企业作为样本单独做回归分析，考察该领域战略性新兴企业税负与成长能力的关系。在做实证分析时加入了资产流动比、上市年限、企业规模、资本结构、员工人数和固定资产周转率作为控制变量，进行个体固定效应回归，基本实证结果

见表3－73。

表3－73　　战略性新兴企业税负对其成长能力的影响（绿色低碳）

变量	回归结果
Tax	－0.365** （－2.274）
Ldzc	1.645*** （9.497）
Ipoage	－0.061*** （－6.219）
Size	0.101** （2.115）
Lev	－1.536*** （－10.954）
ln*staff*	－0.132*** （－3.130）
Gd	－0.002 （－1.013）
Roe	－0.054 （－0.515）
c	0.536 （0.608）
观测值	1800
R^2	0.772845
P值	0.0000

注：括号内为t统计值，** 和 *** 分别表示在5%和1%的显著性水平上显著。

如表3－73所示，绿色低碳领域战略性新兴企业税负与其成长能力呈负相关关系，即绿色低碳类企业税负越小，越有利于促进企业成长。此外，资产流动比、企业规模的系数都显著为正，说明这两个因素对企业成长都具有正向效应。此外，上市年限、资本结构和员工人数的系数显著为负，说明了这几个变量对企业成长能力具有负向影响。

绿色低碳类产业包括节能环保、新能源和新能源汽车制造，其兴起时间较网络经济和高端制造都短，企业规模一般都还较小，随着规模逐渐扩大，规模边际效益递增，会促进绿色低碳类企业的成长。资产流动比与企业成长能力成正比，因为绿色低碳企业市场还不完善，流动资产比例越高，短期偿债能力也越高，风险也会相应降低，有利于企业成长。资本结构与企业成长能力成反比，这也是因为绿色低碳产业并不成熟，企业抗风险能力还较低，负债水平越高，企业营运风险越大，其成长也会受到限制。

（3）稳健性检验。表3－74为绿色低碳领域战略性新兴企业税负对企业成长能力影响的实证检验结果，采用多模型逐步加入控制变量的方法检验结果的稳定性。所有模型都加入了上市年限和资产流动比作为控制变量，模型Ⅱ又加入了资本结构作为控制变量，模型Ⅲ在模型Ⅱ的基础上增加了员工人数和企业规模作为控制变量，模型Ⅳ把所有变量都作为控制变量进行回归。各模型回归结果见表3－74。

表3－74 战略性新兴企业税负对企业成长能力影响的模型回归结果（绿色低碳）

变量	模型Ⅰ	模型Ⅱ	模型Ⅲ	模型Ⅳ
	系数	系数	系数	系数
Tax	－0.312** （－2.063）	－0.344** （－2.149）	－0.377** （－2.356）	－0.365** （－2.274）
Ldzc	2.090*** （12.291）	1.606*** （9.604）	1.614*** （9.571）	1.645*** （9.497）
Ipoage	－0.058*** （－8.533）	－0.053*** （－8.260）	－0.061*** （－6.722）	－0.061*** （－6.219）
Size			0.102** （2.221）	0.101** （2.115）
Lev		－1.620*** （－12.223）	－1.534*** （－11.316）	－1.536*** （－10.954）
ln*staff*			－0.129*** （－3.092）	－0.132*** （－3.130）
Gd				－0.002 （－1.013）
Roe				－0.054 （－0.515）
c	0.775*** （5.445）	1.796*** （11.252）	0.556 （0.639）	0.536 （0.608）
观测值	1800	1800	1800	1800
R^2	0.749397	0.771159	0.772636	0.772845
样本数	225	225	225	225

注：括号内为t统计值，**和***分别表示在5%和1%的显著性水平上显著。

由表3－74可知，和前述几个领域的结果一样，4个模型中，主要解释变量税负的系数都为负，说明绿色低碳领域战略性新兴企业税负对企业成长能力具有负效应。4个模型的拟合优度 R^2 都在0.77左右，说明模型拟合度良好。

控制变量方面，资产流动比的系数在4个模型中均显著为正，说明企业流动资产比例越高，企业成长能力越高。上市年龄的系数在4个模型中均显著为负，说明企业上市时间越长，成长能力越低，这与其他领域的结果相一致。资本结构的系数在3个模型中都显著为负，说明战略性新兴企业资产负债率过高，会减缓企业成长速度这个结果是可信的。此外，通过上述几个模型综合分析可以看出绿色低碳企业员工人数增多，会抑制其成长，这是由于该行业发展还不成熟，又属于技术密集型行业，节能环保等企业多处于起步阶段，研发类和高技术人才居多，人员支出比重较大，企业人员的增加会大幅增加成本，从而降低企业成长能力。绿色低碳领域的企业伴随着企业规模的逐渐扩大，实现了技术成果转化、抗风险能力提升，会在市场上有更多话语权，为其进一步扩张提供便利，从而会促进企业成长，这也与上述实证结果相符合。

3.3.3.5　数字创意企业税负对企业成长能力影响的实证结果分析

(1) 描述性统计分析。表3－75呈现了数字创意领域各变量数据的情况，其中企业成长能力 G 的最大值为18.69，最小值为－0.28，均值为1.72，与其他几个领域相比，数字创意领域是成长能力相对较高的领域；同时其标准差较大，说明各企业成长能力差异较大。企业税负 Tax 的均值为0.195，在五个领域中水平较低，仅次于网络经济领域。其标准差较低，说明该领域战略性新兴企业税负波动幅度较小，税收负担水平相对集中。

其他变量及具体数据情况见表3－75。

表3－75　　数字创意领域变量描述性统计

变量	平均数	中位数	最大值	最小值	标准差	观测值
G	1.7207	1.2343	18.6896	－0.2804	1.8319	1296
Tax	0.1953	0.1620	0.9178	0.0054	0.1501	1296
$Size$	21.7692	21.7857	25.2439	18.1812	1.1608	1296

续表

变量	平均数	中位数	最大值	最小值	标准差	观测值
Roe	0.0532	0.0686	0.7910	-10.8997	0.3546	1296
Gd	15.1406	4.3432	395.3162	0.0499	35.2938	1296
Ldzc	0.5691	0.5722	0.9964	0.0675	0.2026	1296
Lev	0.3573	0.3274	1.6957	0.0080	0.2087	1296
ln*staff*	7.1889	7.2317	10.0719	2.1972	1.1935	1296
*H*10	0.5861	0.6101	1.0156	0.1334	0.1569	1296

（2）基准回归结果分析。在整体视角的基础上，把数字创意企业作为样本单独做回归分析，考察该领域战略性新兴企业税负与成长能力的关系。在做实证分析时加入了资产流动比、上市年限、企业规模、资本结构、员工人数、股权结构、净资产收益率和固定资产周转率作为控制变量，进行个体固定效应回归，基本实证结果见表 3-76。

表 3-76　战略性新兴企业税负对其成长能力的影响（数字创意）

变量	回归结果
Tax	0.531* (1.797)
Ldzc	1.846*** (3.728)
Size	0.015 (1.093)
Lev	-3.351*** (-5.134)
ln*staff*	-0.927 (-1.162)
Gd	0.004** (2.421)
Roe	0.120 (0.870)
Ipoage	-0.067*** (-5.080)
*H*10	0.409 (0.748)

续表

变量	回归结果
c	2.532*** (3.336)
观测值	1296
R^2	0.615112
P 值	0.0000

注：括号内为 t 统计值，*、** 和 *** 分别表示在 10%、5% 和 1% 的显著性水平上显著。

如表 3－76 所示，数字创意领域战略性新兴企业税负与其成长能力呈正相关关系，这与整体视角和其他几个领域的结果相反，意味着数字创意类企业税负增大，会有利于促进企业成长。此外，资产流动比和固定资产周转率的系数都显著为正，说明这两个因素对企业成长都具有正向效应。此外，上市年限、资本结构的系数显著为负，说明了这两个变量对企业成长能力具有负向影响。

数字创意产业在 2016 年的政府工作报告中被首次提及，同年便作为五大支柱之一被列入《“十三五” 国家战略性新兴产业发展规划》，可见这类企业的特点是起步较晚但发展前景好，附加值高且资源消耗低。数字创意企业主要从事以文化、创意和版权为基础的创新设计和创新制造，税收会改变企业收益，从而改变企业行为选择，进而迫使企业加强自主创新的动力（岳树民、孟庆涌，2006）。对于数字创意企业来说，此类企业体量较小，多处于起步阶段，且该行业强调以想象力和知识水平进行创意输出，适度的税负可以激发企业投入，企业会投入更多资源来进行研发创新，从而提升企业的成长性。同样，这类新兴企业往往资产规模较小，资产流动性越大，则其营运能力就越强，推动企业规模扩大，从而提升企业的成长能力。此外，资本结构对数字创意类企业的成长能力有负向效应，可能是因为这类企业刚起步不久，风险承受力不强，负债越多企业的营运风险性越大，管理者往往会采取偏保守的发展策略，因此会降低企业的成长能力。

（3）稳健性检验。表 3－77 为数字创意领域战略性新兴企业税负对企业成长能力影响的实证检验结果，采用多模型逐步加入控制变量的方法检验结果的稳定性。所有模型都加入了资本结构和资产流动比作为控制变量，模型

Ⅰ加入了员工人数作为控制变量，模型Ⅱ换成股权结构作为控制变量，模型Ⅲ在模型Ⅱ的基础上加入固定资产周转率和净资产收益率作为控制变量，模型Ⅳ把所有变量都作为控制变量进行回归。各模型回归结果见表3－77。

表3－77　战略性新兴企业税负对企业成长能力影响的模型回归结果（数字创意）

变量	模型Ⅰ	模型Ⅱ	模型Ⅲ	模型Ⅳ
	系数	系数	系数	系数
Tax	0.780** (2.354)	0.870** (2.468)	0.825** (2.236)	0.531* (1.797)
Ldzc	2.319*** (3.875)	2.355*** (3.878)	2.152*** (3.604)	1.846*** (3.728)
Size				0.015 (1.093)
Lev	－3.498*** (－4.523)	－3.533*** (－4.451)	－3.349*** (－4.866)	－3.351*** (－5.134)
ln*staff*			－0.141* (－1.678)	－0.927 (－1.162)
Gd		0.003 (1.467)	0.003* (1.738)	0.004** (2.421)
Roe				0.120 (0.870)
Ipoage				－0.067*** (－5.080)
*H*10			0.972* (1.939)	0.409 (0.748)
c	1.498*** (2.741)	1.425*** (2.670)	1.927*** (3.032)	2.532*** (3.336)
观测值	1296	1296	1296	1296
R^2	0.604923	0.606674	0.609744	0.615112
样本数	162	162	162	162

注：括号内为t统计值，*、**和***分别表示在10%、5%和1%的显著性水平上显著。

由表3－77可知，4个模型中，主要解释变量税负的系数都为正，说明数字创意领域战略性新兴企业税负对企业成长能力具有正向效应。

控制变量方面，资产流动比的系数在4个模型中均显著为正，说明数字创意企业流动资产比例越高，企业成长能力越高。资本结构的系数在4个模型中都是显著为负，这个结果与前述领域结果相同，说明数字创意领域战略性新兴企业资产负债率过高，会降低企业的成长能力。此外，通过上述几个模型综合分析可以看出固定资产周转率的系数都为正，说明数字创意企业营运能力与其成长能力有正向关系。而服务业的人工成本相对较高，因此增加员工数量可能会降低企业的成长能力。综上所述，数字创意类战略性新兴企业税负与企业成长能力的实证结果通过稳健性检验。

3.4 实证小结

3.4.1 制造业企业税负对企业产值影响的实证小结

从整体制造业视角进行实证分析，可以得出如下结论：第一，通过对2013～2017年1514家制造业上市公司面板数据进行分析，发现X的系数值$\alpha<1$，说明税负对企业产值有抑制作用；第二，以研究试验经费与新产品开发经费支出之和为衡量指标的技术投入对产值影响显著，说明技术投入对企业产值影响显著；第三，以固定资产折旧为衡量指标的资本投入和以应付职工薪酬为衡量指标的劳动投入对企业产值影响显著；第四，以税负额衡量的公共产品要素投入系数值低于其他三个要素投入系数值，说明公共产品要素投入对产值增长作用小，政府应降低公共产品要素价格，降低税负。

从不同类型制造业视角进行实证分析，可以得出如下结论。属于《中国制造2025》战略中重点发展的十大领域类型制造业企业税负额对企业产值的抑制作用小于其他类型，说明通过税收杠杆作用调节产业结构的效果已初步显现，但是在C_{39}计算机、通信和其他电子设备制造业中，X的系数仅为0.053，税收在C_{39}计算机、通信和其他电子设备制造业中的杠杆作用还未奏效。

从不同耗能的制造业视角进行实证分析，可以得出如下结论。从模型Ⅰ到模型Ⅴ，非高耗能制造业企业税负X的系数值均大于高耗能制造业企业税负X的系数值，说明税负对高耗能制造业产值的抑制作用要强于非高耗能制造业，与环保节能相关的税收优惠发挥了调节作用。在模型Ⅴ中，引入所有控制变量后，非高耗能制造业企业X的系数值为0.106，高耗能制造业企业

X 的系数值为 0.095，两者相差近 1 个百分点。虽然税负对高耗能制造业产值的抑制作用要强于非高耗能制造业，但是从二者 X 的系数值差异分析，说明税收对耗能结构的调整作用不强。

从高新技术与非高新技术制造业视角进行实证分析，可以得出如下结论。从模型Ⅰ到模型Ⅴ，高新技术制造业企业税负 X 的系数值均大于非高新技术制造业企业税负 X 的系数值，说明税负对非高新技术制造业产值的抑制作用要强于非高新技术制造业，与高新技术发展相关的税收优惠发挥了调节作用。在模型Ⅴ中，引入所有控制变量后，高新技术制造业企业 X 的系数值为 0.126，非高新技术制造业企业 X 的系数值为 0.085，两者相差约 4 个百分点。我国实施的促进高新技术发展的税收优惠政策发挥了较明显的调节作用。

从不同技术水平与不同耗能水平的 X 系数值差异看，不同耗能水平的制造业企业税负 X 系数值差异小于不同技术水平的制造业企业税负 X 系数值差异，说明税收调节产业技术结构的作用要强于税收调节产业耗能结构的作用。这与我国现行的税收政策是相一致的，在企业所得税中，对高新技术企业实施 15% 的优惠税率，然而对于非高耗能企业却无相关的税率优惠。

3.4.2　服务业企业税负对企业绩效影响的实证小结

本章分别从整体视角和不同类型服务业视角实证检验了服务业企业税负对企业绩效的影响，得到的基本关系见表 3－78。

表 3－78　　我国服务业企业税负与企业绩效

行业	企业税负系数符号	企业税负是否抑制企业绩效的提升
整体服务业	负	是
房地产业	正	否
交通运输、仓储和邮政业	正	否
金融业	负	是
科学研究、技术服务和地质勘察业	正	否
水利、环境和公共设施管理业	负	是
信息传输、计算机服务和软件业	正	否
文化、体育和娱乐业	负	是

基于整体服务业视角的实证分析结果，得出如下结论。通过分析 2013～

2018 年我国 649 家服务业上市公司的面板数据，发现企业税负对企业绩效有较明显的抑制作用。具体来说，首先，企业税负增加了企业的经营成本，进而降低了企业的净利润，最终抑制了企业绩效的增长；其次，对企业的产品征税影响了企业与消费者之间的价格均衡，企业往往需要涨价和扩大生产规模才能弥补征税带来的损失，但是由于企业资金和经营能力有限，难以扩大生产规模，导致企业绩效下降；最后，企业税负影响着企业的资本成本，不同业务之间的税负差异导致了企业的投资收益率降低，企业不能及时调整资产和投资结构来适应税负的变化，导致企业绩效降低。

基于不同类型服务业视角的实证分析结果得出如下结论。J 金融业，R 文化、体育和娱乐业，N 水利、环境和公共设施管理业的企业税负系数符号均为负，表明税负对企业绩效具有抑制作用，这与整体视角的实证分析结果相同。

但是 M 科学研究、技术服务和地质勘察业，K 房地产业，I 信息传输、计算机服务和软件业和 G 交通运输、仓储和邮政业的税负率系数符号为正，即企业税负对企业绩效具有正效应。其原因如下：第一，对于 M 科学研究、技术服务和地质勘察业，该行业中包含大量研究试验发展、专业技术服务等具有高技术性和高创新性的服务，征税可以提高企业创新的积极性，引导企业进行技术开发，从而提高企业绩效；第二，对于 K 房地产业，当房地产行情好的时候，处于卖方市场，房地产企业的绩效并不会因为税负的增长而降低。并且，政府将税收投入建造地铁、建设公园等城市基础环境建设时，可以促进周边商品房的销售，有利于房地产企业绩效的提升；第三，对于 I 信息传输、计算机服务和软件业，与 M 科学研究、技术服务和地质勘察业相似，该行业本身具有高创新性，征税可以促进企业加大创新投入，促进企业创新能力的提升，进而加强企业在市场上的竞争力，提高企业绩效；第四，对于 G 交通运输、仓储和邮政业，该行业的业务模式较为特殊，大量业务需要依靠运输工具和城市道路才能运转，所以城市交通基础设施对其企业绩效影响较大，政府将税收收入用于改善城市交通环境，有助于提升企业绩效。并且，征税可以引导企业调整其经营模式，打破原有的物流模式，逐渐向专业化和个性化的方向发展，从而降低运营成本，提高效率，促进企业绩效的提升。

3.4.3　战略性新兴企业税负对企业成长能力影响的实证小结

本章从整体视角和五大领域视角实证检验了战略性新兴企业税负对企业成长能力的影响，其结论如下。

从整体视角来看，战略性新兴企业税负与企业成长能力显著负相关。实证结果显示，税负会降低战略性新兴企业的成长能力，这一结论符合理论预期。首先，国家对企业征税会增加企业成本，如果税负难以转嫁，税后实际收入会有所下降，利润降低会阻碍企业创新和产业升级，从而减缓企业成长；其次，税收成本上涨后企业只能通过涨价来弥补损失，产品价格上涨又会降低其市场竞争力，规模扩张困难，降低企业成长能力；最后，缴纳税费直接减少企业现金流，这会导致企业营运风险增大，管理者可能趋向于采取谨慎的发展策略，进而降低企业的成长能力。因此，制定合理的税收政策，降低企业税收负担，有利于战略性新兴企业增加收入、提升市场竞争力、有效规避风险，从而提高企业的成长能力。

从不同领域视角来看，网络经济、生物经济、高端制造和绿色低碳领域战略性新兴企业的税负与成长能力呈负相关，数字创意领域战略性新兴企业税负与其成长能力呈正相关。从实证结果来看，前四个领域的结果和整体视角结果相一致，即这四类企业的税负会降低其成长能力，同样也是符合理论预期的。然而，数字创意领域实证结果与预期不符，该类企业税负与其成长能力呈正相关，数字创意产业于 2016 年才被列入《“十三五”国家战略性新兴产业发展规划》，此产业在战略性新兴产业中起步最晚但发展前景好，附加值高而资源消耗低。数字创意企业主要从事以文化、创意和版权为基础的创新设计和创新制造，税收会改变企业收益，从而改变企业行为选择，进而迫使企业加强自主创新的动力（岳树民、孟庆涌，2006）。对于数字创意企业来说，此类企业体量较小，多处于起步阶段，并且由本书现状部分可知该类企业税负整体偏低。在此情况下，税负增加会影响企业行为决策，迫使企业为了降低损失而增加投入，增强企业创意研发动力，促进企业结构升级，从而提升其成长能力。

控制变量方面，企业规模与战略性新兴企业成长能力整体上是正相关关系，一般情况下，企业资产越多或收入量越大，融资能力就越强，随着市场竞争力的提高，企业便会有更多的资源投入生产，从而助推企业成长；上市年龄和战略性新兴企业成长能力呈总体负相关关系，即上市年限越大，企业成长性越低，在企业的不同发展时期，其成长能力各有不同，企业起步阶段的成长性往往最大，随着年龄的增长，发展战略趋于平稳，企业步入成熟期后扩张势头会放缓，其成长能力会逐渐降低（唐跃军、宋渊洋，2008）。最后，资本结构对战略性新兴企业的成长能力呈负相关关系，说明企业资产相对于负债的规模越大，越有利于战略性新兴企业成长。

第 4 章　税收对经济增长质量影响的实证分析

《中共中央关于制定国民经济和社会发展第十四个五年规划和二〇三五年远景目标的建议》中关于税收的表述是这样的：完善现代税收制度，健全地方税、直接税体系，优化税制结构，适当提高直接税比重，深化税收征管制度改革。可见，税制结构调整是未来改革的重点，本章从税制结构的层面，实证检验税制结构对经济增长质量的影响。

本章在实证检验时，将从以下两方面进行实证分析。第一，在计量方法上选择工具变量法，以此来修正经济增长质量与经济发展水平之间相互影响的内生性问题，进而得出税制结构与经济增长质量较为准确的估计结果；并进一步构建动态面板模型，在考虑到经济增长质量是一个连续型变量的基础上，检验税制结构与经济增长质量的关系，以得出更稳健的估计结果。第二，将样本数据按照经济发展水平不同分为东、中、西部进行分组检验，以避免加入二次项后的自相关性引起的估计偏差，进而较为准确地对不同发展水平的地区进行异质性分析，得出税制结构在不同发展水平下对经济质量的影响。

4.1　经济增长质量的测度

本章节以全要素生产率作为衡量经济增长质量的指标，选用索洛余值的计算结果作为衡量目前各地区经济增长质量值，并根据测算结果，分析我国目前各地区经济增长质量的水平，为进一步实证分析提供经济增长质量数据。

4.1.1 模型构建

在测算全要素生产率的方法中，索洛余值法因有较强的经济意义被广泛采用。本书采用柯布－道格拉斯生产函数，用索洛余值法来计算我国各地区2004～2019年的全要素生产率，用以作为衡量经济增长质量的指标。

采用柯布－道格拉斯生产函数，假定技术进步是希克斯中性：

$$Y = AK^{\alpha}L^{\beta} \tag{4-1}$$

其中，Y 为经济产出，A 为技术水平，K 为资本投入，L 为劳动投入，α 为资本产出的弹性，β 为劳动产出的弹性。对式（4－1）取对数：

$$\ln Y = \ln A + \alpha \ln K + \beta \ln L \tag{4-2}$$

对式（4－2）两边取微分，则有：

$$\frac{dY}{Y} = \frac{dA}{A} + \alpha \frac{dK}{K} + \beta \frac{dL}{L} \tag{4-3}$$

根据式（4－3），构建全要素生产率计算公式如下：

$$y = TFP + \alpha k + \beta l \tag{4-4}$$

其中，y 为经济产出的增长率，TFP 为全要素生产率的增长率，k 为资本投入的增长率，l 为劳动投入增长率。

4.1.2 数据说明及来源

y 用国内生产总值的增长率表示，为消除价格影响，本书以2003年为基期，根据 GDP 指数换算成不变价的生产总值，取对数并进行差分，折算公式如下：

$$t\text{ 年不变价的 } GDP_t = GDP_{t-1} \times (t\text{ 年 } GDP\text{ 指数}/100) \tag{4-5}$$

k 用固定资产投资的增长率表示，并采用永续盘存法计算，取对数并进行差分，计算公式为：

$$k_t = FAI_t/FPI_t + (1-\delta)K_{t-1} \tag{4-6}$$

其中，k_t 表示 t 年的资本存量，δ 为折旧系数，一般假定为5%，FAI_t 为 t 年固定资产投资，FPI_t 为固定资产投资价格指数。

l 用年末从业人数的增长率表示，取对数并进行差分。本节数据来自国家统计局和各省统计年鉴。

4.1.3　回归结果

根据式（4－4），采用最小二乘法得到回归结果见表 4－1，其得到的残差值即为全要素生产率。

表 4－1　　　　全要素生产率计算回归结果

变量	系数
K	0.3571086 (70.39)**
l	0.1367028 (6.53)**
N	450
R^2	0.9318

注：括号内为 Z 统计值，** 表示在 5% 的显著性水平上显著。

回归结果显示，方程的 R^2 为 0.9318，拟合优度较好，资本投入和经济产出呈显著的正相关，增加资本投入有利于经济产出的增加；劳动投入和经济产出也呈显著的正相关，增加劳动投入有利于经济产出的增加，但其弹性系数小于资本投入。得到的残差值，即全要素生产率见表 4－2。

表 4－2　　　　近 10 年各地区全要素生产率结果

地区	2010 年	2011 年	2012 年	2013 年	2014 年	2015 年	2016 年	2017 年	2018 年	2019 年
上海	0.0112	0.0467	0.0087	0.0195	0.0226	0.0265	0.0349	0.0373	0.0382	0.0364
云南	0.0033	0.0189	0.0395	0.0246	0.0192	0.0051	0.0121	0.0120	0.0258	0.0221
内蒙古	0.0384	0.0417	0.0424	0.0251	－0.0071	－0.0008	0.0302	0.0290	0.0142	0.0308
北京	0.0147	0.0283	0.0181	0.0171	0.0195	0.0256	0.0214	0.0260	0.0289	0.0329
吉林	0.0034	0.0241	0.0543	0.0317	－0.0083	0.0039	0.0063	0.0149	0.0200	0.0254
四川	0.0011	0.0379	0.0499	0.0331	－0.0189	0.0178	0.0143	0.0180	0.0276	0.0313
天津	0.0298	0.0479	0.0275	0.0378	0.0373	0.0302	0.0261	0.0347	0.0065	0.0123
宁夏	0.0084	0.0251	0.0286	0.0064	－0.0046	－0.0068	0.0036	0.0202	0.0285	0.0331
安徽	－0.0136	0.0257	0.0310	0.0193	－0.0074	0.0110	0.0148	0.0207	0.0316	0.0109
山东	0.0195	0.0299	0.0193	0.0135	0.0015	0.0202	0.0166	0.0186	0.0289	0.0289
山西	－0.0655	0.0307	0.0331	0.0009	－0.0085	－0.0238	－0.0358	－0.0081	0.0238	0.0228
广东	0.0047	0.0359	0.0191	0.0124	－0.0346	0.0150	0.0190	0.0178	0.0228	0.0162
广西	0.0051	0.0152	0.0166	0.0107	－0.0042	0.0059	0.0025	0.0054	0.0118	0.0153

续表

地区	2010 年	2011 年	2012 年	2013 年	2014 年	2015 年	2016 年	2017 年	2018 年	2019 年
新疆	-0.0110	0.0171	0.0155	0.0133	0.0031	0.0055	0.0051	0.0148	0.0124	0.0175
江苏	0.0168	0.0278	0.0216	0.0171	-0.0598	0.0089	0.0229	0.0261	0.0269	0.0244
江西	-0.0049	0.0185	0.0180	0.0076	-0.0007	0.0135	0.0120	0.0261	0.0323	0.0228
河北	-0.0243	0.0128	0.0192	-0.0031	-0.0036	-0.0069	0.0046	0.0111	0.0436	0.0179
河南	-0.0220	0.0168	0.0215	0.0105	-0.0189	0.0078	0.0070	0.0117	0.0243	0.0228
浙江	-0.0027	0.0375	0.0111	-0.0015	0.0128	0.0061	0.0180	0.0210	0.0314	0.0338
海南	-0.0074	0.0426	0.0114	-0.0195	-0.0149	-0.0058	0.0032	0.0050	0.0117	0.0078
湖北	0.0114	0.0318	0.0204	0.0128	-0.0134	0.0092	0.0083	0.0084	0.0241	0.0338
湖南	0.0028	0.0272	0.0172	0.0120	0.0014	0.0108	0.0096	0.0104	0.0177	0.0232
甘肃	-0.0089	0.0069	0.0181	0.0129	-0.0199	-0.0076	0.0014	0.0060	0.0120	0.0228
福建	0.0119	0.0269	0.0093	0.0098	0.0176	0.0130	0.0088	0.0150	0.0202	0.0184
贵州	0.0074	0.0249	0.0353	0.0104	0.0053	0.0072	0.0121	0.0158	0.0244	0.0225
辽宁	0.0087	0.0283	0.0182	0.0017	-0.0128	0.0017	0.0073	-0.0114	0.0238	0.0228
重庆	0.0272	0.0506	0.0402	0.0440	0.0232	0.0279	0.0344	0.0398	0.0385	0.0146
陕西	0.0073	0.0282	0.0303	0.0236	-0.0119	0.0098	0.0075	0.0106	0.0210	0.0285
青海	-0.0060	0.0492	0.0125	0.0141	0.0021	0.0016	0.0007	0.0084	0.0134	0.0168
黑龙江	-0.0040	0.0181	0.0312	0.0025	-0.0060	0.0054	0.0133	0.0198	0.0290	0.0163

4.2 实证设计

本节在实证设计上主要包含两方面：第一，模型的设定以及估计方法选择；第二，变量选取以及数据来源。

4.2.1 模型设定及估计方法

4.2.1.1 模型设定

本书采用柯布-道格拉斯生产函数，并以希克斯中性为假设前提，相应的生产函数如下：

$$Q = AF(K,L) \tag{4-7}$$

其中，Q 为产出，即地区生产总值；A 为在资本和劳动投入水平不变时产出增加的部分，通常指“技术进步”，即全要素生产率；K 为资本投入；L 为劳动投入。

本书参考李健（2015）和孙英杰（2018）等的做法，假定 A 是一个多元组合，受到多方面因素的影响，其中就包括税制结构的影响，即：

$$A = TAX \times A_0 \tag{4-8}$$

其中，TAX 代表税制结构，A_0 代表影响技术进步的其他因素。将式（4－8）和式（4－7）联立，即可得到：

$$A = \frac{Q}{F(K,L)} = TAX \times A_0 \tag{4-9}$$

将式（4－9）取对数，可得：

$$\ln A = \ln TAX + \ln A_0 \tag{4-10}$$

基于式（4－10），考虑到影响技术进步（A_0）的因素有经济发展水平（GDP）、对外开放程度（$OPEN$）、产业结构变动（IND）和政府行为（GOV）等，本书构建计量模型如下：

$$TFP_{it} = C_0 + \beta_1 TAX_{it} + \beta_2 GDP_{it} + \beta_3 OPEN_{it} + \beta_4 IND_{it} + \beta_5 GOV_{it} + \varepsilon \tag{4-11}$$

其中，TFP_{it} 为全要素生产率，TAX_{it} 表示税制结构。

4.2.1.2　估计方法

在估计方法上考虑内生性问题，内生性问题主要来源于经济增长质量和经济发展水平互为因果的影响。本书模型中经济增长质量用全要素生产率来衡量，全要素生产率的提高，意味着生产效率及资源利用效率的提高，进而促进技术发展，推进产业升级，实现经济发展水平的提高。反之，经济发展水平的提高，也会带来生产技术的进步，提高效率，促进全要素生产率的提高。由于可能存在互为因果的内生性，估计结果可能会有偏差，间接影响核心解释变量与被解释变量之间的关系，无法保证实证结果的可靠性。

因此，在估计方法选择上，选用工具变量法（二阶段最小二乘法）来修正内生性的问题。在工具变量选取上，本书考虑使用内生变量的滞后项作为工具变量，滞后项一般与当期内生变量相关，与当期扰动项不相关，满足相关性和外生性条件。对于工具变量的选择是否满足两种条件时，本书将在估计结果中显示对工具变量的检验结果，以保证模型结果的可靠性。

4.2.2　变量选取与数据说明

4.2.2.1　变量选取

（1）被解释变量

本书选取全要素生产率（*TFP*）作为研究对象。全要素生产率作为衡量经济增长质量的指标，已经被多数学者作出合理解释，而且党的十九大报告中也明确指出“提高全要素生产率”，强调了提高全要素生产率是经济增长质量的关键。

（2）解释变量

本书的核心解释变量为税制结构，有关税制结构的概念界定及衡量方法分别在第1章和第3章进行了说明。本章实证部分将按照上述对税制结构的度量，分别检验三类税制结构：税系结构［直接税（*ZTAX*）和间接税（*JTAX*）］、税类结构［流转税类（*LTAX*）、财产税类（*CTAX*）、所得税类（*STAX*）和资源税类（*ZTAX*）］和税种结构［增值税（*VTAX*）、企业所得税（*QTAX*）和个人所得税（*GTAX*）］。

（3）控制变量

在控制变量的选取上，参考其他学者所考虑的因素，本书从以下几个方面选取控制变量：经济发展水平（*GDP*），选用人均*GDP*的增长率表示各地区的经济发展水平，即对人均*GDP*取对数后进行一阶差分；对外开放程度（*OPEN*），选用各地区进出口总额与*GDP*的比值来衡量；产业结构变动（*IND*），选用各地区第三产业增加值与*GDP*的比值来衡量；政府行为因素（*GOV*），选用各地区政府财政支出与*GDP*的比值来衡量。

综上所述，本书各变量衡量方法总结见表4－3。

表4－3　　变量类型、名称与定义

指标		变量名称	定义
被解释变量		全要素生产率（*TFP*）	索洛余值
解释变量	税系结构	直接税（*ZTAX*）	（企业所得税＋个人所得税＋房产税＋印花税＋土地增值税＋车船税＋耕地占用税＋契税）/总税收收入
		间接税（*JTAX*）	（增值税＋营业税＋消费税＋城市维护建设税＋资源税）/总税收收入

续表

指标		变量名称	定义
被解释变量		全要素生产率（*TFP*）	索罗余值
解释变量	税类结构	流转税类（*LTAX*）	（增值税 + 营业税 + 消费税 + 城市维护建设税）/总税收收入
		财产税类（*CTAX*）	（房产税 + 城镇土地使用税 + 土地增值税 + 车船税 + 车辆购置税）/总税收收入
		所得税类（*STAX*）	（企业所得税 + 个人所得税）/总税收收入
		资源税类（*ZTAX*）	（资源税 + 城镇土地使用税 + 环境保护税）/总税收收入
	税种结构	增值税（*VTAX*）	增值税/总税收收入
		企业所得税（*QTAX*）	企业所得税/总税收收入
		个人所得税（*GTAX*）	个人所得税/总税收收入
控制变量		经济发展水平（*GDP*）	人均 *GDP* 增长率
		对外开放程度（*OPEN*）	进出口总额/*GDP*
		产业结构变动（*IND*）	第三产业增加值/*GDP*
		政府行为因素（*GOV*）	财政支出/*GDP*

4.2.2.2　数据说明

本书选用 2003～2018 年 30 个省份[①]的面板数据，数据来源于国家统计局网站、《中国税务年鉴》、中经网统计数据库以及各省统计年鉴。其中，被解释变量全要素生产率（*TFP*）选用第 4 章的计算结果，为减少极端值对回归结果的影响，本书对其在 0.025 的水平下进行了缩尾处理。由于本书面板数据时间维度小于截面，属于短面板，故不再进行单位根检验。本书数据的主要统计特征见表 4－4。

表 4－4　　变量描述性统计结果

变量	Obs	Mean	Std. Dev.	Min	Max
TFP	480	0.0078442	0.0266272	－0.0802007	0.0791312
ZTAX	480	0.3032989	0.0834506	0.1455608	0.6667894
JTAX	480	0.6705544	0.0889596	0.3213991	0.8525428
LTAX	480	0.6588902	0.0890698	0.3213313	0.835967

① 样本中不包含港、澳、台及西藏地区数据。

续表

变量	Obs	Mean	Std. Dev.	Min	Max
CTAX	480	0. 0703192	0. 0304242	0. 0112861	0. 1685117
STAX	480	0. 2179703	0. 0728014	0. 1135855	0. 6114212
ZTAX	480	0. 0254194	0. 0199095	0. 0005922	0. 1309189
VTAX	480	0. 4086286	0. 0924511	0. 1736713	0. 640987
QTAX	480	0. 1586353	0. 0671676	0. 0630767	0. 5296287
GTAX	480	0. 059335	0. 0156459	0. 0264847	0. 1380935
GDP	480	0. 1197027	0. 0634276	-0. 252100	0. 3038101
OPEN	480	0. 3165711	0. 3874848	0. 0168303	1. 784300
IND	480	0. 4334176	0. 0906527	0. 2830291	0. 8172755
GOV	480	0. 2111519	0. 0948557	0. 0791763	0. 6268504

4.3 税制结构对经济增长质量影响的实证分析

本节内容为对上述计量模型进行回归估计，检验结果包括税系结构、税类结构和税种结构对经济增长质量的影响。为保证结果更为可靠，对于每种税制结构分检验均包含两部分。第一，基准回归结果，采用二阶段最小二乘法进行估计。第二，稳健性检验及异质性分析，稳健性检验采用动态面板进行估计，并同时采用差分 GMM 和系统 GMM 方法进行比较；对于异质性分析，本书将样本数据按照发展水平不同分为东、中、西部三部分进行检验，以探寻在不同发展水平下，税制结构对经济增长质量的影响，使估计结果更为可靠。

4.3.1 税系结构对经济增长质量的影响

4.3.1.1 基准回归结果

基于式（4-11），本节对税系结构（直接税和间接税）进行回归分析，估计结果见表4-5。

表 4 – 5　　税系结构基准回归估计结果

变量	直接税		间接税	
	FE	IV – 2SLS	FE	IV – 2SLS
ZTAX	0. 2745175 (9. 04) **	0. 0576988 (1. 71) *		
JTAX			– 0. 2310042 (– 7. 62) **	– 0. 083267 (– 2. 23) **
GDP	0. 1600891 (7. 93) **	0. 4004058 (5. 48) **	0. 179307 (7. 92) **	0. 3963455 (5. 60) **
OPEN	0. 247963 (2. 60) **	0. 29835 (3. 09) **	0. 0002942 (0. 03)	0. 0243738 (2. 63) **
IND	0. 651972 (2. 25) **	0. 2833272 (6. 49) **	0. 536199 (1. 77) *	0. 275549 (6. 77) **
GOV	0. 1265698 (3. 98) **	0. 1275401 (2. 38) **	0. 0464969 (2. 96) **	0. 0342148 (1. 78) *
c	– 0. 1591972 (– 9. 92) **	– 0. 2078526 (– 5. 33) **	0. 1023097 (3. 31) **	– 0. 1121527 (– 3. 59) **
R^2	0. 3640		0. 3389	
N	450	360	450	360
Cragg – Donald Wald F		11. 567		12. 441
Sargan		0. 2683		0. 2563
Hausman Test	0. 0000		0. 0000	

注：括号内为 Z 统计值，* 和 ** 分别表示在 10% 和 5% 的显著性水平上显著。豪斯曼检验的原假设为“H_0：所有解释变量均为外生”。

从工具变量检验结果来看，弱工具变量检验结果（Cragg – Donald Wald）的 F 值为 11. 567 >10，则拒绝“存在弱工具变量”的原假设。过度识别检验（Sargan）的 P 值为 0. 2683，接受“所有工具变量都是外生”的原假设。豪斯曼检验的 P 值为 0，拒绝“所有解释变量均为外生”的原假设，应当选用工具变量法。从估计结果看，直接税与经济增长质量呈正向影响，即直接税占总税收比增大，将促进经济增长质量的提高。直接税通过影响个人和企业的收入分配，一方面调整个人的消费结构和收入差距，另一方面调整企业的生产结构和投资策略，实现产业结构优化、提高资源配置效率，进而提升产品质量、投资效率、技术水平和创新能力，推动经济增长质量的提高。从控制变量来看，经济发展水平、对外开放程度、产业结构升级以及政府支出都与经济增长质量呈现出显著的正相关。

间接税的工具变量检验结果也符合条件，应当选用工具变量法的结果。从估计结果看，间接税目前对经济增长质量呈负向影响，即间接税占总税收比增大，不利于经济增长质量的提高。一方面，对消费者而言，间接税通过价格机制作用到商品价格中，降低其实际购买力，进而对消费产生了影响，并最终作用到总需求上，抑制了需求，不利于结构调整；另一方面，对企业而言，间接税较高的比重可能增加了企业运营资金的压力，相对降低了企业研发及更新设备的资金，不利于企业升级、转型。从控制变量来看，其与经济增长质量的关系表现为正相关。

4.3.1.2 稳健性检验及异质性分析

（1）动态面板回归结果。考虑到经济增长质量是一个连续型变量，可能存在惯性趋势，因此在式（4-11）的基础上，引入经济增长质量的滞后一期，构建动态面板模型如下：

$$TFP_{it} = C_0 + \beta_0 TFP_{it-1} + \beta_1 TAX_{it} + \beta_2 GDP_{it} + \beta_3 OPEN_{it} + \beta_4 IND_{it} + \beta_5 GOV_{it} + \varepsilon \quad (4-12)$$

为解决内生性问题，本节选用广义矩阵估计方法，包括差分 GMM 和系统 GMM，以得到较为准确的估计结果，回归结果见表 4-6。

表 4-6　　税系结构稳健性回归估计结果

变量	直接税		间接税	
	差分 GMM	系统 GMM	差分 GMM	系统 GMM
ZTAX	0.0311837 (2.63)**	0.0111914 (0.98)		
JTAX			-0.0441129 (-4.45)**	-0.0476999 (-5.29)**
TFP(-1)	0.3898271 (21.57)**	0.3496942 (32.70)**	0.3908615 (22.56)**	0.3315267 (35.58)**
GDP	0.2603763 (44.46)**	0.2299357 (37.72)**	0.2701531 (47.39)**	0.2445313 (33.43)**
OPEN	0.0122325 (1.93)*	-0.0056187 (-1.66)	0.0065211 (1.12)	-0.0043673 (-1.29)

续表

变量	直接税		间接税	
	差分 GMM	系统 GMM	差分 GMM	系统 GMM
IND	0.2388105 (17.76)**	0.1864521 (11.75)**	0.2204098 (16.46)**	0.1774847 (13.31)**
GOV	0.1118668 (6.68)**	0.0936403 (8.84)**	0.1044011 (6.80)**	0.0901996 (8.07)**
c	-0.1612774 (-24.98)**	-0.119696 (-18.25)**	-0.1124725 (-9.46)**	-0.0825629 (-7.29)**
N	390	420	390	420
AR(1)	0.0002	0.0002	0.0002	0.0002
AR(2)	0.2490	0.1934	0.2381	0.1918
Sargan	0.8266	1.0000	0.7944	1.0000

注：括号内为 Z 统计值，* 和 ** 分别表示在 10% 和 5% 的显著性水平上显著。

从稳健性检验结果来看，直接税和间接税对经济增长质量的影响与基准回归结果无异。在不同模型和计量方法下的结果相同，证明估计结果较为稳健，直接税与经济增长质量呈正相关，而间接税则不利于经济增长质量的提高，进一步验证了上文分析的可靠性。从经济增长质量的滞后期来看，经济增长质量具有显著的惯性趋势，上期经济发展质量的提高，会进一步引起当期经济增长质量的提高，这也符合目前我国经济增长质量在逐年稳步提升的现状。从控制变量结果来看，经济发展水平、产业结构变动以及政府行为也都与经济增长质量表现为显著的正向关系。

（2）分组检验回归结果。考虑到我国各地区发展水平不均，发展方式不同，为更好地考察税制结构在不同发展水平的情况下对经济增长质量的影响，本书按照国家发展改革委以及大多学者的方法，根据经济发展水平将样本划分为东、中、西部三部分①，以检验估计结果是否稳健，并对异同进行异质性分析。直接税在不同地区的估计结果见表 4-7，间接税在不同地区的估计结果见表 4-8。

① 东部地区为经济发展水平较高的地区，包括北京、天津、河北、辽宁、上海、江苏、浙江、福建、山东、广东和海南；中部地区为经济发展水平次发达的地区，包括山西、吉林、黑龙江、安徽、江西、河南、湖北和湖南；西部地区为经济欠发达的地区，包括广西、内蒙古、四川、贵州、云南、陕西、甘肃、青海、宁夏和新疆。

表 4 - 7　　直接税不同地区估计结果

变量	东部地区		中部地区		西部地区	
	FE	IV - 2SLS	FE	IV - 2SLS	FE	IV - 2SLS
ZTAX	0. 22573 (4. 28) **	0. 16006 (2. 20) **	0. 31844 (5. 16) **	0. 39635 (5. 10) **	0. 25800 (5. 63) **	0. 31823 (4. 79) **
GDP	0. 08658 (2. 10) **	0. 59231 (3. 13) **	0. 35786 (8. 83) **	0. 61200 (8. 92) **	0. 18767 (6. 00) **	0. 59054 (8. 34) **
OPEN	0. 01143 (0. 93)	0. 00603 (0. 38)	0. 02741 (0. 42)	-0. 22771 (-2. 76) **	0. 39896 (1. 02)	0. 00913 (0. 18)
IND	0. 15777 (2. 39) **	0. 46727 (3. 32) **	0. 10550 (2. 39) **	0. 27436 (5. 56) **	0. 05964 (1. 31)	0. 37954 (5. 31) **
GOV	-0. 08810 (-0. 81)	-0. 10541 (-0. 72)	0. 42647 (4. 44) **	0. 23554 (1. 94) *	0. 11746 (3. 11) **	0. 12909 (2. 45) **
c	-0. 13095 (-3. 84) **	-0. 30402 (-3. 37) **	-0. 24789 (-10. 79) **	-0. 29545 (-9. 00) **	-0. 13506 (-5. 92) **	-0. 32746 (-7. 53) **
R^2	0. 2647		0. 6555		0. 4221	
N	165	154	120	104	165	154
Cragg - Donald Wald F		11. 334		25. 535		33. 805
Sargan		0. 2653		0. 2659		0. 1488
Hausman Test	0. 0024		0. 0000		0. 0000	

注：括号内为 Z 统计值，* 和 ** 分别表示在 10% 和 5% 的显著性水平上显著。豪斯曼检验的原假设为“H_0：所有解释变量均为外生”。

从直接税的分组结果来看，在不同样本地区中，直接税的结果同样较为稳健，直接税与经济增长质量呈显著正相关，进一步验证当前提高直接税比重，经济增长质量将提高，符合我国目前提高直接税比重的税制结构改革目标。但对比不同地区的结果来看，由于经济发展水平的不同，直接税对经济增长质量的影响程度不同，证明在不同地区，直接税对经济增长质量的影响存在一定异质性。直接税在中部地区和西部地区系数对经济增长质量的系数更大，但在东部地区系数相对较小，这也符合目前学者得出直接税对经济增长质量影响受经济发展水平制约的结论。虽然中部地区和西部地区经济发展水平相对东部较弱，但通过近十多年的高速发展，发展水平也到了一定“高度”，并不会因为直接税对个人和企业收入的分配，抑制投资和消费，降低经济增长质量。再者，目前中部地区和西部地区直接税比重也相对较低，随直接税比重适当升高，对经济增长质量的促进力度会更大。而对于东部地区，直接税占比相对较高，此时笼统地提高直接税比重，虽然会提高经济增长质量，但是效率可能会较低。不同样本的差异性分析表明，如果未考虑到各地区实际情况的差异性，一味地提高直接税比重，可能并不能带来经济增长质量的有效率的提高。所以，在以直接税为主的税制结构改革中，应兼顾各地区的实际发展情况，细化直接税的特性，有针对性地调整改革策略。

表 4－8　　间接税不同地区估计结果

	间接税					
变量	东部地区		中部地区		西部地区	
	FE	IV－2SLS	FE	IV－2SLS	FE	IV－2SLS
ZTAX	－0.12924 （－3.44）**	－0.07090 （－1.08）	－0.17869 （－2.81）**	－0.33462 （－4.77）**	－0.25219 （－5.34）**	－0.33056 （－4.28）**
GDP	0.13736 （3.65）**	0.45260 （5.54）**	0.36548 （8.10）**	0.60066 （9.67）**	0.18994 （6.01）**	0.62006 （7.83）**
OPEN	－0.01020 （－1.04）	0.00179 （0.14）	－0.01251 （－0.19）	－0.27391 （－3.60）**	0.01737 （0.42）	－0.03117 （－0.54）
IND	0.50920 （6.57）**	0.36470 （4.68）**	0.10115 （2.61）**	0.20418 （5.73）**	0.01121 （0.24）	0.32848 （4.31）**
GOV	0.17224 （1.39）	－0.11553 （－1.92）*	0.26403 （5.47）**	0.09444 （1.95）*	0.35379 （1.91）*	0.03550 （1.33）
c	0.07989 （3.71）**	－0.13548 （－1.77）*	－0.03106 （－0.56）	0.83717 （1.41）	0.13676 （2.74）**	0.01438 （0.19）
R^2	0.3962		0.6325		0.4185	
N	165	143	120	104	165	154
Cragg－Donald Wald F		17.020		34.214		30.048
Sargan		0.1150		0.2611		0.0792
Hausman Test	0.0024		0.0000		0.0000	

注：括号内为 Z 统计值，* 和 ** 分别表示在 10% 和 5% 的显著性水平上显著。豪斯曼检验的原假设为“H_0：所有解释变量均为外生”。

间接税的分组结果表明，在不同样本地区中，间接税与经济增长质量表现为负相关，结果较为稳健。对比不同样本结果来看，同直接税结果一样，不同样本地区下间接税对经济增长质量的影响程度不同，表现出一定差异性。对于经济发展水平相对较低的中部、西部地区，间接税对经济增长质量的负面影响越大，而对于东部地区的负面影响相对较低。目前，中部和西部地区经济发展水平相对东部地区较低，产业结构也较为单一，存在产能过剩问题，间接税比重也相对较高，不利于经济发展的转型，因而对经济增长质量的负面影响也就越大。而东部地区经济发展水平较高，产业结构较为合理，生产效率较高，间接税比重也相对较低，相对而言，间接税对经济增长质量的负面影响也相对较小。间接税的异质性分析表明，针对不同发展水平及不同发展方式的地区，应有针对性地降低间接税比重，以发挥间接税调整产业生产决策，实现有效率的资源配置的作用，达到间接税与经济增长质量之间的平衡。

4.3.2 税类结构对经济增长质量的影响

4.3.2.1 基准回归结果

基于式（4－11），本节对税类结构（流转税类、所得税类、财产税类及资源税类）进行回归分析，估计结果见表4－9。

表4－9　　流转税类和所得税类结构基准回归估计结果

变量	流转税类		所得税类	
	FE	IV－2SLS	FE	IV－2SLS
LTAX	－0.23373 (－8.58)**	－0.09196 (－2.40)**		
STAX			0.30650 (7.35)**	0.11058 (2.26)**
GDP	0.19065 (8.43)**	0.39377 (5.67)**	0.12518 (5.65)**	0.42401 (7.00)**
OPEN	－0.00149 (－0.16)	0.22875 (2.48)**	0.03168 (3.08)**	0.02165 (2.04)**
IND	0.02765 (0.92)	0.26527 (6.74)**	0.07679 (2.58)**	0.31306 (6.73)**
GOV	0.11245 (3.37)**	0.27604 (1.44)	0.20985 (7.17)**	0.10595 (6.03)**
c	0.10178 (3.52)**	－0.10028 (－3.15)**	－0.16307 (－9.51)**	－0.23710 (－8.35)**

续表

变量	流转税类		所得税类	
	FE	IV - 2SLS	FE	IV - 2SLS
R^2	0. 3534		0. 3264	
N	450	360	450	360
Cragg - Donald Wald F		12. 811		16. 380
Sargan		0. 2572		0. 1257
Hausman Test	0. 0000		0. 0000	

注：括号内为 Z 统计值，** 表示在 5% 的显著性水平上显著。豪斯曼检验的原假设为“H_0：所有解释变量均为外生”。

从流转税类的实证结果来看，满足工具变量法的要求。目前，流转税与经济增长质量表现为负向影响，即流转税占总税收比例增大，不利于经济增长质量的提高。流转税组成商品的价格，税负容易被完全或部分转嫁出去，进而对消费产生了影响，抑制了需求，不利于结构调整，不能较好地调节经济运行，从而不利于经济增长质量的进一步提升。

从所得税类的实证结果来看，所得税与经济增长质量表现为正向影响，即所得税占总税收比例增大，有利于经济增长质量的进一步提高。所得税对经济的波动具有自动调节机制，更有利于调节收益水平，有利于税负公平。在目前我国发展的阶段，通过调节企业和个人的财富再分配，更有利于进一步提高经济增长质量。

表 4 - 10　　财产税类和资源税类结构基准回归估计结果

变量	财产税类		资源税类	
	FE	IV - 2SLS	FE	IV - 2SLS
CTAX	0. 74220 (10. 94) **	0. 35594 (3. 62) **		
ZTAX			0. 42420 (3. 83) **	0. 24407 (2. 35) **
GDP	0. 19014 (8. 92) **	0. 49541 (9. 52) **	0. 14892 (6. 36) **	0. 45437 (9. 85) **
OPEN	0. 00011 (0. 01)	0. 02175 (2. 18) **	-0. 00256 (-0. 26)	0. 02011 (2. 11) **

续表

变量	财产税类		资源税类	
	FE	IV-2SLS	FE	IV-2SLS
IND	0.00773 (0.27)	0.29642 (7.54)**	0.07529 (2.40)**	0.31678 (8.59)**
GOV	0.07994 (2.52)**	0.05353 (2.88)**	0.22532 (7.00)**	0.07548 (4.61)**
c	-0.08975 (-6.13)**	-0.22121 (-8.76)**	-0.10117 (-6.18)**	-0.21103 (-8.99)**
R^2	0.4090		0.2646	
N	450	360	450	360
Cragg-Donald Wald F		39.830		45.131
Sargan		0.3523		0.1563
Hausman Test	0.0000		0.0000	

注：括号内为Z统计值，** 表示在5%的显著性水平上显著。豪斯曼检验的原假设为“H_0：所有解释变量均为外生”。

从财产税类的实证结果来看，财产税类与经济增长质量表现为正向影响，即财产税类占总税收比增大，有利于经济增长质量的进一步提高。财产税类包含主要税种也都属于直接税的一部分，因此也与直接税对经济增长质量的关系保持一致。另外，财产税类大都是地方税，因此带来了地方财政收入的提高，有利于改善当地居住环境、提高服务水平，促进外来人口流入，提高就业机会，进而带动当地经济发展质量的提升。

从资源税类的实证结果来看，资源税类与经济增长质量表现为正向影响，即资源税类占总税收比增大，有利于经济增长质量的进一步提高。资源税类具有逆向调节纠正经济行为的负外部性的调节作用，促使企业技术创新、产业结构优化，促进经济增长质量的提升，实现环境效能的改善与经济增长质量的提升。

4.3.2.2 稳健性检验及异质性分析

(1) 动态面板回归结果。动态面板模型采用式（4-12），计量方法选择差分 GMM 和系统 GMM，回归结果见表 4-11 和表 4-12。

表 4 - 11　　流程税类和所得税类结构稳健性回归估计结果

变量	流转税类		所得税类	
	差分 GMM	系统 GMM	差分 GMM	系统 GMM
LTAX	-0.04157 (-4.42)**	-0.05903 (-6.11)**		
STAX			0.06686 (3.35)**	0.04908 (3.98)**
TFP（-1）	0.39093 (22.54)**	0.32669 (53.84)**	0.32575 (20.98)**	0.33352 (24.40)**
GDP	0.26889 (45.21)**	0.24706 (30.10)**	0.22483 (26.84)**	0.17309 (17.71)**
OPEN	0.00655 (1.13)	-0.00560 (-1.71)*	-0.00873 (-1.84)*	0.14795 (5.19)**
IND	0.22027 (16.35)**	0.16680 (14.22)**	0.20077 (5.60)**	0.16028 (4.21)**
GOV	0.10321 (6.90)**	0.08087 (8.10)**	0.17192 (10.40)**	0.14197 (9.97)**
c	-0.11420 (-9.69)**	-0.06918 (-6.74)**	-0.06682 (-9.15)**	-0.05769 (-9.76)**
N	390	420	390	420
AR（1）	0.0002	0.0002	0.0002	0.0002
AR（2）	0.2370	0.1911	0.1480	0.1059
Sargan	0.7997	1.0000	0.7929	1.0000

注：括号内为 Z 统计值，* 和 ** 分别表示在 10% 和 5% 的显著性水平上显著。

表 4 - 12　　财产税类和资源税类结构稳健性回归估计结果

变量	财产税类		资源税类	
	差分 GMM	系统 GMM	差分 GMM	系统 GMM
CTAX	0.20631 (4.28)**	0.33701 (6.78)**		
ZTAX			0.12716 (1.11)	0.49672 (3.82)**
TFP（-1）	0.40082 (19.04)**	0.30759 (38.39)**	0.39673 (21.42)**	0.32130 (43.67)**
GDP	0.27082 (43.20)**	0.26095 (28.95)**	0.26883 (36.59)**	0.23594 (48.65)**

续表

变量	财产税类		资源税类	
	差分 GMM	系统 GMM	差分 GMM	系统 GMM
OPEN	0.00883 (1.72)*	0.00143 (0.37)	0.00733 (1.16)	0.00783 (2.31)**
IND	0.22513 (12.58)**	0.15695 (9.01)**	0.24395 (18.81)**	0.18329 (11.92)**
GOV	0.06306 (4.02)**	0.04496 (3.76)**	0.11925 (6.58)**	0.05789 (3.85)**
c	−0.15221 (−21.02)**	−0.12444 (−19.36)**	−0.15974 (−22.00)**	−0.12463 (−23.61)**
N	390	420	390	420
AR（1）	0.0001	0.0002	0.0002	0.0002
AR（2）	0.2268	0.1551	0.2295	0.1010
Sargan	0.7872	1.0000	0.7998	1.0000

注：括号内为Z统计值，* 和 ** 分别表示在10%和5%的显著性水平上显著。

从稳健性检验结果来看，各税类结构对经济增长质量的影响与基准回归结果无异。在不同模型和计量方法下的结果相同，证明估计结果较为稳健，所得税类、财产税类和资源税类与经济增长质量呈显著正相关，而流转税类不利于经济增长质量的提高，进一步验证了上文分析的可靠性。从经济增长质量的滞后期看，经济增长质量同样具有显著的惯性趋势，上期经济发展质量的提高，会进一步引起当期经济增长质量的提高，符合目前我国经济增长质量在逐年稳步提升的现状。

（2）分组检验回归结果。本节进一步检验在不同地区下税类结构对经济增长质量的差异性影响，同上述分组方式，按经济发展水平不同划分为东、中、西部，进行分组检验，检验结果见表4－13～表4－16。

表4－13　流转税类不同地区估计结果

变量	流转税类					
	东部地区		中部地区		西部地区	
	FE	IV－2SLS	FE	IV－2SLS	FE	IV－2SLS
LTAX	−0.14552 (−3.97)**	−0.04671 (−0.66)	−0.27052 (−5.73)**	−0.35559 (−4.95)**	−0.23809 (−6.06)**	−0.37422 (−4.62)**

续表

流转税类						
变量	东部地区		中部地区		西部地区	
	FE	IV－2SLS	FE	IV－2SLS	FE	IV－2SLS
GDP	0. 14545 (3. 81) **	0. 50795 (2. 95) **	0. 39723 (9. 53) **	0. 67007 (11. 31) **	0. 20746 (6. 54) **	0. 63307 (7. 86) **
OPEN	0. 00879 (0. 50)	0. 00016 (0. 01)	0. 01301 (0. 20)	－0. 24482 (－3. 18) **	0. 03424 (0. 89)	－0. 03954 (－0. 69)
IND	0. 52483 (6. 45) **	0. 38955 (3. 06) **	0. 00244 (0. 06)	0. 18584 (4. 41) **	－0. 00337 (－0. 07)	0. 30084 (4. 02) **
GOV	0. 16544 (1. 01)	0. 03974 (0. 32)	0. 48736 (5. 88) **	0. 15729 (2. 99) **	0. 09883 (2. 58) **	0. 01144 (0. 40)
c	0. 08294 (3. 81) **	－0. 20298 (－2. 04) **	0. 03578 (0. 79)	0. 06906 (1. 06)	0. 11124 (2. 58) **	0. 05864 (0. 77)
R^2	0. 3858		0. 6707		0. 4376	
N	165	154	120	112	165	154
Cragg－Donald Wald F		11. 540		65. 557		30. 225
Sargan		0. 1225		0. 1037		0. 0790
Hausman Test	0. 0000		0. 0000		0. 0000	

注：括号内为 Z 统计值，** 表示在 5% 的显著性水平上显著。豪斯曼检验的原假设为“H_0：所有解释变量均为外生”。

从流转税类的分组结果来看，流转税类在三个不同地区样本下，均与经济增长质量表现为负相关，流转税类比重提高，不利于经济增长质量的进一步提高。对于经济发展水平相对较低的中部、西部地区，流转税类对经济增长质量的负面影响较大，而对于东部地区的负面影响相对较低。中部和西部地区经济发展水平相对东部地区较低，产业结构也较为单一，流转税类比重也相对较高，不利于经济发展的转型，对经济增长质量的负面影响也就越大。而东部地区经济发展水平较高，产业结构较为合理，生产效率较高，流转税类比重也相对较低，对经济增长质量的负面影响也相对较小。

表 4-14　所得税类不同地区估计结果

变量	所得税类					
	东部地区		中部地区		西部地区	
	FE	IV-2SLS	FE	IV-2SLS	FE	IV-2SLS
STAX	0.10269 (1.70)*	0.00320 (0.03)	0.40389 (5.51)**	0.27038 (3.59)**	0.42149 (5.78)**	0.17639 (2.43)**
GDP	0.03314 (4.38)**	0.66362 (3.01)**	0.32988 (8.49)**	0.50373 (8.70)**	0.11087 (3.65)**	0.24686 (4.78)**
OPEN	0.02717 (2.29)**	0.00434 (0.24)	0.10495 (1.68)*	-0.11238 (-1.70)*	0.06902 (1.85)*	0.05465 (1.73)*
IND	0.30933 (4.22)**	0.57417 (3.18)**	0.08366 (2.02)**	0.25562 (6.27)**	0.01301 (0.28)	0.18516 (3.47)**
GOV	-0.18999 (-2.08)**	0.89039 (2.46)**	0.68898 (10.34)**	0.30224 (8.75)**	0.14991 (4.38)**	0.06112 (3.88)**
c	-0.36271 (-4.82)**	-0.33911 (-3.28)**	-0.30037 (-10.83)**	-0.28182 (-9.18)**	-0.14390 (-6.25)**	-0.16191 (-5.88)**
R^2	0.4165		0.6650		0.4275	
N	165	154	120	112	165	154
Cragg-Donald Wald F		10.332		28.836		22.205
Sargan		0.2321		0.6531		0.2517
Hausman Test	0.0000		0.0000		0.0000	

注：括号内为 Z 统计值，* 和 ** 分别表示在 10% 和 5% 的显著性水平上显著。豪斯曼检验的原假设为“H_0：所有解释变量均为外生”。

从所得税类的分组结果来看，在不同样本地区中，所得税类的结果同样较为稳健，所得税类与经济增长质量呈显著正相关。但对比不同地区的结果来看，所得税类在中部地区和西部地区系数对经济增长质量的系数更大，但在东部地区系数相对较小，表现出异质性。目前，中部地区和西部地区所得税类比重也相对较低，随所得税类比重适当升高，对经济增长质量的促进力度会更大。而对于东部地区，直接税占比相对较高，因此对经济增长质量的提升也相对有限。

表 4 - 15　　财产税类不同地区估计结果

变量	东部地区		中部地区		西部地区	
	FE	IV - 2SLS	FE	IV - 2SLS	FE	IV - 2SLS
CTAX	0.38527 (3.18)**	0.49447 (2.03)**	0.40675 (2.60)**	0.37703 (1.67)*	0.66547 (6.46)**	0.58541 (3.08)**
GDP	0.16504 (4.45)**	0.55458 (2.87)**	0.42086 (10.16)**	0.63208 (4.94)**	0.25840 (10.05)**	0.52299 (5.06)**
OPEN	-0.00952 (-0.93)	-0.00291 (-0.19)	0.01976 (0.32)	-0.24981 (-1.62)	0.00463 (0.14)	-0.00267 (-0.06)
IND	0.49709 (6.57)**	0.38983 (3.06)**	0.40889 (4.85)**	0.18143 (3.14)**	0.39499 (6.16)**	0.30386 (3.99)**
GOV	0.00663 (0.08)	-0.13415 (-0.91)	0.42055 (3.70)**	0.52566 (2.98)**	0.04679 (1.44)	0.11107 (2.03)**
c	-0.03174 (-2.01)**	-0.24317 (-2.99)**	-0.16259 (-9.72)**	-0.27005 (-5.08)**	-0.08761 (-8.39)**	-0.25223 (-4.52)**
R^2	0.4174		0.6887		0.6031	
N	165	154	120	104	165	143
Cragg - Donald Wald F		10.263		19.932		18.709
Sargan		0.3275		0.6633		0.4458
Hausman Test	0.0000		0.0000		0.0000	

（表头：财产税类）

注：括号内为 Z 统计值，* 和 ** 分别表示在 10% 和 5% 的显著性水平上显著。豪斯曼检验的原假设为"H_0：所有解释变量均为外生"。

从财产税类的分组结果来看，在不同样本地区中，财产税类的结果同样较为稳健，财产税类与经济增长质量呈显著正相关。对比不同地区的结果来看，财产税类对经济增长质量的影响差异较小。

表 4 - 16　　资源税类不同地区估计结果

变量	东部地区		中部地区		西部地区	
	FE	IV - 2SLS	FE	IV - 2SLS	FE	IV - 2SLS
ZTAX	0.91810 (3.33)**	1.34831 (2.38)**	0.30141 (1.95)*	0.05973 (0.36)	0.34810 (2.07)**	0.42176 (1.91)*
GDP	0.10766 (2.48)**	0.69416 (2.71)**	0.28640 (6.56)**	0.54605 (4-88)**	0.16086 (4.70)**	0.52010 (4.62)**

（表头：资源税类）

续表

资源税类						
变量	东部地区		中部地区		西部地区	
	FE	IV-2SLS	FE	IV-2SLS	FE	IV-2SLS
OPEN	0.00310 (0.25)	0.00105 (0.06)	0.10997 (1.57)	-0.04754 (-0.57)	0.11294 (2.82)**	0.03938 (0.89)
IND	0.18091 (2.65)**	0.53858 (2.94)**	-0.03007 (-0.64)	0.13634 (2.44)**	0.03761 (0.75)**	0.34621 (4.16)**
GOV	0.08359 (0.88)	0.05298 (-0.38)	0.72429 (9.12)**	0.77283 (6.75)**	0.20792 (5.53)**	0.16598 (2.93)**
c	-0.11957 (-3.46)**	-0.33292 (-2.83)**	-0.17948 (-7.31)**	-0.25780 (-6.52)**	-0.11163 (-4.57)**	-0.25947 (-4.28)**
R^2	0.2314		0.5845		0.3186	
N	165	154	120	112	165	143
Cragg-Donald Wald F		17.712		27.011		17.523
Sargan		0.1362		0.2871		0.1668
Hausman Test	0.0000		0.0000		0.0000	

注：括号内为Z统计值，*和**分别表示在10%和5%的显著性水平上显著。豪斯曼检验的原假设为“H_0：所有解释变量均为外生”。

从资源税类的分组结果来看，在不同样本地区中，资源税类的结果同样较为稳健，资源税类与经济增长质量呈显著正相关。但对比不同地区的结果来看，资源税类在东部地区对经济增长质量的系数更大，但在中部地区和西部地区系数相对较小，说明资源税类对经济增长质量的影响与经济的发展阶段存在着紧密的联系。东部地区经济发展水平高、地方政府治理水平较高，资源税类的执行和设定都较为合理。但对中部地区和西部地区，受制于外部条件和自身条件，效果还不明显。

4.3.3 税种结构对经济增长质量的影响

4.3.3.1 基准回归结果

基于式（4-11），本节对税种结构（增值税、企业所得税和个人所得税）进行回归分析，估计结果见表4-17。

表 4-17　　税种结构基准回归估计结果

变量	增值税		企业所得税		个人所得税	
	FE	IV-2SLS	FE	IV-2SLS	FE	IV-2SLS
VTAX	-0.0370 (-1.55)	-0.0822 (-2.69)**				
QTAX			0.3410 (8.65)**	0.0796 (1.73)*		
GTAX					-0.4969 (-3.91)**	-0.7167 (-3.75)**
GDP	0.1494 (5.90)**	0.5063 (8.24)**	0.1451 (6.70)**	0.4764 (10.00)**	0.1651 (6.78)**	0.5406 (8.27)**
OPEN	0.0036 (0.36)	0.2477 (2.42)**	0.0276 (2.84)**	0.0263 (2.64)**	-0.0084 (-0.82)	0.0069 (0.62)
IND	0.1192 (3.37)**	0.4019 (7.53)**	0.1157 (3.97)**	0.3396 (9.17)**	0.1537 (4.45)**	0.4517 (7.64)**
GOV	0.2432 (6.50)**	0.0550 (3.02)**	0.1745 (5.88)**	0.0832 (4.97)**	0.2392 (7.79)**	0.0705 (4.01)**
c	-0.0999 (-5.68)**	-0.2095 (-8.65)**	-0.1609 (-9.87)**	-0.2331 (-9.45)**	-0.0976 (-5.92)**	-0.2255 (-8.23)**
R^2	0.2430		0.3548		0.2657	
N	450	390	450	390	450	390
Cragg-Donald Wald F		32.252		46.925		30.442
Sargan		0.3836		0.2057		0.5416
Hausman Test	0.0000		0.0000		0.0000	

注：括号内为 Z 统计值，* 和 ** 分别表示在 10% 和 5% 的显著性水平上显著。豪斯曼检验的原假设为"H_0：所有解释变量均为外生"。

从增值税的估计结果来看，增值税目前与经济增长质量呈负向影响，即增值税占总税收比增大，不利于经济增长质量的提高。降低增值税比重，有利于减轻企业负担、激发市场活力，进而稳定经济增长，同时也提高了企业经营效益，推动了企业的生产技术升级、新旧动能转换和自主创新能力的提升，进而增强企业的竞争力，提高企业活力，对进一步发展实体经济，促进经济高质量发展具有重要意义。

从企业所得税的估计结果来看，企业所得税目前与经济增长质量呈正向影响，即企业所得税占总税收比增大，有利于经济增长质量的提高。企业所得税会减少企业的利润，降低其经济效益，致使企业改变投资方向，驱动企业加强资源配置优化、加大创新投入、提升利用效率，以此来增强市场竞争力；同时，在竞争中，会促使某些企业转变生产方式或落后企业的淘汰，使产业结构得到合理化的调整。另外，企业所得税会更好地调节收入分配，有利于促进公平，进而推动经济增长质量进一步提升。

从个人所得税的估计结果看，个人所得税目前与经济增长质量呈负向影响，即个人所得税占总税收比增大，不利于经济增长质量的提高。这可能是由于个人所得税调节收入分配的作用还没有体现出来。

4.3.3.2 稳健性检验及异质性分析

（1）动态面板回归结果。动态面板模型采用式（4－12），计量方法选择差分 GMM 和系统 GMM，回归结果见表 4－18。

表 4－18　　税种结构稳健性回归估计结果

变量	增值税		企业所得税		个人所得税	
	差分 GMM	系统 GMM	差分 GMM	系统 GMM	差分 GMM	系统 GMM
VTAX	－0.0427 （－5.17）**	－0.0042 （－0.54）				
QTAX			0.0387 （3.08）**	0.0160 （1.62）		
GTAX					－0.3217 （－7.59）**	－0.3800 （－4.21）**
TFP（－1）	0.4164 （28.49）**	0.3497 （28.30）**	0.3423 （26.72）**	0.3546 （30.26）**	0.4030 （32.05）**	0.3469 （21.27）**
GDP	0.2893 （26.49）**	0.2352 （23.79）**	0.2254 （21.03）**	0.1662 （16.72）**	0.2946 （43.53）**	0.2720 （22.29）**
OPEN	0.0099 （1.54）	－0.0033 （－1.32）	－0.0160 （－2.61）**	0.0177 （6.76）**	0.0066 （1.45）	－0.0093 （－3.14）**
IND	0.3076 （13.09）**	0.2020 （16.40）**	0.2022 （4.49）**	0.1587 （3.54）**	0.3211 （27.44）**	0.2781 （12.53）**
GOV	0.0720 （6.36）**	0.0969 （7.58）**	0.1903 （12.27）**	0.1502 （8.54）**	0.0981 （7.22）**	0.0711 （5.19）**
c	－0.1584 （－19.33）**	－0.1232 （24.99）**	－0.0533 （－12.92）**	－0.0488 （－10.98）**	－0.1682 （－26.07）**	－0.1322 （－16.86）**
N	390	420	390	420	390	420

续表

变量	增值税		企业所得税		个人所得税	
	差分 GMM	系统 GMM	差分 GMM	系统 GMM	差分 GMM	系统 GMM
AR（1）	0.0002	0.0002	0.0003	0.0002	0.0002	0.0002
AR（2）	0.3340	0.1960	0.1634	0.1136	0.1804	0.1310
Sargan	0.8338	1.000	0.8069	1.0000	0.8212	1.0000

注：括号内为 Z 统计值，** 表示在 5% 的显著性水平上显著。

从稳健性检验结果来看，各税种结构对经济增长质量的影响与基准回归结果无异。在不同模型和计量方法下的结果相同，证明估计结果较为稳健。增值税和个人所得税与经济增长质量呈负相关，不利于经济增长质量的提高；而企业所得税与经济增长质量呈正相关，有利于经济增长质量的提高，进一步验证了上文分析的可靠性。从经济增长质量的滞后期看，经济增长质量同样具有显著的惯性趋势，上期经济发展质量的提高，会进一步引起当期经济增长质量的提高，符合目前我国经济增长质量在逐年稳步提升的现状。

（2）分组检验回归结果。本节进一步检验在不同地区下税类结构对经济增长质量的差异性影响，同上述分组方式，按经济发展水平不同划分为东、中、西部，进行分组检验，检验结果见表 4－19 ~ 表 4－21。

表 4－19　　增值税不同地区估计结果

增值税						
变量	东部地区		中部地区		西部地区	
	FE	IV－2SLS	FE	IV－2SLS	FE	IV－2SLS
VTAX	－0.08488 （－1.98）**	－0.05751 （－1.86）**	－0.09389 （－3.35）**	－0.09609 （－1.74）*	－0.04926 （－1.83）*	－0.02333 （－0.41）
GDP	0.10413 （2.26）**	0.57630 （2.73）**	0.28210 （5.77）**	0.73860 （8.33）**	0.11610 （3.29）**	0.29605 （2.76）**
OPEN	0.00244 （0.19）	－0.00092 （－0.06）	－0.04951 （－0.80）	－0.12032 （－1.25）	0.07307 （2.04）**	0.07307 （2.19）**
IND	0.20131 （2.72）**	0.51814 （2.93）**	0.07468 （1.65）*	0.26098 （3.38）**	0.09624 （1.91）*	0.22166 （1.88）*
GOV	0.07287 （0.67）	－0.13877 （－0.90）	0.46185 （6.47）**	0.76711 （6.13）**	0.09971 （3.633）**	0.16892 （3.86）**

续表

增值税						
变量	东部地区		中部地区		西部地区	
	FE	IV－2SLS	FE	IV－2SLS	FE	IV－2SLS
c	－0.07460 （－1.99）**	－0.20513 （－2.92）**	－0.10625 （－4.79）**	－0.28170 （－7.78）**	－0.06357 （－2.53）**	－0.16400 （－4.02）**
R^2	0.1956		0.4831		0.2586	
N	165	154	120	112	165	154
Cragg－Donald Wald F		10.466		34.732		11.446
Sargan		0.2507		0.3143		0.1636
Hausman Test	0.0000		0.0000		0.0000	

注：括号内为Z统计值，*和**分别表示在10%和5%的显著性水平上显著。豪斯曼检验的原假设为"H_0：所有解释变量均为外生"。

从增值税的分组结果来看，在不同样本地区中，增值税的结果同样较为稳健，增值税与经济增长质量呈负相关。分地区来看，增值税对经济增长质量的作用没有表现出较大的差异性。随着经济发展水平的提高，增值税对经济增长质量的负面影响呈先增强后减弱的趋势。

表4－20　企业所得税不同地区估计结果

企业所得税						
变量	东部地区		中部地区		西部地区	
	FE	IV－2SLS	FE	IV－2SLS	FE	IV－2SLS
$QTAX$	0.23786 （3.52）**	0.14693 （2.29）**	0.45660 （6.09）**	0.52964 （5.96）**	0.42551 （5.81）**	0.19621 （2.59）**
GDP	0.07868 （1.88）*	0.03834 （4.72）**	0.35734 （9.23）**	0.59286 （7.26）**	0.13479 （4.50）**	0.35622 （4.39）**
$OPEN$	0.01394 （1.09）	0.02662 （2.22）**	0.04557 （0.74）	－0.13911 （－1.84）*	0.03345 （0.86）	0.04589 （1.21）
IND	0.14157 （2.11）**	0.00054 （0.01）	0.14612 （3.28）**	0.28777 （5.37）**	0.07469 （0.64）	0.25481 （3.76）**
GOV	0.05095 （0.52）**	－0.18421 （－1.82）*	0.59049 （8.35）**	0.55877 （6.53）**	0.12717 （3.51）**	0.16963 （3.56）**
c	－0.12845 （－3.68）**	－0.42016 （－5.57）**	－0.29001 （－11.53）**	－0.35682 （－8.87）**	－0.13783 （－6.05）**	－0.21862 （－4.86）**

续表

企业所得税						
变量	东部地区		中部地区		西部地区	
	FE	IV - 2SLS	FE	IV - 2SLS	FE	IV - 2SLS
R^2	0. 2378		0. 6804		0. 4283	
N	165	154	120	112	165	154
Cragg - Donald Wald F		16. 380		27. 968		19. 567
Sargan		0. 1657		0. 0957		0. 1054
Hausman Test	0. 0000		0. 0000		0. 0000	

注：括号内为 Z 统计值，* 和 ** 分别表示在 10% 和 5% 的显著性水平上显著。豪斯曼检验的原假设为“H_0：所有解释变量均为外生”。

从企业所得税的分组结果来看，在不同样本地区中，企业所得税的结果同样较为稳健，企业所得税与经济增长质量呈正相关。分地区来看，在经济发展水平较高的地区，企业所得税比重相对较高，提高企业所得税比重对经济增长质量的促进作用减弱；而在经济发展水平较低的地区，企业所得税比重相对较低，适当提高企业所得税比重对经济增长质量的促进作用增强。

表 4 - 21　　个人所得税不同地区估计结果

个人所得税						
变量	东部地区		中部地区		西部地区	
	FE	IV - 2SLS	FE	IV - 2SLS	FE	IV - 2SLS
QTAX	-0. 63615 (-2. 85) **	-1. 15338 (-2. 07) **	-0. 72987 (-2. 65) **	-1. 34066 (-2. 90) **	-0. 08723 (-0. 65)	-1. 124486 (-2. 97) **
GDP	0. 12588 (2. 70) **	0. 77033 (3. 06) **	0. 27723 (5. 52) **	0. 76364 (8. 75) **	0. 13479 (5. 12) **	0. 66711 (6. 66) **
OPEN	-0. 01153 (-0. 85)	-0. 01135 (-0. 55)	-0. 13017 (-2. 04) **	-0. 30102 (-2. 51) **	0. 03755 (1. 64)	0. 00107 (0. 02)
IND	0. 29051 (3. 45) **	0. 74350 (2. 99) **	0. 08312 (1. 70) *	0. 33866 (4. 07) **	0. 07742 (1. 84) *	0. 58796 (4. 91) **
GOV	0. 01118 (0. 10) **	-0. 24586 (-1. 45)	0. 42997 (5. 57) **	0. 64438 (4. 99) **	-0. 05118 (-1. 77) *	0. 24090 (4. 36) **
c	-0. 09600 (-2. 78) **	-0. 29896 (-2. 98) **	-0. 09184 (-3. 72) **	-0. 23810 (-6. 12) **	0. 07742 (1. 84) *	-0. 31846 (-6. 19) **
R^2	0. 2171		0. 5299		0. 8442	

续表

个人所得税						
变量	东部地区		中部地区		西部地区	
	FE	IV - 2SLS	FE	IV - 2SLS	FE	IV - 2SLS
N	165	154	120	112	165	154
Cragg - Donald Wald F		19.938		37.436		22.346
Sargan		0.0884		0.2535		0.2081
Hausman Test	0.0000		0.0000		0.0000	

注：括号内为 Z 统计值，* 和 ** 分别表示在 10% 和 5% 的显著性水平上显著。豪斯曼检验的原假设为“H_0：所有解释变量均为外生”。

从个人所得税的分组结果来看，在不同样本地区中，个人所得税的结果同样较为稳健，个人所得税与经济增长质量呈负相关。分地区来看，个人所得税对经济增长质量的作用没有表现出较大的差异性。随着经济发展水平的提高，个人所得税对经济增长质量的负面影响呈先增强后减弱的趋势。

4.4 实证小结

本书选用 2003 ~2019 年的面板数据，对税制结构与经济增长质量的关系进行了实证检验，通过基准回归分析、稳健性回归分析以及划分不同样本地区的异质性分析，得到以下结论。

第一，从税系结构看，直接税有利于促进经济增长质量的进一步提高，而间接税对经济增长质量表现为负面影响，这与我国目前提高直接税比重、降低间接税比重的税制改革理念是相符的。由于我国各地区发展水平不均，直接税和间接税对经济增长质量的影响也不同。在经济发展水平较高的地区，如果笼统地提高直接税比重，可能会导致促进经济增长质量的效率降低；降低间接税比重，对经济增长质量的负面影响也会变小。在经济发展水平相对低的地区，适当提高直接税的比重，能更有效地提高经济增长质量；降低间接税比重，对经济增长质量的负面影响也会变得更弱。

第二，从税类结构来看，所得税类、财产税类和资源税类有利于经济增长质量的提高，而流转税类不利于经济增长质量的提高。分地区来看，在经济发展水平较高的地区，流转税类对经济增长质量的抑制作用减弱，所得税类和资源税类对经济增长质量的促进作用较强；在经济发展水平较弱的地区，流转税类对经济增长质量的抑制作用增强，所得税类对经济增长质量的促进作用较强，资源税类对经济增长质量的促进作用减弱。财产税类在不同地区没有表现出较大的差异性。

第三，从税种结构来看，增值税和个人所得税对经济增长质量表现为负面影响，而企业所得税对经济增长质量表现为正面影响。分地区来看，在经济发展水平较高的地区，企业所得税对经济增长质量的促进作用减弱；经济发展水平较低的地区，企业所得税对经济增长质量的促进作用增强。增值税和个人所得税在不同地区的差异性较小，但都呈现出随着经济发展水平的提高，对经济增长质量的负面影响呈先增强后减弱的趋势。

第5章　税收对生态系统服务价值影响的实证分析

5.1　流转税对生态系统供给服务价值影响的实证分析

本章分别从整体视角与全国视角实证分析流转税对生态系统供给服务价值的影响。首先，在整体视角下进行实证设计，建立回归模型并进行稳健性检验，从流转税整体角度分析其对生态系统供给服务价值的影响。其次，在省际视角下建立面板数据模型并进行稳健性检验，分别就增值税和消费税对生态系统供给服务价值的影响进行实证检验。同时，利用门限回归法探究流转税合理的税负水平。

5.1.1　整体视角

5.1.1.1　实证设计

（1）模型与变量选取。本节选取我国1994～2018年全国数据，以流转税税负作为解释变量，以第3章测算出的生态系统供给服务价值为被解释变量，从流转税整体角度判断我国流转税对生态系统供给服务价值产生的影响。

在第2章中，分析了影响生态系统供给服务价值的因素，包括国家政策、自然资源禀赋、投入水平、开发水平等。基于此，本书将从三方面选取控制变量。第一，自然资源的丰裕程度是该地区生态供给能力的基础。针对食物生产，本书选取主要农产品产量这一指标来衡量该地区的食物初级生产能力。主要农产品包括粮食、油料、糖、水果、肉产品与水产品。

针对原材料供给，本书选取能源与材料产量这一指标衡量该地区对产品生产所需原材料的供给能力。能源主要涉及基础能源包括天然气、煤炭、石油，材料包括棉花、木材。第二，投入水平是资源开发的重要影响因素。本书选取固定资产投入水平衡量该地区物质资本投入情况。第三，产出水平是资源利用的重要影响因素。其中，最为重要的为该地区市场活力与产业发展水平，本书选取市场开放程度与产业发展程度两个指标来衡量该地区的市场竞争水平。在对模型进行预判时，线性模型结果不显著，为此引入税负二次项，构建非线性模型，更好地探究生态系统供给服务价值与流转税之间的关系。计量方程如下所示：

$$ESPV = \alpha + \beta_1 TT + \beta_2 TT2 + \gamma_1 NR + \gamma_2 IFA + \gamma_3 OPEN + \gamma_4 IS + \varepsilon \quad (5-1)$$

其中，$ESPV$ 代表生态系统供给服务价值作为被解释变量，α 为方程截距，TT 为流转税税负作为解释变量，$TT2$ 为流转税税负的二次项，NR、IFA、$OPEN$、IS 均为控制变量，ε 为误差项。各变量名称及其含义如表 5－1 所示。

表 5－1　　整体视角下各变量名称及计算

变量	变量名称	计算方式
ESPV	生态系统供给服务价值	用当量因子法计算得出（见第 3 章）
TT	流转税税负	（第一产业增值税税收收入＋消费税税收收入）/国内生产总值
TT2	流转税税负二次项	[（第一产业增值税税收收入＋消费税税收收入）/国内生产总值]^2
NR	自然资源丰裕度	主要农产品产量＋能源与材料产量
IFA	固定资产投入水平	全社会固定资产投资总额/国内生产总值
OPEN	市场开放程度	进出口总额/国内生产总值
IS	产业结构	（第一产业国内生产总值＋第二产业国内生产总值）/国内生产总值

注：样本数据包含除香港特别行政区、澳门特别行政区、台湾地区外的 31 个省区市。流转税税收数据来源于《中国税务统计年鉴》，其余变量数据来源于《中经网统计数据库》。

（2）描述性统计。表 5－2 描述了各变量的整体情况。从描述性统计结果可以得出，被解释变量生态系统供给服务价值数值较大，平均值为 668970.0，标准差较均值相对较小，说明我国生态系统供给服务价值水平可观，并且居于稳定。解释变量流转税负水平数值较低，标准差较小，说明税负水平长期较为稳定。控制变量中，固定资产投入水平、市场开放程度、产业结构标准差较小，数据较为稳定，而自然资源丰裕度最大值为489778.8，最小值为175638.7，标准差较大，说明我国自然资源产量近年间波动较大。

表5-2　　整体视角描述性统计结果

变量	数量	平均值	中位数	标准差	最大值	最小值
ESPV	25	668970.0	668312.8	2598.657	673089.6	665274.3
TT	25	0.012892	0.009767	0.004723	0.020724	0.008535
TT2	25	0.000188	0.000095	0.00032	0.000429	0.000073
NR	25	328250.4	328277.1	115003.0	489778.8	175638.7
IFA	25	0.494396	0.445705	0.200544	0.815843	0.274546
OPEN	25	0.436863	0.419057	0.103405	0.642434	0.315154
IS	25	0.572008	0.578000	0.057526	0.664000	0.467000

5.1.1.2　实证结果分析

(1) 平稳性检验。在进行回归分析前需要对变量进行平稳性检验，即单位根检验，以判断数据是否平稳。本书采用ADF检验方法进行平稳性检验，检验结果见表5-3。

表5-3　　整体视角下单位根检验结果

变量	(C, T, K)	阶数	ADF检验值	5%临界值	平稳性
ESPV	(C, T, 0)	0阶	-4.449076	-3.622033	平稳
TT	(C, T, 0)	1阶	-3.669338	-3.622033	平稳
TT2	(0, 0, 0)	1阶	-3.747652	-1.956406	平稳
NR	(C, 0, 0)	1阶	-4.853788	-3.004861	平稳
IFA	(C, 0, 0)	0阶	-4.718436	-3.004861	平稳
OPEN	(0, 0, 0)	0阶	-3.320447	-1.956406	平稳
IS	(C, T, 0)	0阶	-4.318204	-1.956406	平稳

注：检验类型中的C、T、K分别表示ADF检验带有常数项、趋势项和AIC准则确定的滞后阶数，下同。

由表5-3检验结果可知，流转税税负（*TT*）、流转税税负二次（*TT2*）、自然资源丰裕度（*NR*）存在一阶单位根；生态系统供给服务价值（*ESPV*）、固定资产投入水平（*IFA*）、市场开放程度（*OPEN*）、产业结构（*IS*）存在零阶单位根可进行回归分析。

（2）协整性检验。在平稳性检验的基础上，对模型的各个变量进行协整性检验。本书选用 Johansen 协整检验方法对各变量进行协整性检验，结果见表 5－4。

表 5－4　　整体视角下协整性检验结果

Maximumrank	Parms	LL	Eigenvalue	Tracestatistic	5% Criticalvalue
0	14	127.333	.	187.2594	136.61
1	27	154.267	0.894	133.391	104.94
2	38	177.270	0.853	87.384	77.74
3	47	194.995	0.7722	51.935 *	54.64
4	54	209.021	0.689	23.884	34.55
5	59	217.399	0.503	7.127	18.17
6	62	220.784	0.246	0.358	3.74
7	63	220.963	0.015		
Maximumrank	Parms	LL	Eigenvalue	Maxstatistic	5% Criticalvalue
0	14	127.333	.	53.868	48.45
1	27	154.267	0.894	46.006	42.48
2	38	177.270	0.853	35.449	36.41
3	47	194.995	0.772	28.051	30.33
4	54	209.021	0.689	16.757	23.78
5	59	217.399	0.502	6.768	16.87
6	62	220.784	0.245	0.358	3.74
7	63	220.963	0.014		

由表 5－4 中协整性检验结果可知，在滞后一期 5% 的显著性水平上，“迹检验”统计量为 51.9359，拒绝“不存在协整向量”“至多存在一个协整向量”和“至多存在两个协整向量”的原假设，而接受“至多存在三个协整向量”的原假设。表明变量中存在三个协整关系，通过协整性检验，因而变量间存在协整关系。

(3) 基本回归分析。在基本回归分析中，将生态系统供给服务价值（*ESPV*）作为被解释变量，流转税税负（*TT*）作为解释变量，并同时引入流转税税负二次（*TT*2），实证检验流转税税负与生态系统供给服务价值存在的关系。在基本回归分析中引入自然资源丰裕度（*NR*）、固定资产投入水平（*IFA*）、市场开放程度（*OPEN*）、产业结构（*IS*）作为模型的控制变量，基本回归结果见表5-5。

表5-5　整体视角下基本回归结果

变量	相关系数	T统计值	P统计值	F统计值	拟合优度
TT	29288957	2.847646	0.0102 **	50.34499	0.943762
*TT*2	-128569732	-2.238892	0.0363 **		
NR	148553.2	1.060008	0.1281		
IFA	-0.299324	-1.786503	0.0909 *		
OPEN	-97579.48	-1.316206	0.0150 **		
IS	-7422.533	-0.998766	0.0311 **		
常数项	695873.5	95.49909	0.0000 ***		

注：*、** 和 *** 分别表示在10%、5%和1%的显著性水平上显著。

从流转税对生态系统供给服务的影响来看，解释变量相关系数皆显著。流转税税负系数为正，二次项系数为负。说明流转税税负与生态系统供给服务价值呈现倒“U”型关系，即流转税税负对生态系统供给服务价值的影响存在两个发展阶段：第一阶段为倒“U”型曲线对称轴左侧，生态系统供给服务价值随着流转税税负的增加而提升；第二阶段为倒“U”型曲线对称轴右侧，生态系统供给服务价值随着流转税税负的增加而降低。为进一步判断我国目前流转税税负与生态系统供给服务价值相关关系的正负性，将等式两边同时对流转税税负（*TT*）求导得：

$$\frac{d(ESPV)}{d(TT)} = \beta_1 + 2 \times \beta_2 \times TT \tag{5-2}$$

当$\frac{d(ESPV)}{d(TT)}$为0时，流转税税负（*TT*）为极大值点，此时流转税税负TT^*为：

$$TT^* = -\frac{\beta_1}{2\beta_2} \tag{5-3}$$

当流转税税负小于此值时，即处于“U”型曲线的左侧，生态系统供给服务价值随着流转税的增加而下降，当流转税税负大于此值时，即处于“U”型曲线的右侧，生态系统供给服务价值随着流转税的增加而提升。代入基本回归结果相关系数 $\beta_1 = 29288957$，$\beta_2 = -128569732$，求得 $TT^* = 0.01139$。由于当前我国流转税税负整体在 0.01885，略大于 0.01139，即目前处于倒“U”型曲线对称轴右侧的第二阶段，即生态系统供给服务价值将随着流转税税负的增加而降低。从实证结果可以看出，我国流转税整体税负已达到一定规模，已经越过流转税税负处于较低水平时对生态系统供给服务价值产生负向影响的阶段，目前随着流转税对生态系统供给服务价值的提升产生负效应。流转税通过对商品生产流通环节征税，其最大的特点就是税负易在不同环节转嫁，流转税税负的增加会通过市场传递价格信号，从而影响不同市场主体的生产消费行为。在流转税税负增加的第一阶段，流转税充分发挥调节生产的作用。从生产者角度分析，受国家政策引导，对低附加值产业征收较高的流转税，使产品成本提升，生产者在自身利益的驱动下，寻求向生产高附加值产业转化，将促进食品生产、材料加工等行业产品附加值的提升，对生态系统供给服务价值具有促进作用。而在流转税税负增加的第二阶段，流转税税负较大，生产者不易将所有税负转嫁给消费者，那么生产者将自己负担这部分税负，不利于企业进一步扩大生产规模，将降低产品供给价值。

从控制变量角度分析，市场开放程度显著为负，即生态系统供给服务价值随着市场开放程度的提升而降低，其原因在于随着市场开放程度的增长，商品供给渠道逐渐多元化，消费者对替代品的选择范围也随之扩大。因此，国外产品的进口对我国一些本土产品存在一定的冲击。为实现利润，对于食品与原材料此类初级生产产品，销售者往往选择用压低价格的方法扩大销量，这将使我国生态系统供给服务价值降低。固定资产投入水平显著为负，即生态系统供给服务价值随着固定资产投入水平的增加而降低，其原因在于目前固定资产的投入较多依靠房屋建筑物等非生产性固定资产，对于生产设备等固定资产投入较少，使产品的生产效率并未得到提升，限制生态系统供给服务价值的提升。产业结构显著为负，即生态系统供给服务价值随着第一、第二产业规模的扩大而降低。此种趋势说明生态系统供给服务价值的提升更加依靠第三产业。目前，食物生产原材料供给价值的提升逐渐从资源密集型企业向技术导向型企业转变，产品价值的提升依靠关键技术水平的创新，技术水平的创新集中于信息传输、计算机服务产业等第三产业，则第三产业规模的扩大会促进生态系统供给服务价值的提升。

（4）稳健性检验。稳健性检验采用逐步增加控制变量的方法，进行逐步回归检验，检验实证结果的稳健性。稳健性检验结果见表5－6。

表5－6　　整体视角下的稳健性检验

变量	模型Ⅰ	模型Ⅱ	模型Ⅲ
TT	30255959 ** （1.905935）	10687953 *** （19.67470）	10639536 *** （20.06176）
TT2	－124587421 ** （－2.431452）	－387148968 *** （－13.31304）	－377486670 *** （－17.20151）
OPEN	－107592.3 *** （－4.408560）	－8696.657 * （－0.08574）	－7122.35 * （－0.48900）
IFA	－0.2536948 *** （－2.190693）	－0.3896545 （－7.862292）	
IS	－75369.908 （－0.481899）		
常数项	692767.5 *** （94.88216）	690618.6 *** （121.8169）	710600.5 *** （71.03997）
拟合优度	0.935815	0.935030	0.865946
F统计值	55.40353	71.95876	45.21764

注：括号内为Z统计值，*、** 和 *** 分别表示在10%、5%和1%的显著性水平上显著。

从表5－6稳健性结果中可以看出，各模型拟合度均在0.85以上，拟合情况较好；解释变量和控制变量在逐步回归的三个模型中，符号均保持一致，显著性情况基本保持一致，基准回归模型具有稳健性，可采用。

综上所述，本节从整体视角利用实证分析得出流转税税负对生态系统供给服务价值的影响呈现倒“U”型关系，目前生态系统供给服务价值随着流转税税负的增加而降低。而流转税包含增值税与消费税两个税种，为了更好地分析流转税中不同税种对生态系统供给服务价值的影响，在5.1.2节中将分别从增值税与消费税两个角度出发，利用面板数据，进一步分析流转税对生态系统供给服务价值的影响。

5.1.2 省际视角

5.1.2.1 实证设计

（1）模型与变量选取。本节选用我国2003～2018年各省数据，从省际视角判断我国流转税对生态系统供给服务价值的影响。选用面板数据，分别构建增值税和消费税的面板数据模型。以增值税税负（*VAT*）、消费税税负（*CT*）分别作为解释变量，对应的被解释变量为生态系统供给服务价值（*ESPV*1）。

对于控制变量的选取，本节仍选取自然资源丰裕度（*NR*）、固定资产投入水平（*IFA*）、市场开放程度（*OPEN*）、产业结构（*IS*）作为控制变量。

面板数据模型的一般形式为：

$$G_{it} = \alpha + \sum_{i=1}^{m} \beta_i M_{it} + \sum_{j=1}^{n} \gamma_j Z_{jt} + \varepsilon_{it} \quad (5-4)$$

其中，G_{it} 表示第 i 个省份、第 t 时期的生态系统供给服务价值，α 为方程截距项，M_{it} 为解释变量，β_i 是解释变量相关系数，Z_{jt} 为控制变量，γ_j 是控制变量相关系数，ε_{it} 为误差项。

在对模型进行预判时，线性模型结果不显著，为此引入增值税税负二次项，构建非线性模型。根据以上变量，构建增值税模型如下：

$$ESPV1_{it} = \alpha + \beta_1 VAT_{it} + \beta_2 VAT2_{it} + \gamma_1 NR_{it} + \gamma_2 IFA_{it} + \gamma_3 OPEN_{it} + \gamma_4 IS_{it} + \varepsilon_{it} \quad (5-5)$$

其中，被解释变量 *ESPV*1 代表生态系统供给服务价值，α 为方程截距，*VAT* 为增值税负作为解释变量，*VAT*2 为增值税负的二次项，*NR*、*IFA*、*OPEN*、*IS* 均为控制变量，ε 为误差项。*NR*、*IFA*、*OPEN*、*IS* 变量的含义与4.1节中的含义相同，不再列出具体含义。其他变量的含义见表5-7。

表5-7 增值税模型部分变量名称及计算

变量	变量名称	计算方式
*ESPV*1	生态系统供给服务价值	用当量因子法计算得出（见第3章）
VAT	增值税税负	增值税税收收入/国内生产总值
*VAT*2	增值税税负二次项	(增值税税收收入/国内生产总值)^2

如同参考增值税模型，本书构建消费税模型如下：

$$ESPV1_{it} = \alpha + \beta_1 CT_{it} + \beta_2 CT2_{it} + \gamma_1 NR_{it} + \gamma_2 IFA_{it} + \gamma_3 OPEN_{it} + \gamma_4 IS_{it} + \varepsilon_{it} \tag{5-6}$$

其中，被解释变量 *ESPV*1 代表生态系统供给服务价值，α 为方程截距，*CT* 为消费税负作为解释变量，*CT*2 为消费税负的二次项，*NR*、*IFA*、*OPEN*、*IS* 均为控制变量，ε 为误差项。因 *ESPV*1、*NR*、*IFA*、*OPEN*、*IS* 的含义均与上述实证分析模型对应的变量含义相同，不再列其含义。其他变量的含义见表5－8。

表5－8　消费税模型部分变量名称及计算

变量	变量名称	计算方式
CT	消费税税负	消费税税收收入/国内生产总值
*CT*2	消费税税负二次项	（消费税税收收入/国内生产总值）^{2}

（2）描述性统计。表5－9描述了增值税模型和消费税中各变量的整体情况，被解释变量生态系统供给服务价值最大值与最小值差异大。解释变量增值税税负水平数据波动较大，最大值与最小值相差较大。被解释变量消费税税负波动较小，各地区税负差异较小。控制变量中，市场开放程度、产业结构相比而言标准差较小，数据较为稳定，自然资源丰裕度与固定资产投入水平数据波动较大。增值税模型描述性统计结果见表5－9。

表5－9　增值税模型与消费税模型变量描述性统计结果

变量	数量	平均值	中位数	标准差	最大值	最小值
*ESPV*1	496	452.6703	359.9789	410.9940	2459.163	5.7713
VAT	496	0.002657	0.001633	0.003829	0.035061	2.87e－08
*VAT*2	496	0.0000217	0.0000267	0.0000949	0.001229	8.22e－16
CT	496	0.014244	0.010610	0.011386	0.065180	0.009940
*CT*2	496	0.000332	0.000113	0.000605	0.004249	0.0000988
NR	496	3020.157	2666.655	2351.955	10744.46	116.49
IFA	496	8.525795	0.020809	48.81688	417.0398	0.000102
OPEN	496	0.303580	0.131265	0.373295	1.680503	0.016898
IS	496	0.111849	0.108000	0.058954	0.342100	0.003200

5.1.2.2　实证结果分析

（1）平稳性检验。本书采用 ADF 检验方法对增值税模型与消费税模型对应变量进行平稳性检验，具体平稳性检验结果见表 5－10。

表 5－10　　单位根检验结果

变量	水平值（含趋势项）		水平值（含漂移项）		水平值（none）	
	Fisher－ADF	Fisher－PP	Fisher－ADF	Fisher－PP	Fisher－ADF	Fisher－PP
*ESPV*1	98.214** （0.0500）	81.109** （0.0039）	37.002 （0.9951）	34.420 （0.9983）	43.400 （0.9651）	39.620 （0.9880）
VAT	34.500 （0.9982）	33.9858 （0.9986）	34.500 （0.9982）	33.985 （0.9986）	131.513*** （0.0041）	97.497*** （0.0044）
*VAT*2	50.974 （0.8401）	56.293 （0.6804）	94.438** （0.0050）	120.350*** （0.0000）	95.674** （0.0039）	72.203 （0.1763）
CT	51.9455 （0.8149）	42.709 （0.9708）	74.554** （0.0410）	133.631*** （0.0000）	32.397 （0.9993）	28.528 （0.9999）
*CT*2	55.374 （0.7113）	45.715 （0.9398）	85.157** （0.0401）	101.273*** （0.0000）	52.265 （0.8062）	45.797 （0.9387）
IS	135.3*** （0.0000）	153.16*** （0.0000）	120.27*** （0.0000）	95.11*** （0.0044）	368.2*** （0.0000）	532.5*** （0.0000）
OPEN	54.253 （0.7474）	49.0397 （0.8841）	74.096** （0.0397）	121.0*** （0.0000）	61.703 （0.4867）	58.8551 （0.5899）
NR	67.282 （0.3012）	78.332 （0.0788）	97.79*** （0.0025）	85.60*** （0.0252）	14.778 （1.0000）	10.909 （1.0000）
IFA	68.807 （0.2579）	92.95*** （0.0067）	88.117** （0.0163）	82.496** （0.0420）	212.04*** （0.0000）	258.65*** （0.0000）

注：括号内为 Z 统计值，** 和 *** 分别表示在 5% 和 1% 的显著水平上显著。

各变量平稳性检验结果显示，产业结构（*IS*）、固定资产投入水平（*IFA*）在三种检验方法中 ADF 检验或 PP 检验均拒绝原假设，变量具有平稳性。其他变量也在水平值包含漂移项或趋势项或二者皆不包含的条件下，通过了 ADF 检验或 PP 检验。综上所述，各变量服从同阶单整，在显著水平值上呈平稳状态。

（2）协整性检验。在平稳性检验的基础上，对模型的各个变量进行协整性检验，以检验变量间的协整性关系。本书分别选取 Kao 检验、Pedroni 检验两种方法对增值税模型与消费税模型各变量进行协整性检验。

增值税模型 Kao 协整性检验结果表明，P 值为 0.0151，因此面板数据模型各变量之间存在协整性关系，可进行相关回归分析（见表 5-11）。

表 5-11　增值税模型 Kao 协整性检验结果

统计值	t-Statistic	P 值
ADF	2.166205	0.0151**

消费税模型 Pedroni 协整性检验结果中，Panel ADF 和 Group ADF 两个统计量 P 值均小于 0.05，说明变量具有协整性关系（见表 5-12）。

表 5-12　消费税模型 Pedroni 协整性检验结果

统计值	Statistic	P 值	Statistic	P 值
Panel v-Statistic	-1.947594	0.9743	-4.294505	1.0000
Panel rho-Statistic	4.211423	1.0000	4.641564	1.0000
Panel PP-Statistic	-16.41653	0.0000	-16.52590	0.0000
Panel ADF-Statistic	-2.291873	0.0110	-6.344329	0.0000
Group rho-Statistic	6.839887	1.0000		
Group PP-Statistic	-26.94310	0.0000		
Group ADF-Statistic	-8.088036	0.0000		

（3）固定效应、随机效应与混合效应检验。面板数据模型有固定效应模型、随机效应模型与混合效应模型这三种形式，在进行回归分析之前，应先选择模型的最佳形式。其检验过程如下：通过 F 检验判断，若固定效应未通过检验，则应选择混合效应；若 F 检验通过，则进一步通过 Hausman 检验判定是否为随机效应。固定效应模型分为个体固定效应、时点固定效应、个体时点双固定效应。面板模型固定效应、随机效应与混合效应检验具体检验结果见表 5-13、表 5-14。

表 5-13　增值税模型固定、随机效应检验结果

F 检验		LR 检验		Hausman 检验	
统计量	P 值	统计量	P 值	统计量	P 值
38.937861	0.0000	627.701088	0.0000	22.111375	0.0012

表 5－14　　消费税模型固定、随机效应检验结果

F 检验		LR 检验		Hausman 检验	
统计量	P 值	统计量	P 值	统计量	P 值
7. 985794	0. 0000	111. 755349	0. 0000	9. 001410	0. 1735

根据 F 检验结果，增值税模型 P 值小于 0. 1 拒绝混合效应模型的原假设，根据 Hausman 检验结果拒绝原假设，所以适用固定效应模型；最终选用个体固定效应模型。根据 Hausman 检验结果，消费税模型接受原假设，在比较固定效应与随机效应模型显著性水平后，最终选择个体时点双固定模型。

（4）基本回归分析。经过平稳性检验、协整性检验，分别以增值税税负（VAT）与消费税税负（CT）为解释变量，以生态系统供给服务价值（ESPV1）为被解释变量进行回归分析，进一步探究流转税对生态系统供给服务价值的影响。增值税模型回归结果如表 5－15 所示，消费税模型回归结果见表 5－16。

表 5－15　　增值税模型回归结果

变量	相关系数	T 统计值	P 统计值	F 统计值	拟合优度
VAT	－11385. 51	－1. 707883	0. 0883 *	89. 41249	0. 909472
VAT2	169193. 1	0. 742204	0. 4583		
NR	－0. 012329	－0. 602346	0. 5472		
IFA	1. 975600	3. 093085	0. 0021 ***		
OPEN	－351. 0850	－5. 909692	0. 0000 ***		
IS	680. 2366	1. 837205	0. 0668 *		
常数项	482. 8317	7. 085311	0. 0000 ***		

注：* 和 *** 分别表示在 10% 和 1% 的显著性水平上显著。

从回归系数来看，增值税系数为负，二次项系数为正，增值税税负与生态系统供给服务价值呈“U”型关系，但增值税税负二次项系数不显著。由于增值税税负二次项变量不显著，不再找增值税税负影响生态系统供给服务价值的拐点。

表 5-16　消费税模型回归结果

变量	相关系数	T 统计值	P 统计值	F 统计值	拟合优度
CT	-31981.53	-3.908631	0.0001 ***	86.67972	0.908730
*CT*2	413939.7	3.049631	0.0024 ***		
NR	300.7392	0.778555	0.4367		
IFA	-184231	-0.528635	0.5986		
OPEN	1318.573	2.262926	0.0241 **		
IS	-218.9810	-1.646511	0.1000 *		
常数项	1091.555	5.545016	0.0000 ***		

注：*、** 和 *** 分别表示在 10%、5% 和 1% 的显著性水平上显著。

消费税税负一次项系数显著为负，二次项系数显著为正。说明从省际视角来看，消费税税负对生态系统供给服务价值的影响呈现“U”型关系，即消费税税负对生态系统供给服务价值的影响存在两个发展阶段，第一阶段为“U”型曲线对称轴左侧，生态系统供给服务价值随着消费税税负的增加而降低；第二阶段为“U”型曲线的右侧，生态系统供给服务价值随着消费税税负的增加而增加。在判定消费税税负与税负二次项系数皆显著的基础上，为进一步确定消费税税负对生态系统供给服务价值的影响的发展阶段，将等式两边同时对消费税税负（*CT*）求导得：

$$\frac{d(ESPV1)}{d(CT)} = \beta_1 + 2 \times \beta_2 \times CT \tag{5-7}$$

当 $\frac{d(ESPV1)}{d(CT)}$ 为 0 时，消费税税负（*CT*）为极小值点，此时流转税税负 CT^* 为：

$$CT^* = -\frac{\beta_1}{2\beta_2} \tag{5-8}$$

将基本回归结果相关系数 $\beta_1 = -31981.53$、$\beta_2 = 413939.7$ 代入式（5-8），求得 $CT^* = 0.03863$，由于当前各省消费税平均税负为 0.01268，小于 0.03863，即目前处于“U”型曲线对称左侧的第一阶段，生态系统供给服务价值随着消费税税负的增加而降低。此种情况说明我国消费税税负还有提升的空间。可能原因在于我国消费税对消费结构的调节效果较小。一方面，我国目前生产所需能源产品较大程度依靠成品油等不可再生能源。而我国为满足长期稳定油价的需要，对汽油、柴油等成品油实行零售价格调控机制，使相关能源产品的税负未能“前转”给消费者，因此生产企业将承担大部分税负，占用了生产资金，这将制约能源产品企业的盈利水平，不利于能源产品的生产，使原材料供给价值降低，进而导致生态系统供给服务价值降低。另一方面，风能、太阳能等新能源的使用与开发还存在成本较高、规模较小等问题，由于化石能源的可替代性仍较弱，在缺乏合适的替代品的情况下，消费者只能选择化石能源产品，能源消费结构也因此未能得到有效改变，这将制约资源的可持续消费水平，限制原材料价值的提升，进而抑制生态系统供给服务价值的提升。

（5）稳健性检验。稳健性检验采用逐步增加控制变量的方法，进行逐步回归检验，保证实证结果的稳健性。增值税模型稳健性检验结果见表5-17，消费税模型稳健性检验结果见表5-18。

表5-17　增值税模型稳健性检验结果

变量	模型Ⅰ	模型Ⅱ	模型Ⅲ
VAT	-12815.20** (-2.058576)	-14949.38** (-2.501919)	-13849.13** (-2.301141)
VAT2	213698.2 (-2.431452)	265524.7 (1.256346)	230774.2 (3.113075)
IS	-1749.044*** (-3.685316)	-1798.097*** (-3.800513)	-1803.857*** (-3.778513)
IFA	1.945246** (-2.190693)	1.951996*** (3.066349)	
OPEN	106.2799 (1.214445)		
常数项	628.8594*** (8.873135)	671.0985*** (10.86221)	686.2159*** (11.04246)
拟合优度	0.768787	0.768046	0.763315
F统计值	43.70033	44.89601	45.15041

注：括号内为Z统计值，** 和 *** 分别表示在5%和1%的显著性水平上显著。

表5-18　消费税模型稳健性检验结果

变量	模型Ⅰ	模型Ⅱ	模型Ⅲ
CT	-31942.38*** (-3.907180)	-32853.95*** (-4.062850)	-33318.63*** (-4.118343)
CT2	410589.2*** (3.030734)	417644.3*** (3.091198)	434572.0*** (3.224382)

续表

变量	模型Ⅰ	模型Ⅱ	模型Ⅲ
IFA	1274.909 ** (0.774180)	1333.556 *** (2.335332)	1268.802 *** (2.225891)
OPEN	-211.4856 (-1.600330)	-186.828 * (-1.457629)	
IS	298.7925 (0.774180)		
常数项	1076.898 *** (5.530516)	1211.422 *** (13.79193)	1160.163 *** (14.39587)
拟合优度	0.908673	0.908550	0.908114
F统计值	88.55153	90.42770	92.03578

注：括号内为Z统计值，*、**和***分别表示在10%、5%和1%的显著性水平上显著。

从表5-17、表5-18稳健性结果中可以看出，各模型拟合度均在0.76以上，拟合情况较好；解释变量和控制变量在逐步回归的三个模型中，符号与显著性水平均保持一致，说明模型设定有效。

本节从省际视角利用实证分析生态系统供给服务价值与增值税、消费税税负的关系；消费税税负对生态系统供给服务价值的影响呈现“U”型关系，并且目前生态系统供给服务价值随着消费税税负的增加而降低，由于增值税模型解释变量系数不显著，无法进一步判断“极值点”的具体数值，为解决这一问题，本章5.3节将引入门限回归模型，利用门限阈值，分段进行回归分析。

5.1.3 门限回归

在本章5.1节与5.2节分析的基础上，可以大致确定流转税对生态系统供给服务价值的影响及其变化趋势。但由于增值税模型税负二次项系数不显著，为进一步分析流转税税负对生态系统供给服务价值各阶段的影响，本节引入门限回归模型，分别将增值税税负与消费税税负作为门限变量，确定门限阈值，以此作为分段的依据，用分段的线性回归模型来剖析总体非线性趋势，并分析不同税负水平下流转税对生态系统供给服务价值的影响。

5.1.3.1 门限阈值

本书在面板数据的基础上，分别以增值税税负与消费税税负作为门限变量，以95%置信度确定置信区间，确定门限阈值。

（1）增值税模型门限阈值。增值税模型门限回归检验结果以及门槛估计区间见表5－19、表5－20。

表5－19　增值税模型门限回归检验结果

模型	F值	P值	BS次数	1%	5%	10%
单一门槛	29.221*	0.091	300	40.216	31.481	28.475
双重门槛	15.203**	0.013	300	16.129	11.250	8.254
三重门槛	5.556	0.385	200	17.821	13.605	10.413

注：*和**分别表示在10%和5%的显著性水平上显著。

表5－20　增值税模型门槛估计区间

双重门槛模型	门槛估计值	95%置信区间
IT01	0.001	[0.001，0.001]
IT02	0.003	[0.003，0.003]

从检验结果来看，增值税模型属于“双门槛”模型，门槛阈值分别为0.001和0.003对应的门槛区间［0.001，0.001］和［0.003，0.003］。代入变量后“双门槛”模型如下：

$$ESPV1_{it}=\alpha+\beta_1 VAT_{it}\times I(VAT_{it}\leqslant\delta_1)+\beta_2 VAT_{it}\times I(\delta_1\leqslant VAT_{it}\leqslant\delta_2)+\beta_3 VAT_{it}\times I(VAT_{it}>\delta_2)+\gamma_1 IS_{jt}+\gamma_2 IFA_{jt}+\gamma_3 OPEN_{jt}+\gamma_4 NR_{jt}+\varepsilon_{it}\tag{5-9}$$

其中，$I(*)$为指示函数，δ_1为第一个门槛阈值0.001，δ_2为第二个门槛阈值0.003，当满足指数函数括号内条件时，$I(*)$取1，否则为$I(*)$取0，β_1、β_2与β_3表示在不同门槛估计区间内变量所对应的系数，各变量选取保持一致同本章上述实证分析相同。

（2）消费税模型门限阈值。消费税模型门限回归检验结果以及门槛估计区间见表5－21、表5－22。

表5－21　消费税模型门限回归检验结果

模型	F值	P值	BS次数	1%	5%	10%
单一门槛	15.902*	0.073	300	25.502	16.768	14.179
双重门槛	6.051*	0.053	300	13.818	7.179	3.861
三重门槛	6.501	0.129	200	14.852	8.140	6.532

注：*表示在10%的显著性水平上显著。

表 5 - 22　　消费税模型门槛估计区间

双重门槛模型	门槛估计值	95%置信区间
IT01	0.008	[0.004, 0.009]
IT02	0.020	[0.005, 0.036]

从检验结果来看，消费税模型属于“双门槛”模型，门槛阈值分别为0.004和0.020对应的门槛区间为［0.004，0.009］和［0.005，0.036］。代入变量后“双门槛”模型如下：

$$ESPV1_{it} = \alpha + \beta_1 CT_{it} \times (CT_{it} \leqslant \delta_1) + \beta_2 CT_{it} \times I(\delta_1 \leqslant CT_{it} \leqslant \delta_2) + \beta_3 CT_{it} \times I(CT_{it} > \delta_2) + \gamma_1 IS_{jt} + \gamma_2 IFA_{jt} + \gamma_3 OPEN_{jt} + \gamma_4 NR_{jt} + \varepsilon_{it} \tag{5-10}$$

其中，$I(*)$为指示函数，δ_1为第一个门槛阈值0.004，δ_2为第二个门槛阈值0.020，当满足指数函数括号内条件时，$I(*)$取1，否则为$I(*)$取0，β_1、β_2与β_3表示在不同门槛估计区间内变量所对应的系数，各变量选取保持一致同本章上述实证分析。

5.1.3.2　门限回归模型

在确定增值税“双门槛”模型与消费税“双门槛”的基础上，根据确定的两个门限阈值，将门限变量增值税税负与消费税税负分为三个阶段，并在不同阶段确定变量系数。

（1）增值税门限回归模型。增值税门限回归模型采用逐步增加控制变量的方法，进行逐步回归，回归结果见表5-23。

表 5 - 23　　增值税门限回归模型回归结果

变量	模型Ⅰ	模型Ⅱ	模型Ⅲ
IFA	1.562171 * (1.85)	1.725038 *** (4.46)	-0.696113 ** (-1.99)
OPEN	-265.4776 *** (-3.95)	-655.0307 *** (-14.08)	-634.8153 *** (-14.74)
NR	-0.0045298 * (-0.44)	-0.0065972 (-0.59)	
IS	-106.0298 (-0.29)		

续表

变量	模型 I	模型 II	模型 III
VAT_1	312325. 3 *** (4. 54)	344875. 7 *** (4. 64)	300033. 6 *** (3. 60)
VAT_2	63654. 56 *** (4. 41)	54720. 81 *** (3. 87)	72217. 39 *** (4. 42)
VAT_3	-1356. 113 *** (-0. 37)	-6596. 442 ** (-1. 97)	-5427. 669 (-1. 45)
常数项	479. 7417 *** (6. 08)	408. 0918 *** (14. 20)	602. 9021 *** (23. 44)

注：括号内为 Z 统计值，*、** 和 *** 分别表示在 10%、5% 和 1% 的显著性水平上显著。

根据增值税门限回归模型回归结果，在增值税税负小于 0. 001 时，模型系数为 312325. 3，说明生态系统供给服务价值随着增值税税负的增加而上升，当增值税税负处于 0. 001 与 0. 003 之间时，模型系数为 63654. 56，说明生态系统供给服务价值仍然随着增值税税负的增加而上升，但在此阶段其增长速度远低于第一阶段。当增值税税负大于 0. 003 时，模型系数为 -1356. 113，生态系统供给服务价值随着增值税税负的增加而降低但降低速度相比前两个阶段较为缓慢。此变化趋势与倒“U”型曲线变化趋势较为贴合。随着国民收入的提高，增值税收入有较大幅度提升，增值税调节产品生产与加工的作用日益凸显，此阶段生态系统供给服务价值呈现上升趋势。我国目前各地区增值税平均税负处于 0. 0062 左右，已经迈入“第三阶段”。在此阶段，生态系统供给服务价值随着增值税税负的增加而缓慢降低，为进一步提升生态系统供给服务价值应降低增值税税负水平至“第一阶段”税负水平。

（2）消费税门限回归模型。消费税门限回归模型采用逐步增加控制变量的方法，进行逐步回归，回归结果见表 5 -24。

表 5 -24　　消费税门限回归模型回归结果

变量	模型 I	模型 II	模型 III
IS	4567. 345 *** (10. 67)	4425. 526 *** (10. 95)	4414. 394 *** (10. 92)
IFA	1198. 121 * (1. 51)	1152. 763 * (1. 46)	1042. 472 (1. 33)
NR	-0. 000545 (-1. 2)	-0. 0000543 (-1. 19)	

续表

变量	模型Ⅰ	模型Ⅱ	模型Ⅲ
OPEN	−173.6466 (−1.00)		
CT_1	−100053.8*** (−3.06)	−99363.79*** (−3.04)	−106740.4*** (−3.32)
CT_2	−26680.01* (4.41)	−26726.99* (−2.56)	−25233.91** (−2.43)
CT_3	6790.066* (1.8)	7515.359** (2.04)	8073.628** (2.2)
常数项	−1154.434*** (−5.86)	−1149.1*** (−5.83)	−1193.748*** (−6.17)

注：括号内为Z统计值，*、** 和 *** 分别表示在10%、5%和1%的显著性水平上显著。

根据消费税门限回归模型的回归结果，在消费税税负小于0.004时，模型系数为−100053.8，说明生态系统供给服务价值随着消费税税负的增加而降低，当消费税税负处于0.004与0.020之间时，模型系数为−26680.01，说明生态系统供给服务价值仍然随着消费税税负的增加而降低，但在此阶段其增长速度远低于“第一阶段”。当消费税税负大于0.020时，模型系数为6790.066，生态系统供给服务价值随着消费税税负的增加而增加，但增长速度相比前两个阶段较为缓慢。此种变化趋势与“U”型曲线变化趋势类似。由于当前各省消费税平均税负为0.01491，处于第二阶段，生态系统供给服务价值随着消费税税负的增加而降低，但降低速度逐渐减弱，为进一步增加生态系统供给服务价值，应逐渐增加消费税税负水平，跨过“第二阶段”迈入“第三阶段”。

综上所述，本节引入门限回归模型，分别将增值税税负与消费税税负作为门限变量，进一步确定门限阈值，以此作为分段的依据，用分段的线性回归模型来剖析增值税税负与消费税税负对生态系统供给服务价值的影响，得出以下结论。增值税模型存在0.001与0.003两个门限阈值，增值税税负小于0.001时，生态系统供给服务价值随着增值税税负的增加而上升，当增值税税负处于0.001与0.003之间时，生态系统供给服务价值仍然随着增值税税负的增加而上升，当增值税税负大于0.003时，生态系统供给服务价值随着增值税税负的增加而降低，此变化趋势与倒“U”型曲线变化趋势较为贴合。消费税模型存在 0.004 与 0.020 两个门限阈值，在消费税税负小于 0.004 时，生态系统供给服务价值随着消费税税负的增加而降低，当消费税税负处于 0.004 与 0.020 之间时，生态系统供给服务价值仍然随着消费税税负的增加而降低；当消费税税负大于 0.020 时，生态系统供给服务价值随着增值税税负的增加而增加，此种变化趋势与“U”型曲线变化趋势类似。

5.1.4　本节实证小结

本章重点通过实证分析，论证流转税对生态系统供给服务价值的影响，通过全国与省际两个不同视角并利用门限回归法分段分析变化趋势。第一，利用全国数据，分别从流转税与生态系统供给服务价值整体入手，通过实证检验结果分析流转税对生态系统供给服务价值的影响；第二，利用省级面板数据，分别从增值税与消费税两个税种，进一步分析流转税内部两税种对生态系统供给服务价值的具体影响；第三，利用面板数据门限回归模型，确定门限阈值，从线性角度分阶段进行门限回归，对以上两部分内容进一步补充。

5.1.4.1　整体视角实证小结

从全国整体视角来看，流转税税负对生态系统供给服务价值的影响呈现倒“U”型关系，目前我国流转税税负水平处于对称轴右侧，生态系统供给服务价值随着流转税税负的增加而降低。实证结果及政策启示如下。

从解释变量角度来看，在实证模型的基础上通过对流转税税负求导得出“极大值点”，目前我国流转税税负为 0.01885，与“极大值点” 0.01139 相差较小，说明流转税对生态系统供给服务价值产生负影响，为进一步提升生态系统供给价值，应在一定范围内降低流转税税负水平。

从控制变量角度看，市场开放程度显著为负，其原因在于国外产品的进口对国内产品的销售存在一定冲击。为提升生态系统供给服务价值，应支持企业提高产品质量，并营造品牌效应，提升产品的竞争力。固定资产投入水平显著为负，其原因在于固定资产投入中生产设备等固定资产占比较少，使产品的生产效率并未得到提升，为提升生态系统供给服务价值，应鼓励生产者购进生产设备，提升机械化水平。产业结构显著为负，说明生态系统供给服务价值的提升更加依靠第三产业的发展。为提升生态系统供给服务价值，应鼓励交通运输、信息通信等技术型企业发展。

5.1.4.2 省际视角实证小结

从省际视角来看，增值税税负与生态系统供给服务价值呈“U”型关系，但增值税税负二次项系数不显著。消费税税负对生态系统供给服务价值的影响呈现“U”型关系。目前，我国消费税税负水平处于对称轴左侧，生态系统供给服务价值随着消费税税负的增加而降低。

从解释变量来看，虽然增值税模型二次项系数不显著，但通过门限回归模型分析，目前增值税税负偏高，导致增值税税负会影响生态系统供给服务价值，下一步应降低增值税税负。消费税税负对生态系统供给服务价值影响显著，在实证模型的基础上通过对消费税税负求导得出“极小值点”为0.03863，我国目前消费税税负为0.01491，二者相差较大，说明目前生态系统供给服务价值处于较高水平，但目前我国消费税对生态系统供给服务价值影响为负。此为税负变化的“第一阶段”，在此阶段内由于我国消费税税负水平还处于较低水平，若消费税税负超过极小值点，生态系统供给服务价值会随着消费税税负增加而提高。因此，从提升生态系统供给服务价值角度来看，消费税税负大于0.03863时，提高消费税税负会提升生态系统供给服务价值，消费税税负还有提升空间。

5.1.4.3 门限回归实证小结

从门限回归模型结果来看，增值税模型与消费税模型皆存在两个门槛值，增值税模型系数变化为“正-正-负”趋势，与倒“U”型曲线发展趋势贴合，我国目前增值税税负水平为0.0062，大于第二个门限阈值0.003，此时生态系统供给服务价值随着增值税税负的增加而降低。消费税系数变化为“负-负-正”趋势，与“U”型曲线发展趋势贴合，我国目前增值税税负水平为0.014，处于两门限阈值之间，此时生态系统供给服务价值随着消费税税负的增加而降低，但消费税税负超过第二个阈值0.020，消费税税负升高会促进生态系统供给服务价值的提升。

从增值税模型来看，增值税税负目前处于门限的“第三阶段”，生态系统供给服务价值随着增值税税负的增加而降低，此前两个阶段生态系统供给服务价值随着增值税税负水平而提升，且斜率较大，增长速度较快，生态系统供给服务价值已达到顶峰。而目前我国增值税税负水平已跨过前两个阶段，此时生态系统供给服务随着增值税税负的增加而缓慢降低，如果继续增加增值税税负将降低生态系统供给服务价值。此时应逐渐降低增值税税负，以提升生态系统供给服务价值。

从消费税模型来看，消费税模型目前处于发展的“第二阶段”，生态系统供给服务价值随着增值税税负的增加而降低，相比于“第一阶段”此阶段斜率较小，下降速度较为缓慢，说明为提升生态系统供给服务价值可采取降低消费税税负，但消费税负一旦超过 0.020，此时提高消费税税负会提升生态系统供给服务价值。

5.2 环境税对生态系统调节服务价值影响的实证分析

本章通过实证分析，探究环境税对生态系统调节服务价值的影响。首先，整体视角下，构建非线性模型，进行环境税对生态系统调节服务价值影响的实证分析。其次，省际视角下，从环保税、资源税、消费税三个税种出发，构建面板数据模型，探究不同环境税种对生态系统调节服务价值的影响。最后，针对整体视角与省际视角下的实证结果，进行实证小结。

5.2.1 整体视角

本节从整体视角出发，构建非线性模型，探究环境税对生态系统调节服务价值的影响，为后续环境税存在的问题及政策优化奠定基础。

5.2.1.1 实证设计

5.2.1.1.1 模型构建

本节选取 1994 ~ 2018 年全国数据，构建整体视角下环境税对生态系统调节服务价值影响的实证模型，探究当前我国环境税对生态系统调节服务价值的作用。

本节选用生态系统调节服务价值作为被解释变量，选用环境税宏观税负作为解释变量。根据第 2 章影响生态系统调节服务价值的因素，在控制变量选取方面，选用产业结构、城镇化率、对外开放程度、水库库容、造林面积及水土流失治理面积为指标，反映对生态系统调节服务价值的影响。数据来源于《中国税务年鉴》《中国统计年鉴》《中国环境年鉴》《中国林业统计年鉴》。

本节引入环境税宏观税负二次项，构建非线性模型：

$$EV = \alpha + \beta_1 ET + \beta_2 ET2 + \gamma_1 IS + \gamma_2 UR + \gamma_3 OPEN + \gamma_4 RC + \gamma_5 FA + \gamma_6 SEC + \varepsilon \quad (5-11)$$

其中，*EV* 表示生态系统调节服务价值，*ET* 为解释变量，*ET*2 为解释变量二次项，*IS*、*UR*、*OPEN*、*RC*、*FA* 以及 *SEC* 均为控制变量。β_1、β_2 代表解释变量及其二次项系数，γ_1、γ_2、γ_3、γ_4、γ_5、γ_6 表示控制变量系数。变量名称及定义见表 5－25。

表 5－25　变量名称及定义

变量	变量名称	定义
EV	生态系统调节服务价值	Σ（气体调节＋气候调节＋水文调节＋废物处理）
ET	环境税宏观税负	环境税税收收入/国内生产总值×100%
ET2	环境税宏观税负二次项	（环境税税收收入/国内生产总值×100%）^{2}
IS	产业结构	第二产业增加值/国内生产总值×100%
UR	城镇化率	城镇人口/总人口×100%
OPEN	对外开放程度	进出口贸易总额/国内生产总值×100%
RC	水库库容	水库库容量
FA	造林面积	造林总面积
SEC	水土流失治理	水土流失治理面积

注：为了便于变量书写，本节变量采用英文名称首字母大写的缩写方式命名，如环境税 *ET*（environmental tax）。

5.2.1.1.2　统计分析及相关检验

（1）描述性统计。表 5－26 呈现了各变量数据的整体情况。生态系统调节服务价值的最大值为 32.796780，最小值为 7.195974，标准差为 6.977377，表明我国 1994～2018 年生态系统调节服务价值波动幅度较大。环境税宏观税负及环境税宏观税负二次项标准差均在 1.0 以下，说明波动幅度较小，保持较平稳的宏观税负水平。

控制变量中，各变量的标准差均较大，尤其是城镇化率和对外开放程度，标准差已超过 9.0，说明我国城镇化率和对外开放程度波动幅度较为剧烈。产业结构标准差超过 2.0，表明产业结构波动幅度相对较大，这与我国产业结构调整有关。水库库容、造林面积、水土流失治理面积的标准差均位于 1.0～2.0，说明波动也较大。具体结果见表 5－26。

表 5－26　　描述性统计

变量	数量	平均值	标准差	最小值	最大值
EV	25	17.936970	6.977377	7.195974	32.796780
ET	25	1.309200	0.336564	0.970096	1.851040
ET2	25	1.822750	0.938764	0.941087	3.426350
IS	25	44.996000	2.459587	39.600000	47.600000
UR	25	44.120880	9.803935	28.510000	59.580000
OPEN	25	43.267970	9.778727	31.515370	62.645030
RC	25	6.503546	1.567772	4.583000	9.035310
FA	25	5.847261	1.316456	3.838794	9.118894
SEC	25	9.538903	1.879543	6.356000	13.153160

（2）平稳性检验。在回归分析前，需要判断数据是否具有平稳性。具体结果见表 5－27。

表 5－27　　单位根检验

变量	检验类型（C，T，P）	5% 临界值	ADF 值	平稳性
EV	（C，T，3）	－3.644963	－2.070173	非平稳
ET	（C，T，0）	－3.612199	－1.856958	非平稳
ET2	（C，T，0）	－3.612199	－1.664641	非平稳
IS	（C，0，1）	－2.998064	－0.514800	非平稳
UR	（C，T，0）	－3.612199	－2.522856	非平稳
OPEN	（C，0，1）	－2.998064	－1.560353	非平稳
RC	（C，T，0）	－3.612199	－2.343322	非平稳
FA	（C，T，0）	－3.612199	－2.817853	非平稳
SEC	（C，T，0）	－3.612199	－1.537223	非平稳
D（*EV*）	（C，T，0）	－3.622033	－4.934268	平稳
D（*ET*）	（C，T，0）	－3.622033	－3.756535	平稳
D（*ET2*）	（C，T，0）	－3.622033	－3.706414	平稳
D（*IS*）	（C，0，0）	－2.998064	－3.159151	平稳
D（*UR*）	（C，T，0）	－3.622033	－4.966970	平稳

续表

变量	检验类型（C，T，P）	5%临界值	ADF 值	平稳性
D（*OPEN*）	（C，0，0）	-2.998064	-3.216322	平稳
D（*RC*）	（C，T，0）	-3.622033	-4.547658	平稳
D（*FA*）	（C，T，0）	-3.622033	-4.793020	平稳
D（*SEC*）	（C，T，0）	-3.622033	-4.154513	平稳

注：检测方法构成［是/否有常数项（C/0），是/否有趋势项（T/0）］。

由表5-3中ADF检验结果可知，生态系统调节服务价值*EV*、环境税宏观税负*ET*、环境税宏观税负二次项*ET*2、产业结构*IS*、城镇化率*UR*、对外开放程度*OPEN*、水库库容*RC*、造林面积*FA*、水土流失治理面积*SEC*均为1阶单位根，所有变量均平稳，可进行回归分析。

（3）协整性检验。在回归分析前，需要考察变量间的协整关系。Johansen协整性检验结果见表5-28。

表5-28　　Johansen 协整性检验

Maximumrank	Parms	LL	Eigenvalue	Tracestatistic	5% Criticalvalue
0	18	-119.572740	.	308.8216	208.97
1	35	-77.944937	0.96885	225.5660	170.80
2	50	-42.311266	0.94867	154.2986	136.61
3	63	-19.227413	0.85393	108.1309	104.94
4	74	-3.069724	0.73984	75.8156*	77.74
5	83	10.983078	0.68996	47.7100	54.64
6	90	21.110345	0.56999	27.4554	34.55
7	95	27.593254	0.41739	14.4896	18.17
8	98	32.742267	0.34890	4.1916	3.74
9	99	34.838056	0.16025		
Maximumrank	Parms	LL	Eigenvalue	Maxstatistic	5% Criticalvalue
0	18	-119.572740	.	83.2556	60.29
1	35	-77.944937	0.96885	71.2673	54.25
2	50	-42.311266	0.94867	46.1677	48.45
3	63	-19.227413	0.85393	32.3154	42.48
4	74	-3.069724	0.73984	28.1056	36.41

续表

Maximumrank	Parms	LL	Eigenvalue	Maxstatistic	5% Criticalvalue
5	83	10.983078	0.68996	20.2545	30.33
6	90	21.110345	0.56999	12.9658	23.78
7	95	27.593254	0.41739	10.2980	16.87
8	98	32.742267	0.34890	4.1916	3.74
9	99	34.838056	0.16025		

注：* 表示存在长期稳定的协整性关系。

表 5-28 检验结果表明，变量之间存在四个协整关系。因此，该变量间的模型可进行回归分析。

5.2.1.2　实证结果分析

5.2.1.2.1　基本回归分析

回归分析同时引入各控制变量，对环境税与生态系统调节服务价值的关系进行实证分析。实证结果见表 5-29。

表 5-29　基本回归结果

名称	相关系数	T 统计值	P 统计值	R^2
ET	27.316070	0.579786	0.5701	0.8831
ET2	-2.130897	-0.121180	0.9051	
IS	2.064305**	2.458589	0.0257	
UR	-1.898286*	-1.793645	0.0918	
OPEN	0.198305	1.359034	0.1930	
RC	5.510115*	2.041470	0.0581	
FA	-0.591653	-0.906624	0.3781	
SEC	5.456675	1.523699	0.1471	
常数项	-116.079300*	-1.955657	0.0682	

注：* 和 ** 分别表示在 10% 和 5% 的显著性水平上显著。

由表 5-29 基本回归结果得出，模型拟合优度为 0.8831，拟合情况较好。

由实证结果可知，整体环境税宏观税负对生态系统调节服务价值的影响并不显著。环境税宏观税负不显著可能因为本书研究的环境税涉及环保税、资源税及消费税三个税种，一方面，可能是环保税、资源税及消费税对生态系统调节服务价值的影响均不显著；另一方面，也可能是不同环境税种对生态系统调节服务价值产生了不同方向、不同强度的影响，导致相互抵消的结果。

控制变量方面，产业结构、城镇化率、水库库容对生态系统调节服务价值的影响较为显著。其中，产业结构为正值。我国不断对第二产业企业进行整改，出台众多税收优惠政策，促进高耗能、高污染企业加快环保技术研发，提高生产效率，节约利用资源，对生态系统调节服务价值起到促进作用。城镇化率为负值，两者为负相关关系。城镇化进程的加快，会引发生态环境破坏，同时消耗大量生态资源，对生态系统调节服务价值起到负向作用。水库库容系数为正值，两者为正相关关系。水库库容的增加可以起到防洪的作用，调节进入下游河道的流量，提升生态系统调节服务价值。对外开放程度、造林面积、水土流失治理面积对生态系统调节服务价值的影响不显著。

5.2.1.2.2　稳健性检验

为检验模型的稳健性，本节通过改变控制变量的方法进行检验。稳健性检验结果见表5－30。

表5－30　稳健性检验结果

名称	模型Ⅰ	模型Ⅱ	模型Ⅲ
ET	52.771490 (1.138342)	53.58225 (1.238013)	39.09503 (0.867823)
ET2	−9.536716 (−0.586816)	−13.21884 (−0.839955)	−6.956484 (−0.417264)
IS		3.081890*** (7.143410)	2.509842*** (3.706095)
UR	−0.538703*** (−3.847543)	−0.993962 (−1.189397)	−1.607052 (−1.602057)
OPEN	0.436401*** (4.716882)		0.145121 (1.091923)
RC		4.198339* (1.780353)	5.269764* (1.972262)
SEC		3.125773 (0.983243)	4.551345 (1.330371)

续表

名称	模型Ⅰ	模型Ⅱ	模型Ⅲ
常数项	-28.882550 (-0.935716)	-180.0571*** (-4.741844)	-146.5607*** (-3.012009)
R^2	0.7257	0.8685	0.8771

注：括号内的值是统计值，括号上的值为相关系数值，*和***分别表示在10%和1%的显著性水平上显著。

表5-30稳健性结果表明，拟合优度较高，拟合情况良好。改变模型的控制变量可以得出，环境税宏观税负对生态系统调节服务价值影响符号始终保持一致，控制变量符号也始终保持一致，说明模型设定有效，通过稳健性检验。

本节初步讨论了整体视角下，我国环境税与生态系统调节服务价值的关系，得出环境税宏观税负对生态系统调节服务价值的影响较微弱。由于本书对环境税的界定包含环保税、资源税与消费税三个税种，为了分析不同税种对生态系统调节服务价值产生的影响，接下来将从环保税、资源税与消费税角度出发，构建面板数据模型，探究不同环境税种对生态系统调节服务价值的影响。

5.2.2 省际视角

本节从省际视角出发，构建环保税、资源税、消费税面板数据模型，并进行门槛效应检验，探究环境税对生态系统调节服务价值的影响。

5.2.2.1 实证设计

（1）模型构建。本节采用面板数据模型，选取2003~2018年面板数据，构建省际视角下不同环境税种对生态系统调节服务价值影响的实证模型。

本节选用生态系统调节服务价值作为被解释变量，分别以环保税宏观税负、资源税宏观税负、消费税宏观税负作为解释变量，构建环保税、资源税与消费税三个模型，探究不同税种对生态系统调节服务价值的具体影响。在控制变量选取方面，本节选用与上节相同的控制变量。

面板数据模型的一般形式为：

$$G_{it} = \alpha + \sum_{i=1}^{m} \beta_i M_{it} + \sum_{j=1}^{n} \gamma_j Z_{jt} + \varepsilon_{it} \tag{5-12}$$

其中，G_{it} 为被解释变量，M_{it}、B_i 为解释变量及系数，Z_{jt}、γ_j 为控制变量及系数。

根据面板数据模型的一般形式，环保税、资源税与消费税模型如下：

环保税模型：

$$ev_{it} = \alpha + \beta_1 ept_{it} + \beta_2 ept2_{it} + \gamma_1 is_{jt} + \gamma_2 ur_{jt} + \gamma_3 open_{jt} + \gamma_4 rc_{jt} + \gamma_5 fa_{jt} + \gamma_6 \sec_{jt} + \varepsilon_{it} \tag{5-13}$$

资源税模型：

$$ev_{it} = \alpha + \beta_1 rt_{it} + \beta_2 rt2_{it} + \gamma_1 is_{jt} + \gamma_2 ur_{jt} + \gamma_3 open_{jt} + \gamma_4 rc_{jt} + \gamma_5 fa_{jt} + \gamma_6 \sec_{jt} + \varepsilon_{it} \tag{5-14}$$

消费税模型：

$$ev_{it} = \alpha + \beta_1 et_{it} + \beta_2 et2_{it} + \gamma_1 is_{jt} + \gamma_2 ur_{jt} + \gamma_3 open_{jt} + \gamma_4 rc_{jt} + \gamma_5 fa_{jt} + \gamma_6 \sec_{jt} + \varepsilon_{it} \tag{5-15}$$

其中，*ev* 表示各省生态系统调节服务价值，*ept*、*rt*、*et* 代表环保税、资源税与消费税宏观税负，*ept2*、*rt2*、*et2* 对应其二次项，*is*、*ur*、*open*、*rc*、*fa*、*sec* 为控制变量。变量名称及定义见表 5－31。

表 5－31　变量名称及定义

变量	变量名称	定义
ev	生态系统调节服务价值	Σ（气体调节＋气候调节＋水文调节＋废物处理）
ept	环保税宏观税负	环保税税收收入/国内生产总值×100%
ept2	环保税宏观税负二次项	（环保税税收收入/国内生产总值×100%）^{2}
rt	资源税宏观税负	资源税税收收入/国内生产总值×100%
rt2	资源税宏观税负二次项	（资源税税收收入/国内生产总值×100%）^{2}
et	消费税宏观税负	消费税税收收入/国内生产总值×100%
et2	消费税宏观税负二次项	（消费税税收收入/国内生产总值×100%）^{2}
is	产业结构	第二产业增加值/国内生产总值×100%
ur	城镇化率	城镇人口/总人口×100%
open	对外开放程度	进出口贸易总额/国内生产总值×100%

续表

变量	变量名称	定义
rc	水库库容	水库库容量
fa	造林面积	造林总面积
sec	水土流失治理	水土流失治理面积

注：本节各变量以英文首字母小写形式命名，如环保税宏观税负 *ept*（environmental protection tax）。

（2）统计分析及相关检验。第一，描述性统计。表5-32呈现了各变量数据的整体情况。各省生态系统调节服务价值的标准差为0.622092，标准差相对较小，表明2003~2018年各省生态系统调节服务价值波动幅度较小。环保税宏观税负与资源税宏观税负标准差均低于1.0，说明环保税和资源税波动幅度较小，保持较平稳的宏观税负水平。消费税宏观税负标准差超过1.0，表明消费税波动幅度较大。

控制变量中，产业结构、城镇化率以及对外开放程度标准差均高于1.0，表明波动幅度较剧烈。水库库容、造林面积、水土流失治理面积的标准差均低于1.0，表明波动幅度相对较小，呈现平稳发展趋势。描述性统计结果见表5-32。

表5-32　　描述性统计

变量	数量	平均值	标准差	最小值	最大值
ev	464	0.689069	0.622092	0.012921	3.836660
ept	464	0.048001	0.042362	0.001588	0.459566
ept2	464	0.004094	0.013513	0.000002	0.211201
rt	464	0.178653	0.237141	0.002118	2.037612
rt2	464	0.088032	0.310235	0.000004	4.151863
et	464	1.394864	1.079739	0.133985	6.518766
et2	464	3.108969	5.899617	0.017952	42.494310
is	464	45.929590	8.030664	18.600000	59.320000
ur	464	51.133690	12.923100	25.727760	86.500000
open	464	27.424030	32.678470	1.686776	167.063600
rc	464	0.251051	0.212077	0.018860	1.263890
fa	464	0.196996	0.173131	0.003003	0.861933
sec	464	0.369376	0.279682	0.002759	1.408857

第二，平稳性检验。在回归分析前，需要判断数据是否具有平稳性。具体检验结果见表5－33。

表5－33　平稳性检验

变量	水平值（含趋势项）		水平值（含漂移项）
	Fisher－ADF	Fisher－PP	Fisher－ADF
ev	32.8490 (0.9969)	30.2502 (0.9990)	77.6578 ** (0.0434)
ept	118.474 *** (0.0000)	88.4608 *** (0.0061)	92.6806 *** (0.0026)
ept2	121.179 *** (0.0000)	72.8692 * (0.0904)	130.4327 *** (0.0000)
rt	58.2146 (0.4674)	33.9712 (0.9951)	148.3685 *** (0.0000)
rt2	62.2759 (0.3266)	54.3542 (0.6116)	144.0433 *** (0.0000)
et	40.2009 (0.9638)	40.6412 (0.9595)	132.8532 *** (0.0000)
et2	45.7318 (0.8786)	45.9104 (0.8746)	137.1689 *** (0.0000)
is	51.2813 (0.7214)	88.9776 *** (0.0055)	96.8498 *** (0.0010)
ur	65.9083 (0.2223)	90.3880 *** (0.0042)	77.5662 ** (0.0441)
open	69.6702 (0.1402)	98.6955 *** (0.0007)	141.1540 *** (0.0000)
rc	50.4332 (0.7495)	83.2830 ** (0.0165)	150.8918 *** (0.0000)
fa	152.708 *** (0.0000)	185.111 *** (0.0000)	141.764 *** (0.0000)
sec	34.9457 (0.9929)	50.1186 (0.7596)	78.6810 ** (0.0367)

注：括号上的值为统计值，括号内的值为P值，*、** 和 *** 分别表示在10%、5%和1%的显著性水平上显著。

由表5－33的检验结果可知，通过水平值（含漂移项）的ADF检验，表明各变量都具有水平值上的平稳性，可进行回归分析。

第三，协整性检验。通过 Kao 检验方法进行协整性检验，环保税、资源税、消费税检验结果见表5-34、表5-35和表5-36。

表5-34 环保税模型 Kao 检验

统计值	统计量	P值
ADF	-3.1186	0.0009

表5-35 资源税模型 Kao 检验

统计值	统计量	P值
ADF	-2.7077	0.0034

表5-36 消费税模型 Kao 检验

统计值	统计量	P值
ADF	-3.1513	0.0008

由 Kao 协整性检验结果可知，环保税、资源税、消费税三个模型 Kao 检验对应的P值分别为0.0009、0.0034、0.0008。因此，各变量间具有协整性关系。

（3）F检验与 Hausman 检验。本节通过F检验、Hausman 检验判断不同环境税适用的模型。具体检验结果见表5-37、表5-38和表5-39。

表5-37 环保税模型F检验与 Hausman 检验

F检验		Hausman 检验	
统计量	P值	统计量	P值
50.36	0.0000	36.40	0.0000

表5-38 资源税模型F检验与 Hausman 检验

F检验		Hausman 检验	
统计量	P值	统计量	P值
45.76	0.0000	41.13	0.0000

表5-39 消费税模型F检验与 Hausman 检验

F检验		Hausman 检验	
统计量	P值	统计量	P值
53.21	0.0000	27.27	0.0006

由检验结果可知，环保税、资源税、消费税模型均拒绝混合与随机效应模型，最终采用固定效应模型。

5.2.2.2 实证结果分析

本节通过实证回归环保税、资源税、消费税模型，论证不同环境税种对生态系统调节服务价值的影响。

（1）基本回归分析。第一，环保税对生态系统调节服务价值的影响。通过回归分析，探究环保税宏观税负对生态系统调节服务价值的影响。基本回归结果见表5－40。

表5－40 基本回归结果

名称	相关系数	T统计值	P统计值	R^2
ept	－0.092293	－0.073375	0.9415	0.8283
ept2	－1.815460	－0.639615	0.5228	
is	0.042004***	12.950120	0.0000	
ur	0.008511**	2.422303	0.0158	
open	－0.002608**	－2.004324	0.0457	
rc	－0.294751*	－1.714189	0.0872	
fa	－0.209592	－1.546855	0.1226	
sec	－0.410334**	－2.068270	0.0392	
常数项	－1.325087***	－5.309182	0.0000	

注：*、**和***分别表示在10%、5%和1%的显著性水平上显著。

由表5－40基本回归结果得出，模型拟合优度为0.8283，拟合情况较好。

由实证结果可知，环保税宏观税负一次项系数和二次项系数均为负，但对生态系统调节服务价值影响并不显著。环保税宏观税负对生态系统调节服务价值的影响不显著，一方面，可能是环保税税收收入较小，税率设置偏低，因而对生态系统调节服务价值发挥的作用有限；另一方面，可能环保税仅对大气、水、固体废物等污染物征收，范围相对较窄，没有与生态系统调节服务价值完全对应，导致对生态系统调节服务价值的作用较微弱。

从控制变量对生态系统调节服务价值影响的角度分析，产业结构、城镇化率、对外开放程度、水库库容、水土流失治理面积影响较为显著。其中，产业结构为正值，两者为正相关关系。我国不断出台税收优惠政策，激励高耗能、高污染企业提高效率，加快环保技术研发，对生态系统调节服务价值起到促进作用。城镇化率为正值，即城镇化率的上升会提高生态系统调节服务价值。城镇化率的上升提高了人口、资源与环境集约程度，使土地资源利用效率提高，对生态系统调节服务价值起到正向影响。对外开放程度系数为负值，即对外开放水平提高会降低生态系统调节服务价值。我国对外开放程度提高，一些高耗能、高污染企业被引进，加重了我国生态破坏、环境污染，对生态系统调节服务价值产生负向影响。水库库容为负值，近几年我国不断建设水库，扩大水库库容，对流域生态环境产生负面影响，打破水生生态平衡，对生态系统调节服务价值产生负向作用。水土流失治理面积为负值，我国水土流失治理面积不断增加，但相较于水土实际流失面积，恢复治理面积仍然不够，难以发挥作用。造林面积系数为负值，但影响并不显著。

第二，资源税对生态系统调节服务价值的影响。通过回归分析，探究资源税宏观税负对生态系统调节服务价值的影响。基本回归结果见表 5 -41。

表 5 -41　　基本回归结果

名称	相关系数	T 统计值	P 统计值	R^2
rt	1.669278 ***	7.251018	0.0000	0.8294
rt2	-0.802005 ***	-4.956619	0.0000	
is	-0.007981 ***	-2.680301	0.0076	
ur	-0.001776	-0.579504	0.5625	
open	0.000253	0.218766	0.8269	
rc	0.518693 ***	4.702786	0.0000	
fa	1.380929 ***	7.078655	0.0000	
sec	0.120314	1.031080	0.3031	
常数项	0.465147 **	2.408254	0.0164	

注：** 和 *** 分别表示在 5% 和 1% 的显著性水平上显著。

由表 5 -41 基本回归结果得出，模型拟合优度为 0.8294，拟合情况较好。

资源税宏观税负一次项系数为正，二次项系数为负，说明资源税宏观税负与生态系统调节服务价值呈倒“U”型关系。随着资源税宏观税负的提高，生态系统调节服务价值不断提高，当资源税宏观税负高于某一水平值后，生态系统调节服务价值会减少。

为求解最优资源税宏观税负，对式（5－4）中资源税宏观税负 rt 进行求导得：

$$\frac{d(ev)}{d(rt)} = \beta_1 + 2\beta_2 \times rt$$

当 $\frac{d(ev)}{d(rt)}$ 为 0 时，生态系统调节服务价值 ev 取到极大值，此时最优资源税宏观税负 rt^* 为：

$$rt^* = \frac{-\beta_1}{2\beta_2}$$

代入回归结果相关系数，$\beta_1 = 1.669278$，$\beta_2 = -0.802005$。此时，最优资源税宏观税负：

$$rt^* \approx 1.041\%$$

当前我国各省资源税宏观税负在 0.177% 左右，因此处在倒“U”型曲线的左半部分，即生态系统调节服务价值随着资源税宏观税负的提升而提升。

资源税宏观税负的增加，一方面，会提升资源产品的价格，从而增加企业资源利用成本，推动企业提高生产效率，减少生态资源实际消耗量，提升生态系统调节服务价值。资源税通过调节能源价格，降低能源消耗量，抑制污染物及碳排放，影响环境变化，对生态系统调节服务价值具有正向作用。另一方面，资源税还具有对资源开采负外部性进行补偿的功能，起到引导资源合理利用、保护生态环境的作用，调节植被破坏、水土流失等问题，提升生态系统调节服务价值。但是，当资源税宏观税负达到某一水平值后，资源税宏观税负的增加会引起生态系统调节服务价值的减少。资源税宏观税负过高，会过度增加企业生产成本，抑制企业资源利用需求，不能有效推动企业提高生产效率，不利于生态系统调节服务价值增加。我国目前处于倒“U”型曲线的左半部分，生态系统调节服务价值随资源税宏观税负的提高而提升。我国应合理优化资源税，扩大资源税征收范围，达到资源税宏观税负最优点，使生态系统调节服务价值最大化。

从控制变量对生态系统调节服务价值影响的角度分析，产业结构、水库库容和造林面积影响较为显著。产业结构为负值，即产业结构与生态系统调节服务价值呈负相关关系。第二产业企业在生产中消耗大量资源，排放有毒物质，对生态系统造成破坏，降低生态系统调节服务价值。水库库容为正值，即水库库容增加对生态系统调节服务价值起到促进作用。水库库容决定了水库调节径流能力，库容增加起到防洪作用，调节进入下游河道流量，提升生态系统调节服务价值。造林面积为正值，即增加造林面积会提升生态系统调节服务价值。增加造林面积能够改善当地气候，调节温度、降水等，吸收二氧化碳，减少温室效应，提升生态系统调节服务价值。城镇化率、对外开放程度以及水土流失治理面积对生态系统调节服务价值影响不显著。

第三，消费税对生态系统调节服务价值的影响。通过回归分析，探究消费税宏观税负对生态系统调节服务价值的影响。基本回归结果见表 5 – 42。

表 5 – 42　　　　基本回归结果

名称	相关系数	T 统计值	P 统计值	R^2
et	0. 234765 ***	3. 352824	0. 0009	0. 8339
*et*2	– 0. 028704 **	– 2. 056899	0. 0403	
is	0. 041168 ***	13. 056920	0. 0000	
ur	0. 003185	1. 024268	0. 3063	
open	– 0. 001554	– 1. 194537	0. 2329	
rc	– 0. 381118 **	– 2. 128424	0. 0339	
fa	– 0. 177263	– 1. 339819	0. 1810	
sec	– 0. 278237	– 1. 392263	0. 1646	
常数项	– 1. 326871 ***	– 6. 540729	0. 0000	

注：** 和 *** 分别表示在 5% 和 1% 的显著性水平上显著。

由表 5 – 42 基本回归结果得出，模型拟合优度为 0. 8339，拟合情况较好。

消费税宏观税负一次项系数为正，二次项系数为负，说明消费税宏观税负与生态系统调节服务价值呈倒“U”型关系。随着消费税宏观税负的提高，生态系统调节服务价值不断提高，当消费税宏观税负高于某一水平值后，生态系统调节服务价值会减少。

为求解最优消费税宏观税负，对式（5 – 5）中消费税宏观税负 *et* 进行求导得：

$$\frac{\mathrm{d}(ev)}{\mathrm{d}(et)} = \beta_1 + 2\beta_2 \times et$$

当 $\frac{d(ev)}{d(et)}$ 为0时，生态系统调节服务价值 ev 取到极大值，此时最优消费税宏观税负 et^* 为：

$$et^* = \frac{-\beta_1}{2\beta_2}$$

代入回归结果相关系数，$\beta_1 = 0.234765$，$\beta_2 = -0.028704$，此时最优消费税宏观税负：

$$et^* \approx 4.089\%$$

当前我国各省消费税宏观税负在1.255%左右，因此处在倒“U”型曲线的左半部分，即生态系统调节服务价值随着消费税宏观税负的提升而提升。

消费税具有引导绿色消费的作用，其税目中越来越多地体现了与环境相关的内容，如成品油、电池、实木地板等。消费税的征收，会提高能耗类、污染类以及自然资源类产品的价格，通过价格作用机制，影响消费者的消费行为，使其减少消费数量，同时寻求其他替代品，对生态系统调节服务价值提升具有正向促进作用。我国目前消费税宏观税负处在倒“U”型曲线的左半部分，即生态系统调节服务价值随着消费税宏观税负的提升而提升。但我国目前消费税仍需完善，税率结构不合理，难以真正发挥调节消费结构、引导人们保护环境的功能。我国应不断优化消费税、完善税率设计、适度扩大征税范围，使生态系统调节服务价值最大化。

从控制变量对生态系统调节服务价值影响的角度分析，产业结构、水库库容影响较为显著。产业结构为正值，即产业结构与生态系统调节服务价值呈正相关关系。我国不断出台税收优惠政策，激励高耗能、高污染企业提高效率，加快环保技术研发，对生态系统调节服务价值起到促进作用。水库库容为负值，即水库库容与生态系统调节服务价值呈负相关关系。近几年我国不断建设水库，扩大水库库容，对流域生态环境产生负面影响，改变流域结构、组成，打破水生生态平衡，对生态系统调节服务价值产生负向影响。城镇化率、对外开放程度、造林面积以及水土流失治理面积对生态系统调节服务价值的影响较不显著。

（2）稳健性检验。第一，环保税对生态系统调节服务价值的影响。通过改变不同控制变量，检验环保税对生态系统调节服务价值影响的稳健性。环保税模型稳健性检验结果见表5-43。

表5-43 稳健性检验

名称	模型Ⅰ	模型Ⅱ	模型Ⅲ	模型Ⅳ
ept	-0.426567 (-0.474055)	-0.812055 (-0.883165)	-0.248542 (-0.196413)	-0.134469 (-0.106546)
ept2	-1.327633 (-0.566472)	-0.617780 (-0.261121)	-1.408010 (-0.493167)	-1.640428 (-0.576195)
is	0.041351 *** (12.620900)	0.041127 *** (12.582680)	0.040198 *** (12.695390)	0.040419 *** (12.804100)
ur			0.007579 ** (2.280437)	0.009712 *** (2.795406)
open	-0.003258 ** (-2.539763)	-0.003407 *** (-2.659142)		
rc			-0.488181 *** (-3.100593)	-0.356425 ** (-2.099490)
fa		-0.260202 * (-1.910515)	-0.206847 (-1.523128)	-0.189244 (-1.395707)
sec				-0.404219 ** (-2.030543)
常数项	-1.094910 *** (-7.784525)	-1.013645 *** (-6.917602)	-1.363756 *** (-5.453429)	-1.374721 *** (-5.515953)
R^2	0.8216	0.8231	0.8250	0.8266

注：括号上的值为统计值，括号内的值为P值，*、** 和 *** 分别表示在10%、5%和1%的显著性水平上显著。

表5-43稳健性结果表明，模型拟合优度较高，拟合情况良好。

改变模型的控制变量可以得出，环保税宏观税负对生态系统调节服务价值影响符号以及显著性始终保持一致，控制变量符号也始终保持一致，说明模型设定有效，通过稳健性检验。

第二，资源税对生态系统调节服务价值的影响。通过改变不同控制变量，检验资源税对生态系统调节服务价值影响的稳健性。资源税模型稳健性检验结果见表5-44。

表5-44 稳健性检验

名称	模型Ⅰ	模型Ⅱ	模型Ⅲ	模型Ⅳ
rt	1.576094 *** (6.948348)	1.863801 *** (8.129116)	1.724502 *** (7.320572)	1.748507 *** (7.213154)
rt2	-0.787899 *** (-4.710612)	-0.905929 *** (-5.488620)	-0.826329 *** (-4.929876)	-0.839258 *** (-4.922746)

续表

名称	模型Ⅰ	模型Ⅱ	模型Ⅲ	模型Ⅳ
is	-0.006790** (-2.134987)	-0.009086*** (-2.893927)	-0.008926*** (-2.856890)	-0.008825*** (-2.813625)
ur			-0.005012** (-2.366067)	-0.006016* (-1.899266)
open				0.000520 (0.426714)
rc		0.549222*** (4.817751)	0.491390*** (4.235518)	0.489675*** (4.214311)
sec	0.772204*** (8.771446)	0.720608*** (8.323189)	0.665324*** (7.454982)	0.673486*** (7.372341)
常数项	0.503460*** (3.552864)	0.449125*** (3.236989)	0.750852*** (3.995524)	0.777550*** (3.922455)
R^2	0.8247	0.8270	0.8274	0.8288

注：括号上的值为统计值，括号内的值为P值，*、** 和 *** 分别表示在10%、5%和1%的显著性水平上显著。

表5-44稳健性结果表明，模型拟合优度较高，拟合情况良好。

改变模型的控制变量可以得出，资源税宏观税负对生态系统调节服务价值影响符号以及显著性始终保持一致，控制变量符号也始终保持一致，说明模型设定有效，通过稳健性检验。

第三，消费税对生态系统调节服务价值的影响。通过改变不同控制变量，检验消费税对生态系统调节服务价值影响的稳健性。消费税模型稳健性检验结果见表5-45。

表5-45　稳健性检验

名称	模型Ⅰ	模型Ⅱ	模型Ⅲ	模型Ⅳ
et	0.229919*** (3.911878)	0.214229*** (3.599179)	0.268045*** (4.162666)	0.243137*** (3.483072)
et2	-0.023695* (-1.906015)	-0.022139* (-1.778243)	-0.033614** (-2.488263)	-0.030615** (-2.203340)
is	0.039409*** (13.163000)	0.040781*** (13.095270)	0.041060*** (13.228030)	0.041524*** (13.204360)
ur				0.002871 (0.925080)
open		-0.002001 (-1.568605)	-0.001538 (-1.193507)	-0.001404 (-1.082459)

续表

名称	模型Ⅰ	模型Ⅱ	模型Ⅲ	模型Ⅳ
rc			-0.373266 ** (-2.139310)	-0.406677 ** (-2.282045)
sec	-0.393182 ** (-2.349203)	-0.398909 ** (-2.386886)	-0.225804 (-1.220156)	-0.295006 (-1.477705)
常数项	-1.222785 *** (-7.605219)	-1.211739 *** (-7.542025)	-1.246898 *** (-7.752281)	-1.359301 *** (-6.742545)
R^2	0.8301	0.8310	0.8328	0.8332

注：括号上的值为统计值，括号内的值为 P 值，*、** 和 *** 分别表示在 10%、5% 和 1% 的显著性水平上显著。

表 5-45 稳健性结果表明，模型拟合优度较高，拟合情况良好。

改变模型的控制变量可以得出，消费税宏观税负对生态系统调节服务价值影响符号以及显著性始终保持一致，控制变量符号也始终保持一致，说明模型设定有效，通过稳健性检验。

5.2.2.3　“门槛效应”

由实证分析可知，环境税对生态系统调节服务价值的影响是非线性的，不同阶段对生态系统调节服务价值影响的大小、方向不同，这种表现为“门槛效应”。为了进一步探究不同环境税种与生态系统调节服务价值的关系，考察不同阶段对生态系统调节服务价值的影响，本节分别以环保税、资源税、消费税作为“门槛变量”检验“门槛效应”，并测算门槛值，探究不同门槛下环境税对生态系统调节服务价值的影响。

（1）“门槛效应”检验。第一，环保税对生态系统调节服务价值的影响。环保税检验结果见表 5-46 和表 5-47。

表 5-46　　环保税“门槛效应”检验

门槛类型	F 值	P 值	1% 临界值	5% 临界值	10% 临界值
单一门槛	10.392 ***	0.009	10.128	6.843	4.928
双重门槛	3.515 *	0.070	15.629	5.944	1.347
三重门槛	4.436	0.190	13.042	9.153	7.270

注：* 和 *** 分别表示在 10% 和 1% 的显著性水平上显著。

表 5－47　　环保税门槛估计结果

双重门槛模型	门槛估计值	95% 置信区间
Ito1	0.036	[0.010, 0.102]
Ito2	0.085	[0.010, 0.102]

由门槛检验结果可知，环保税模型为“双重门槛”模型，门槛值为 0.036% 和 0.085%，门槛区间为 $ept \leqslant 0.036\%$、$0.036\% < ept \leqslant 0.085\%$ 和 $ept > 0.085\%$。因此，环保税“双重门槛”模型可写为：

$$ev_{it} = \alpha + \beta_1 ept_{it} I(ept_{it} \leqslant \delta_1) + \beta_2 ept_{it} I(\delta_1 < ept_{it} \leqslant \delta_2) + \beta_3 ept_{it} I(ept_{it} > \delta_2) + \gamma_1 is_{jt} + \gamma_2 ur_{jt} + \gamma_3 open_{jt} + \gamma_4 rc_{jt} + \gamma_5 fa_{jt} + \gamma_6 sec_{jt} + \varepsilon_{it} \quad (5-16)$$

其中，ept_{it} 为门槛变量，δ_1、δ_2 为门槛值，β_1、β_2、β_3 代表环保税在不同门槛区间对生态系统调节服务价值影响的斜率。

第二，资源税对生态系统调节服务价值的影响。资源税检验结果见表 5－48 和表 5－49。

表 5－48　　资源税“门槛效应”检验

门槛类型	F 值	P 值	1% 临界值	5% 临界值	10% 临界值
单一门槛	18.134***	0.009	18.016	9.610	6.928
双重门槛	12.806**	0.050	23.667	12.770	10.174
三重门槛	6.200	0.135	14.792	10.495	7.350

注：** 和 *** 分别表示在 5% 和 1% 的显著性水平上显著。

表 5－49　　资源税门槛估计结果

双重门槛模型	门槛估计值	95% 置信区间
Ito1	0.190	[0.180, 0.202]
Ito2	0.521	[0.409, 0.539]

由门槛检验结果可知，资源税模型为“双重门槛”模型，门槛值为 0.190% 和 0.521%，门槛区间为 $rt \leqslant 0.190\%$、$0.190\% < rt \leqslant 0.521\%$ 和 $rt > 0.521\%$。因此，资源税“双重门槛”模型可写为：

$$ev_{it} = \alpha + \beta_1 rt_{it} I(rt_{it} \leqslant \delta_1) + \beta_2 rt_{it} I(\delta_1 < rt_{it} \leqslant \delta_2) + \beta_3 rt_{it} I(rt_{it} > \delta_2) + \gamma_1 is_{jt} + \gamma_2 ur_{jt} + \gamma_3 open_{jt} + \gamma_4 rc_{jt} + \gamma_5 fa_{jt} + \gamma_6 sec_{jt} + \varepsilon_{it} \quad (5-17)$$

其中，rt_{it} 为门槛变量，δ_1、δ_2 为门槛值，β_1、β_2、β_3 代表资源税在不同门槛区间对生态系统调节服务价值影响的斜率。

第三，消费税对生态系统调节服务价值的影响。消费税检验结果见表 5-50 和表 5-51。

表 5-50　　消费税“门槛效应”检验

门槛类型	F 值	P 值	1% 临界值	5% 临界值	10% 临界值
单一门槛	13.466*	0.090	23.939	17.460	12.800
双重门槛	10.770**	0.037	21.799	9.899	7.277
三重门槛	5.720	0.170	17.220	8.510	6.383

注：* 和 ** 分别表示在 10% 和 5% 的显著性水平上显著。

表 5-51　　消费税门槛估计结果

门槛类型	门槛估计值	95% 置信区间
Ito1	0.385	[0.382, 0.676]
Ito2	0.821	[0.773, 0.897]

由门槛检验结果可知，消费税模型为“双重门槛”模型，门槛值为 0.385% 和 0.821%，门槛区间为 $et \leqslant 0.385\%$、$0.385\% < et \leqslant 0.821\%$ 和 $et > 0.821\%$。因此，消费税“双重门槛”模型可写为：

$$ev_{it} = \alpha + \beta_1 et_{it} I(et_{it} \leqslant \delta_1) + \beta_2 et_{it} I(\delta_1 < et_{it} \leqslant \delta_2) + \beta_3 et_{it} I(et_{it} > \delta_2) + \gamma_1 is_{jt} + \gamma_2 ur_{jt} + \gamma_3 open_{jt} + \gamma_4 rc_{jt} + \gamma_5 fa_{jt} + \gamma_6 sec_{jt} + \varepsilon_{it} \quad (5-18)$$

其中，et_{it} 为门槛变量，δ_1、δ_2 为门槛值，β_1、β_2、β_3 代表消费税在不同门槛区间对生态系统调节服务价值影响的斜率。

（2）“门限回归”结果分析。分析“门限回归”结果，考察不同环境税种对生态系统调节服务价值的具体影响。由于本节已详细论述控制变量对生态系统调节服务价值的影响，故不再赘述。

第一，环保税“门限回归”。环保税“门限回归”结果见表 5-52。

表 5-52　　环保税“门限回归”结果

名称	模型Ⅰ	模型Ⅱ	模型Ⅲ	模型Ⅳ
is	0.039369*** (12.66)	0.041176*** (12.85)	0.041473*** (12.94)	0.041325*** (12.89)

续表

名称	模型Ⅰ	模型Ⅱ	模型Ⅲ	模型Ⅳ
ur	0.005693* (1.71)	0.004890 (1.47)	0.005856* (1.73)	0.005811* (1.72)
open		-0.002765** (-2.18)	-0.002383* (-1.85)	-0.002490* (-1.93)
rc			-0.273620 (-1.60)	-0.263661 (-1.54)
fa				-0.159458 (-1.19)
sec	-0.542808*** (-2.94)	-0.529450*** (-2.88)	-0.402212** (-2.01)	-0.384765* (-1.92)
ept				
0	6.617128*** (3.43)	6.486210*** (3.38)	6.229922*** (3.24)	5.887398*** (3.03)
1	1.985283** (2.15)	2.053131** (2.21)	1.789867* (1.94)	1.552841* (1.68)
2	-0.227464 (-0.42)	-0.246400 (-0.45)	-0.304603 (-0.56)	-0.392506 (-0.72)
常数项	-1.321895*** (-5.93)	-1.293164*** (-5.82)	-1.335006*** (-5.98)	-1.289964*** (-5.70)
R^2	0.8681	0.8591	0.8583	0.8622

注：括号上的值为统计值，括号内的值为P值，*、** 和 *** 分别表示在10%、5%和1%的显著性水平上显著。

由表5-52实证结果可知，模型拟合优度较高，拟合情况良好。

环保税宏观税负对生态系统调节服务价值存在显著的门槛效应，且存在两个门槛值。为保持一致性，模型Ⅳ引入各个控制变量，考察环保税宏观税负对生态系统调节服务价值的影响。通过模型Ⅳ可以看出，在门槛区间 $ept \leq 0.036\%$ 内，环保税宏观税负对生态系统调节服务价值影响的相关系数为5.887398，在门槛区间 $0.036\% < ept \leq 0.085\%$ 内，相关系数为1.552841，在门槛区间 $ept > 0.085\%$ 内，相关系数为-0.392506。在不同的区间内，环保税宏观税负对生态系统调节服务价值影响的大小发生了变化，这表明环保税宏观税负对生态系统调节服务价值的影响呈非线性关系。当环保税宏观税负处在 $ept \leq 0.036\%$ 和 $0.036\% < ept \leq 0.085\%$ 时，环保税宏观税负对生态系统

调节服务价值起到促进作用，且处在 $ept \leq 0.036\%$ 时，促进程度最大。由于当前我国各省环保税宏观税负在0.017%左右，处于 $ept \leq 0.036\%$ 时，因此环保税宏观税负对生态系统调节服务价值影响的相关系数为正值。我国需进一步完善环保税，合理设置环保税宏观税负水平，最大程度发挥环保税宏观税负对生态系统调节服务价值的促进作用。

第二，资源税"门限回归"结果。资源税"门限回归"结果见表5-53。

表5-53　资源税"门限回归"结果

名称	模型Ⅰ	模型Ⅱ	模型Ⅲ	模型Ⅳ
is	0.040091*** (13.08)	0.039919*** (13.03)	0.041078*** (12.94)	0.040869*** (12.84)
ur	0.005631** (2.08)	0.006056** (2.10)	0.005202* (1.77)	0.005478* (1.85)
open			-0.001759 (-1.37)	-0.001861 (-1.45)
rc		-0.314544* (-1.89)	-0.271772 (-1.60)	-0.261737 (-1.54)
fa				-0.122894 (-0.93)
sec	-0.678039*** (-3.74)	-0.453476** (-2.32)	-0.462302** (-2.37)	-0.450522** (-2.30)
rt				
0	1.993041*** (4.68)	2.191958*** (5.04)	2.119775*** (4.84)	2.076234*** (4.72)
1	0.951923*** (4.05)	1.006222*** (4.44)	0.980990*** (4.32)	0.957378*** (4.18)
2	0.390267*** (3.99)	0.377817*** (3.87)	0.378603*** (3.88)	0.368389*** (3.76)
常数项	-1.375550*** (-6.85)	-1.413612*** (-6.92)	-1.376908*** (-6.69)	-1.356859*** (-6.56)
R^2	0.8680	0.8641	0.8591	0.8621

注：括号上的值为统计值，括号内的值为P值，*、**和***分别表示在10%、5%和1%的显著性水平上显著。

由表5-53实证结果可知，模型拟合优度较高，拟合情况良好。

资源税宏观税负对生态系统调节服务价值存在显著的门槛效应，且存在两个门槛值。为保持一致性，模型Ⅳ引入各个控制变量，考察资源税宏观税负对生态系统调节服务价值的影响。通过模型Ⅳ可以看出，在门槛区间 $rt \leq 0.190\%$ 内，资源税宏观税负对生态系统调节服务价值影响的相关系数为2.076234，在门槛区间 $0.190\% < rt \leq 0.521\%$ 内，相关系数为0.957378，在门槛区间 $rt > 0.521\%$ 内，相关系数为0.368389。在不同的区间内，资源税宏观税负对生态系统调节服务价值的影响大小发生了变化，这验证了资源税宏观税负对生态系统调节服务价值的影响呈非线性关系。通过上述分析，可以得出结论，当资源税宏观税负处于上述区间时，对生态系统调节服务价值均起到促进作用，且在门槛区间 $rt \leq 0.190\%$ 内，促进作用程度最大。由于当前我国各省资源税宏观税负在0.177%左右，处在门槛区间 $rt \leq 0.190\%$ 内，资源税宏观税负对生态系统调节服务价值影响的相关系数为正值。我国应对资源税进行改革，扩充征收范围，提高资源税宏观税负水平，提升生态系统调节服务价值。

第三，消费税“门限回归”结果。消费税“门限回归”结果见表5-54。

表5-54　消费税“门限回归”结果

名称	模型Ⅰ	模型Ⅱ	模型Ⅲ	模型Ⅳ
is	0.039611*** (13.62)	0.039467*** (13.57)	0.040468*** (13.38)	0.040625*** (13.21)
ur				0.000895 (0.29)
open			-0.001517 (-1.20)	-0.001472 (-1.15)
rc	-0.381073*** (-2.81)	-0.266979* (-1.94)	-0.238149* (-1.73)	-0.252649* (-1.84)
fa	-0.203032 (-1.58)	-0.187510 (-1.46)	-0.200956 (-1.56)	-0.202753 (-1.57)
sec		-0.255743 (-1.41)	-0.277519 (-1.52)	-0.298154 (-1.52)
et				
0	-0.796323*** (-3.50)	-0.857807*** (-3.70)	-0.856398*** (-3.70)	-0.842019*** (-3.55)
1	-0.167377** (-2.28)	-0.178230** (-2.42)	-0.173589** (-2.36)	-0.173292** (-2.35)
2	0.073029*** (2.66)	0.069594** (2.53)	0.064582** (2.32)	0.061775** (2.10)

续表

名称	模型Ⅰ	模型Ⅱ	模型Ⅲ	模型Ⅳ
常数项	-1.041714*** (-6.98)	-0.965214*** (-6.08)	-0.960751*** (-6.06)	-1.000285*** (-4.79)
R^2	0.8521	0.8621	0.8598	0.8618

注：括号上的值为统计值，括号内的值为P值，*、** 和 *** 分别表示在10%、5%和1%的显著性水平上显著。

由表5-54实证结果可知，模型拟合优度较高，拟合情况良好。

消费税宏观税负对生态系统调节服务价值存在显著的门槛效应，且存在两个门槛值。为保持一致性，模型Ⅳ引入各个控制变量，考察消费税宏观税负对生态系统调节服务价值的影响。通过模型Ⅳ可以看出，在门槛区间 $et \leq 0.385\%$ 内，消费税宏观税负对生态系统调节服务价值影响的相关系数为-0.842019，在门槛区间 $0.385\% < et \leq 0.821\%$ 内，消费税宏观税负对生态系统调节服务价值影响的相关系数为-0.173292，在门槛区间 $et > 0.821\%$ 内，消费税宏观税负对生态系统调节服务价值影响的相关系数为0.061775。在不同的区间内，消费税宏观税负对生态系统调节服务价值的影响大小以及方向发生了变化，这验证了消费税宏观税负对生态系统调节服务价值的影响呈非线性关系。当消费税宏观税负处在 $et \leq 0.385\%$ 和 $0.385\% < et \leq 0.821\%$ 时，消费税宏观税负对生态系统调节服务价值起到抑制作用，当处于 $et > 0.821\%$ 时，消费税宏观税负对生态系统调节服务价值起到促进作用。由于当前我国各省消费税宏观税负在1.255%左右，处在门槛区间 $et > 0.821\%$ 内，消费税宏观税负对生态系统调节服务价值起到正向作用。因此，我国可适当提升消费税税率，扩大征收范围，充分发挥消费税引导消费行为、保护环境的作用，从而提高生态系统调节服务价值。

5.2.3　本节实证小结

本章通过构建实证模型，探究环境税对生态系统调节服务价值的影响。本章实证分析过程：整体视角下环境税对生态系统调节服务价值的影响→省际视角下环保税、资源税以及消费税对生态系统调节服务价值的影响→不同门槛区间内环保税、资源税、消费税对生态系统调节服务价值的影响，由总到分进行论证，层层递进。具体实证结果如下。

第一，整体视角下，环境税宏观税负对生态系统调节服务价值的影响并不显著。整体视角下环境税对生态系统调节服务价值的影响不显著，经验证得出是由于本书研究的环境税由环保税、资源税及消费税三个税种构成，三个税种共同作用于生态系统调节服务价值，每一个税种对生态系统调节服务价值产生了不同方向、不同强度的影响，导致相互抵消的结果。

第二，省际视角下，环保税、资源税以及消费税宏观税负对生态系统调节服务价值的影响程度不同。环保税宏观税负对生态系统调节服务价值的影响较微弱；我国应加强环保税对生态的调制功能，扩大环保税覆盖范围，并适当提高环保税税率，提升生态系统调节服务价值。资源税宏观税负与生态系统调节服务价值呈倒“U”型关系；分析得出最优资源税宏观税负水平约为1.041%，当前我国处在倒“U”型曲线的左半部分；我国应合理提高资源税宏观税负水平，适当延伸征收范围，使其覆盖草场、森林、滩涂等生态资源，从而提升生态系统调节服务价值。消费税宏观税负与生态系统调节服务价值呈倒“U”型关系；分析得出最优消费税宏观税负水平约为4.089%，当前我国处在倒“U”型曲线的左半部分；我国应不断完善消费税，优化税率结构，并适度扩充税目，提升生态系统调节服务价值。

第三，省际视角下，不同门槛区间内环保税、资源税以及消费税对生态系统调节服务价值影响的大小、方向存在差异。环保税宏观税负对生态系统调节服务价值存在显著的门槛效应，且存在两个门槛值；在门槛区间 $ept \leq 0.036\%$ 和 $0.036\% < ept \leq 0.085\%$ 内，相关系数为正值，且处在 $ept \leq 0.036\%$ 内，促进程度最大；我国各省环保税宏观税负平均值为0.017%，处于 $ept \leq 0.036\%$ 内，对生态系统调节服务价值起到促进作用。资源税宏观税负对生态系统调节服务价值存在显著的门槛效应，且存在两个门槛值；在门槛区间 $rt \leq 0.190\%$、$0.190\% < rt \leq 0.521\%$、$rt > 0.521\%$ 内，均对生态系统调节服务价值起到正向作用，且在门槛区间 $rt \leq 0.190\%$ 内，促进程度最大；当前我国各省资源税宏观税负在0.177%左右，处在门槛区间 $rt \leq 0.190\%$ 内，对生态系统调节服务价值起到促进作用。消费税宏观税负对生态系统调节服务价值存在显著的门槛效应，且存在两个门槛值；在门槛区间 $et \leq 0.385\%$ 和 $0.385\% < et \leq 0.821\%$ 内，相关系数为负值，在门槛区间 $et > 0.821\%$ 内，相关系数为正值；

当前我国各省消费税宏观税负在 1.255% 左右，处在 $et > 0.821\%$ 内，对生态系统调节服务价值起到正向作用。

5.3　资源税费对生态系统支持服务价值影响的实证分析

本章将在理论分析的基础上，利用测算的生态系统支持服务价值数据以及其他相关经验数据，实证检验资源税费对生态系统支持服务价值的影响。

5.3.1　整体视角

5.3.1.1　实证设计

（1）模型与变量选择。本节将从整体视角出发，解释变量为资源税费宏观负担，被解释变量为生态系统支持服务价值，构建面板数据模型。探究资源税费对生态系统支持服务价值的影响规律，分析我国资源税费能否提升生态系统支持服务价值。

第 2 章对生态系统支持服务价值的影响因素进行了分析，本书将这些影响因素作为控制变量，同时借鉴学界关于生态环境影响因素的研究成果，将控制变量分为生态与经济两方面。生态方面，选用变量水土治理以及生物多样性代表我国生态环境状况；经济方面，选用经济发展水平以及城镇化率代表我国经济发展状况。构建非线性方程模型，将资源税费宏观负担二次项作为变量。

面板数据模型的一般形式为：

$$F_{nx} = \alpha + \sum_{n=1}^{m} \beta_n P_{nx} + \sum_{l=1}^{n} \gamma_l R_{lx} + \varepsilon_{nx} \tag{5-19}$$

其中，F_{nx} 表示第 n 个省份、第 x 时期的生态系统支持服务价值，α 为方程截距项，P_{nx} 为解释变量，β_n 是解释变量相关系数，R_{lx} 为控制变量，γ_l 是控制变量相关系数，ε_{nx} 为误差项。根据本节选取的各类变量，式（5－19）可改写为：

$$Z_{nx} = \alpha + \beta_1 SF_{nx} + \beta_2 SF2_{nx} + \gamma_1 LNG_{lx} + \gamma_2 LNCZ_{lx} + \gamma_3 ST_{lx} + \gamma_5 BH_{lx} + \varepsilon_{nx} \quad (5-20)$$

其中，Z 代表生态系统支持服务价值，α 为方程截距，SF 为解释变量，$SF2$ 为解释变量二次项，LNG、$LNCZ$、ST 以及 BH 均为控制变量，ε 为方程误差项。各变量名称及其含义见表 5－55。

表 5－55　各变量名称及其含义

变量	变量名称（各省）	定义（各省）
Z	生态系统支持服务价值	生态系统支持服务价值
SF	资源税费宏观负担	资源税费收入/国内生产总值×100
$SF2$	资源税费宏观负担二次项	（资源税费收入/国内生产总值×100）^{2}
LNG	经济发展水平	ln（国内生产总值）
$LNCZ$	城镇化率	ln（城镇人口/总人口×100）
ST	水土治理	水土流失治理新增面积
BH	生物多样性	自然保护区面积

注：本节变量主要采用中文名称首字母大写的缩写方式命名，此种方式较为容易辨认和区分。如生态系统支持服务价值 Z、资源税费宏观负担 SF、水土治理 ST 等。另外，为了消除数据可能存在的异方差，对经济发展水平和城镇化率进行了对数处理，在命名时名字前面增加了 LN 以作区别。数据来源于《中国税务年鉴》《中国国土资源统计年鉴》《中国财政年鉴》《中国环境年鉴》，生态系统支持服务价值经测算而来。

（2）描述性统计、平稳性检验与协整性检验。第一，描述性统计。在整体视角下生态系统支持服务价值的最大值为 25623.02，最小值为 41.550，标准差为 4076.993。由于各省面积规模、生态状况等因素不同，省与省之间的生态系统支持服务价值也存在悬殊的差距。资源税费整体宏观负担的标准差为 0.244，平均数为 0.218。由于不同省份的矿产资源占有量以及资源开采情况有所不同，资源开采和资源税费负担存在省际差距。水土治理以及生物多样性由于各省面积以及治理政策存在不同，导致各个省的治理规模与变动幅度各不相同；经济发展水平以及城镇化率的标准差较低，分别为 1.04 和 0.251，说明数据呈现平稳发展趋势，波动幅度较小，表明我国各省的经济发展水平较为平稳。具体描述性统计结果见表 5－56。

表 5 - 56　　描述性统计

变量	数量	平均数	中位数	最大值	最小值	标准差
Z	435	4323.416	3170.221	25623.020	41.550	4076.993
SF	435	0.218	0.136	1.761	0.002	0.244
SF2	435	0.107	0.018	3.100	0.000	0.292
LNG	435	9.170	9.328	11.404	5.967	1.045
LNCZ	435	3.891	3.895	4.4601	3.248	0.251
ST	435	0.160	0.120	0.774	0.000	0.153
BH	435	369.289	111.900	2182.200	9.000	568.618

第二，平稳性检验。采用 ADF 检验方法与 PP 检验方法进行单位根检验以判断数据的平稳性，检验结果见表 5 - 57。

表 5 - 57　　单位根检验

变量	水平值（含趋势项）		水平值（含漂移项）	
	Fisher - ADF	Fisher - PP	Fisher - ADF	Fisher - PP
Z	34.3098 (0.9944)	32.5230 (0.9973)	96.5700 ** (0.0011)	96.5700 ** (0.0011)
SF	153.1700 *** (0.0000)	167.1890 *** (0.0000)	129.0300 *** (0.0000)	110.7770 *** (0.0000)
SF2	162.7150 *** (0.0000)	165.9820 *** (0.0000)	123.2500 *** (0.0000)	119.1760 *** (0.0000)
ST	70.4653 (0.1262)	105.2400 *** (0.0001)	80.3940 ** (0.0275)	108.2990 (0.0001)
BH	137.5160 *** (0.0000)	130.8630 *** (0.0000)	145.8880 *** (0.0000)	155.4240 *** (0.0000)
LNG	2.9761 (1.0000)	17.7498 (1.0000)	209.1500 *** (0.0000)	296.0780 *** (0.0000)
LNCZ	51.9419 (0.6988)	64.7577 (0.2527)	85.1619 ** (0.0116)	142.7800 *** (0.0000)

注：** 和 *** 分别表示在 5% 和 1% 的显著性水平上显著。

依据表 5 - 57 中单位根检验结果，变量 *Z*、*LNG*、*LNCZ* 未能通过含趋势项的 Fisher - ADF 检验和 Fisher - PP 检验，所以进一步进行含漂移项条件的 Fisher - ADF 检验和 Fisher - PP 检验。可以看出，模型中各变量呈平稳状况，可继续进行协整性检验。

第三，协整性检验。回归分析之前需要对模型进行协整性检验以判断变量之间是否存在长期稳定的协整关系。检验结果见表5－58。

表5－58 **Pedroni协整性检验**

税费模型	统计量	P值
ADF	－7.1813***	0.0000

注：***表示在1%的显著性水平上显著。

由表5－58中Pedroni协整性检验结果可知，变量间存在协整性关系，模型设立合理，可进一步进行回归分析。

（3）F检验与Hausman检验。首先，通过F检验判断采用混合效应模型还是个体效应模型，进一步通过Hausman检验确定模型采用随机效应还是固定效应。结果见表5－59。

表5－59 **F检验与Hausman检验**

F检验		Hausman检验	
统计量	P值	统计量	P值
24.22	0.0000	46.38	0.0000

根据F检验结果，模型拒绝混合效应模型的原假设，适用个体效应模型；根据Hausman检验结果，模型拒绝采用随机效用模型，因此本书将选用个体固定模型进行面板数据分析。

5.3.1.2 实证结果分析

（1）基本回归分析。将变量经济发展水平*LNG*、城镇化率*LNCZ*、水土治理*ST*、生物多样性*BH*作为控制变量引入模型中。实证结果见表5－60。

表5－60 **基本回归结果**

名称	相关系数	T统计值	P统计值	R^2
SF	3054.773**	1.99	0.047	0.830
SF2	－1919.877**	－1.99	0.047	
LNG	1681.642***	4.41	0.000	
LNCZ	－4832.662**	－2.60	0.010	
ST	－10260.340**	－6.76	0.000	
BH	4.611**	2.33	0.020	
常数项	7189.316	1.66	0.099	

注：**和***表示在5%和1%的显著性水平上显著。

解释变量及其二次项相关系数显著，资源税费宏观负担系数为正，二次项系数为负。资源税费宏观负担对生态系统支持服务价值的影响表现为倒"U"型关系，即随着资源税费宏观负担的增加，其对生态系统支持服务价值的作用为先提升后抑制。将式（5－18）两边同时对自变量资源税费宏观负担 SF 求导得：

$$\frac{\mathrm{d}(Z)}{\mathrm{d}(SF)} = \beta_1 + 2 \times \beta_2 \times SF$$

当 $\frac{\mathrm{d}(Z)}{\mathrm{d}(SF)}$ 为 0 时，可以得到生态系统支持服务价值 Z 的极大值，此时资源税费宏观税负 SF^* 为：

$$SF^* = \frac{-\beta_1}{2 \times \beta_2}$$

通过表 5－60 可以得到 $\beta_1 = 3054.773$、$\beta_2 = -1919.877$，代入后得到 $SF^* \approx 0.8\%$，即为最优资源税费宏观负担。我国目前资源税费宏观负担在 0.18% 左右，处在倒"U"型曲线的左半部分，即生态系统支持服务价值随着资源税费宏观负担的提升而提升。国家通过向矿产开采和销售企业征收资源税费，再将税费收入用于生态系统的恢复。将矿产开采造成的负外部性成本纳入企业的成本之中，对于企业而言，会抑制矿产开采企业的经营活动，倒逼企业进行技术进步，提高矿产资源的开采效率。同时，企业会提升矿产品价格，将一部分税费成本转嫁给消费者；对于消费者而言，就会减少矿产品的消费；另外，资源税费为矿山当地的生态环境治理和恢复提供了大量的专项资金，有利于环境质量的提升，从而有利于生态系统支持服务价值的提升。但是如果持续提高资源税费整体负担，会使生态系统支持服务价值随着负担的提升而逐渐降低，这是因为过高的税费负担会增加企业的经营成本，企业为了追逐收益将会扩大开采规模，降低技术创新的支出，这样将会加重生态系统的破坏，不利于生态系统支持服务价值的提升。因此，为了提高生态系统支持服务价值应适当提高资源税费宏观负担。

基于控制变量的影响分析，经济发展水平显著为正，即生态系统支持服务价值会随着经济发展水平的提升而提升。这是由于我国近些年来逐渐由原来的粗放式发展转为精细化发展，不再单纯地依靠能源资源的高投入、高消耗来拉动。我国大力推动第二产业高端化以及第三产业的发展对生态环境起到重要的保护作用，有利于生态系统支持服务价值的提升。城镇化率显著为负，即城镇化率的提升会导致生态系统支持服务价值的降低。这是因为随着人口逐渐向城市及城镇聚集，资源的使用频率以及使用量将不断增加，相应地就会带来大量的废物排放。同时，城镇化率提升带来的收入增长以及经济增长会增加更多的生产要素投入，原本传统的农业产业向第二产业以及第三产业转移，这些因素都会造成生态环境的破坏，对生态系统支持服务价值产生负面影响。水土治理显著为负，即水土治理的提升反而引起了生态系统支持服务价值的降低。这是因为虽然每年的水土流失治理面积逐年增加，对生态系统支持服务价值的提升有一定的帮助，但往年的水土流失治理面积都小于水土流失面积，更多的水土流失治理面积同时也表明了更多的水土流失面积，导致生态系统支持服务价值降低。生物多样性显著且为正值，这是因为生物多样性越高，其提供的价值就会越高。

（2）稳健性检验。本书通过逐步回归检验进行稳健性检验，依次增加控制变量经济发展水平 LNG、城镇化率 LNCZ 以及水土保持 ST，通过变换控制变量组合构造不同的外部状况，保证结果的稳健性，结果见表 5－61。

表 5－61　稳健性检验

名称	模型Ⅰ	模型Ⅱ	模型Ⅲ	模型Ⅳ
SF	5203.194*** (3.21)	6071.838*** (3.77)	4255.149*** (2.64)	2894.041*** (2.88)
*SF*2	－3251.993*** (－3.18)	－3587.511*** (－3.50)	－2658.550** (－2.62)	－1973.341** (－2.04)
LNG	509.392*** (3.18)		1988.729*** (4.96)	1738.629*** (4.55)
LNCZ		－1058.555 (1.36)	－7714.039*** (－4.01)	－5146.737*** (－2.76)
ST				－10266.200*** (－6.73)
常数项	－1135.071 (－0.80)	－736.974 (－0.25)	15460.920*** (3.54)	9633.647** (2.27)
R^2	0.796	0.800	0.808	0.827

注：括号上的值为统计值，括号内的值为 P 值，*、** 和 *** 分别表示在 10%、5% 和 1% 的显著性水平上显著。

表 5－61 结果显示，以上模型拟合情况较好，拟合优度均在 0.8 左右。在这些模型中，解释变量及控制变量的系数由于模型不同导致各自系数存在一定变化，但正负性保持不变且基本保持显著，说明模型表现良好，基本回归结果具有稳健性。

5.3.1.3　门槛效应分析

经过上文的分析，我们能够得知资源税费对生态系统支持服务价值存在非线性影响。接下来，以资源税费宏观负担为门槛变量进行门槛效应检验并回归，测算出相应的门限阈值并以此划分门槛区间。探究不同门槛区间内资源税费对生态系统支持服务价值的影响。

（1）门槛效应检验。资源税费模型“门槛效应”检验结果见表 5－62。

表 5－62　　资源税费模型“门槛效应”检验结果

门槛类型	F 值	P 值	1% 置信水平	5% 置信水平	10% 置信水平
单一门槛	6.234	0.117	17.389	9.739	6.724
双重门槛	3.679	0.380	17.064	11.851	7.837
三重门槛	4.333	0.330	17.603	10.849	8.884

从检验结果来看，资源税模型门槛效应检验结果 F 值为 6.234，不显著。因此，从整体来看资源税费模型不存在明显的门槛效应与门槛区间。

（2）门限回归结果分析。为了探究不同门槛区间下资源税费对生态系统支持服务价值的具体影响，需要对门限回归结果进行分析，由于资源税费模型门槛效应不显著，本节将不进行门槛回归的研究。

5.3.2　不同资源税费视角

5.3.2.1　实证设计

（1）模型与变量选择。本节将从不同资源税费视角出发，具体分析每一个资源税费对生态系统支持服务价值的影响程度。解释变量分别为资源税宏观税负、矿业权价款宏观负担以及矿业权使用费宏观负担，被解释变量为生态系统支持服务价值，分别构建矿业权价款、资源税和矿业权使用费面板数据模型，经过三个模型的实证分析与对比后，进而判断资源税费与生态系统支持服务价值之间的影响关系。

本节不同资源税费视角下的控制变量将与整体视角下选取的控制变量一致，继续采用经济发展水平、城镇化率、水土治理和生物多样性作为控制变量。稳定控制变量不变，强化实证结果的说服力。

面板数据模型的一般形式为：

$$F_{nx} = \alpha + \sum_{n=1}^{m} \beta_n P_{nx} + \sum_{l=1}^{n} \gamma_l R_{lx} + \varepsilon_{nx} \tag{5-21}$$

其中，F_{nx} 表示第 n 个省份、第 x 时期的生态系统支持服务价值，α 为方程截距项，P_{nx} 为解释变量，β_n 是解释变量相关系数，R_{lx} 为控制变量，γ_l 是控制变量相关系数，ε_{nx} 为误差项。根据本节选取的各类变量，式（5－19）可改写为：

资源税模型：

$$z_{nx} = \alpha + \beta_1 zys_{nx} + \beta_2 zys2_{nx} + \gamma_1 \ln g_{lx} + \gamma_2 \ln cz_{lx} + \gamma_3 st_{lx} + \gamma_5 bh_{lx} + \varepsilon_{nx} \tag{5-22}$$

矿业权使用费模型：

$$z_{nx} = \alpha + \beta_1 syf_{nx} + \beta_2 syf2_{nx} + \gamma_1 \ln g_{lx} + \gamma_2 \ln cz_{lx} + \gamma_3 st_{lx} + \gamma_5 bh_{lx} + \varepsilon_{nx} \tag{5-23}$$

矿业权价款模型：

$$z_{nx} - \alpha + \beta_1 jk_{nx} + \beta_2 jk2_{nx} + \gamma_1 \ln g_{lx} + \gamma_2 \ln cz_{lx} + \gamma_3 st_{lx} + \gamma_5 bh_{lx} + \varepsilon_{nx} \tag{5-24}$$

在以上模型中，z 代表生态系统支持服务价值，zys、syf、jk 分别表示资源税宏观税负、矿业权使用费宏观负担、矿业权价款宏观负担，$zys2$、$syf2$、$jk2$ 分别对应其二次项，$\ln g$、$\ln cz$、st 与 bh 为控制变量，各变量名称及其含义见表 5－63。

表 5－63　各变量名称及其含义

变量	变量名称（各省）	定义（各省）
z	生态系统支持服务价值	生态系统支持服务价值
zys	资源税宏观税负	资源税税收收入/国内生产总值 ×100
$zys2$	资源税宏观税负二次项	（资源税税收收入/国内生产总值 ×100）^{2}
syf	矿业权使用费宏观负担	矿业权使用费收入/国内生产总值 ×100
$syf2$	矿业权使用费宏观负担二次项	（矿业权使用费收入/国内生产总值 ×100）^{2}

续表

变量	变量名称（各省）	定义（各省）
jk	矿业权价款宏观负担	矿业权价款收入/国内生产总值×100
*jk*2	矿业权价款宏观负担二次项	(矿业权价款收入/国内生产总值×100)^2
ln*g*	经济发展水平	ln（国内生产总值）
ln*cz*	城镇化率	ln（城镇人口/总人口×100）
st	水土治理	水土流失治理新增面积
bh	生物多样性	自然保护区面积

注：为了便于变量准确书写，本节变量主要采用中文名称首字母小写的缩写方式命名，如生态系统支持服务价值 *z*、资源税费宏观负担 *sf*、水土治理 *st* 等。另外，为了消除数据可能存在的异方差，对经济发展水平和城镇化率进行了对数处理，在命名时名字前面增加了 ln 以作区别。数据来源与整体视角相同。

（2）描述性统计、平稳性检验与协整性检验。第一，描述性统计。资源税、矿业权使用费、矿业权价款整体宏观负担标准差分别为 0.211、0.003、0.097，最大值与最小值均相差较大，具体描述性统计结果见表 5－64。

表 5－64　　描述性统计

变量	平均数	中位数	最大值	最小值	标准差
z	4323.416	3170.221	25623.020	41.550	4076.993
zys	0.169	0.096	1.756	0.002	0.211
*zys*2	0.073	0.009	3.084	0.000	0.228
syf	0.001	0.001	0.031	0.000	0.003
*syf*2	0.000	0.000	0.001	0.000	0.0001
jk	0.049	0.020	1.054	0.000	0.097
*jk*2	0.012	0.001	1.111	0.000	0.076
ln*g*	9.170	9.328	11.404	5.967	1.045
ln*cz*	3.891	3.895	4.460	3.248	0.251
st	0.160	0.120	0.774	0.010	0.153
bh	369.289	111.900	2182.200	9.000	568.618

第二，平稳性检验。采用 ADF 检验方法与 PP 检验方法进行单位根检验以判断数据的平稳性，检验结果见表 5－65。

表 5-65 单位根检验

变量	水平值（含趋势项）		水平值（含漂移项）	
	Fisher - ADF	Fisher - PP	Fisher - ADF	Fisher - PP
z	34.3098 (0.9944)	32.5230 (0.9973)	96.5700** (0.0011)	96.5700** (0.0011)
zys	61.9612 (0.3368)	38.1157 (0.9798)	81.2236** (0.0238)	63.3275 (0.2940)
*zys*2	64.6805 (0.2548)	42.2876 (0.9398)	81.0968** (0.0243)	63.8013 (0.2799)
syf	269.6000*** (0.0000)	243.7080*** (0.0000)	229.5670*** (0.0000)	136.5120*** (0.0000)
*syf*2	285.2180*** (0.0000)	206.2560*** (0.0000)	274.9470*** (0.0000)	154.6260*** (0.0000)
jk	171.9540*** (0.0000)	206.6430*** (0.0000)	173.8100*** (0.0000)	163.4220*** (0.0000)
*jk*2	236.2800*** (0.0000)	236.2800*** (0.0000)	197.9790*** (0.0000)	189.4600*** (0.0000)
st	70.4653 (0.1262)	105.2400*** (0.0001)	80.3940** (0.0275)	108.2990*** (0.0001)
bh	137.5160*** (0.0000)	130.8630*** (0.0000)	145.8880*** (0.0000)	155.4240*** (0.0000)
ln*g*	2.9761 (1.0000)	17.7498 (1.0000)	209.1500*** (0.0000)	296.0780*** (0.0000)
ln*cz*	51.9419 (0.6988)	64.7577 (0.2527)	85.1619** (0.0116)	142.7800*** (0.0000)

注：括号上的值为统计值，括号内的值为 P 值，*、** 和 *** 分别表示在 10%、5% 和 1% 的显著性水平上显著。

依据表 5-65 中单位根检验结果，变量 *z*、*zys*、*zys*2、ln*g* 和 ln*cz* 未能在水平之下通过含趋势项的 Fisher-ADF 检验和 Fisher-PP 检验，所以进一步进行含漂移项条件的 Fisher-ADF 检验和 Fisher-PP 检验，可以看出，模型中各变量呈平稳状况，可继续进行协整性检验。

第三，协整性检验。回归分析之前仍需要对模型进行协整性检验，以判断变量之间是否存在协整关系。检验结果见表 5-66、表 5-67 和表 5-68。

表 5－66　　资源税模型 Pedroni 协整性检验

资源税模型	统计量	P 值
ADF	－12.1919	0.0000

表 5－67　　矿业权使用费模型 Pedroni 协整性检验

使用费模型	统计量	P 值
ADF	－13.8252	0.0000

表 5－68　　矿业权价款模型 Pedroni 协整性检验

价款模型	统计量	P 值
ADF	－11.2312	0.0000

由表 5－66～表 5－68 中 Pedroni 协整性检验结果可知，变量间存在协整性关系，模型设立合理，可进一步进行回归分析。

（3）F 检验与 Hausman 检验。首先，通过 F 检验判断采用混合效应模型还是个体效应模型，进一步通过 Hausman 检验确定模型采用随机效应还是固定效应。结果见表 5－69、表 5－70 和表 5－71。

表 5－69　　资源税模型 F 检验与 Hausman 检验

F 检验		Hausman 检验	
统计量	P 值	统计量	P 值
24.50	0.0000	149.32	0.0000

表 5－70　　矿业权使用费模型 F 检验与 Hausman 检验

F 检验		Hausman 检验	
统计量	P 值	统计量	P 值
23.95	0.0000	54.94	0.0000

表 5－71　　矿业权价款模型 F 检验与 Hausman 检验

F 检验		Hausman 检验	
统计量	P 值	统计量	P 值
24.34	0.0000	76.52	0.0000

根据 F 检验结果，上述三个模型均拒绝混合效应模型的原假设，适用个体效应模型；根据 Hausman 检验结果，模型均拒绝采用随机效用模型，因此

本书将选用个体固定模型进行面板数据分析。

5.3.2.2 实证结果分析

本节分别实证分析资源税、矿业权使用费与矿业权价款对生态系统支持服务价值的影响。

（1）基本回归分析。资源税对生态系统支持服务价值的影响。采用面板数据模型，解释变量为资源税宏观税负，被解释变量为生态系统支持服务价值，引入资源税宏观税负二次项，同时采用经济发展水平 lng、城镇化率 lncz、水土治理 *st*、生物多样性 *bh* 作为控制变量进行回归分析。实证结果见表 5－72。

表 5－72　资源税模型基本回归结果

名称	相关系数	T 统计值	P 统计值	R^2
zys	3070.229**	2.69	0.092	0.829
*zys*2	－1933.163**	－2.21	0.108	
lng	1637.735***	4.19	0.000	
ln*cz*	－5053.962***	－2.72	0.007	
st	－10380.710**	－6.86	0.000	
bh	4.838*	2.47	0.014	
常数项	8472.269*	1.94	0.053	

注：*、** 和 *** 分别表示在 10%、5% 和 1% 的显著性水平上显著。

解释变量及其二次项相关系数显著，资源税税负系数为正，二次项系数为负。资源税税负对生态系统支持服务价值的影响表现为倒“U”型关系，即随着资源税税负的增加，其对生态系统支持服务价值的作用为先提升后抑制。将式（5－20）两边同时对自变量资源税税负 *zys* 求导得：

$$\frac{d(z)}{d(zys)} = \beta_1 + 2 \times \beta_2 \times zys$$

当 $\frac{d(z)}{d(zys)}$ 为 0 时，可以得到生态系统支持服务价值 *z* 的极大值，此时资源税税负 zys^* 为：

$$zys^* = \frac{-\beta_1}{2 \times \beta_2}$$

通过表 5－18 可以得到 $\beta_1 = 3070.229$、$\beta_2 = -1933.163$，代入后得到

$zys^* \approx 0.79\%$，即为最优资源税税负。我国目前资源税税负在0.16%左右，处在倒“U”型曲线的左半部分，即生态系统支持服务价值随着资源税宏观税负的提升而提升。随着资源税宏观税负的提升，对于政府而言，可以提高政府财政收入，用于后续生态环境治理与改善；对于企业而言，资源税宏观税负的提高可以促进开采企业不断进行技术升级、提高开采效率、降低开采过程中对于生态环境的破坏。由于税负的增加会使企业提高矿产品的价格，对于消费者而言，将会产生税收替代效应，即消费者会选择税负更低、对于生态系统支持服务价值破坏更小的清洁能源，从而减少矿产资源开采，减少生态破坏，提升环境质量。因此，随着资源税宏观税负的提升，生态系统支持服务价值也将提升。但是，目前我国的经济发展始终离不开矿产资源的开采与消费，随着资源税宏观税负的持续增长，矿山企业的生产成本将会大幅提升，为了维持经营的利润，一方面，企业将降低自身所承担的环境修复支出以及技术研发支出，抑制企业的技术升级以及环境修复；另一方面，成本提升必然导致利润降低，为了维持正常利润，企业将会加大矿产资源的开采力度，生态系统将遭到更严重的破坏，从而导致严重的生态系统支持服务价值下降。因此，我国应当不断优化资源税，合理调控资源税宏观税负水平，将资源税对生态系统支持服务价值的影响向最优点转化，以此提升生态系统支持服务价值。

基于控制变量的影响分析，经济发展水平显著与生态系统支持服务价值呈正相关关系，即经济发展水平的提升会导致生态系统支持服务价值的提升。我国近年来经济逐渐转变为高质量发展，强调经济发展的可持续性，不断推动产业升级，逐渐将高能耗、高污染的行业进行改革和创新，使产业向着优质、绿色、低耗的方向发展，促进我国生态系统支持服务价值的提升。城镇化率显著且与生态系统支持服务价值呈负相关关系，即城镇化率的提升会导致生态系统支持服务价值的降低。随着城镇化率的不断提高，城镇规模与资源消耗将不断提升，周边的土地资源会不断遭到破坏，物质能源需求增大加剧了矿产资源开采，从而不利于生态系统支持服务价值的提升。生物多样性显著，二者呈正相关。水土治理显著且与生态系统支持服务价值呈负相关关系，即水土治理的提升会导致生态系统支持服务价值的降低。尽管水土治理面积不断增加，但是我国水土流失面积的扩张速度高于治理面积的扩张速度，这就造成了随着水土治理面积的增加，生态系统支持服务价值反而降低的现象。

矿业权使用费对生态系统支持服务价值的影响。采用面板数据模型，解释变量为矿业权使用费宏观负担，被解释变量为生态系统支持服务价值，引入矿业权使用费宏观负担二次项，同时采用经济发展水平 ln*g*、城镇化率 ln*cz*、水土治理 *st*、生物多样性 *bh* 作为控制变量进行回归分析。实证结果见表 5 - 73。

表 5 - 73　　　　矿业权使用费模型基本回归结果

名称	相关系数	T 统计值	P 统计值	R^2
syf	246159.300**	2.46	0.014	0.830
*syf*2	-9003606.000**	-2.30	0.022	
ln*g*	1824.059***	4.92	0.000	
ln*cz*	-4629.144**	-2.48	0.014	
st	-10309.910***	-6.84	0.000	
bh	4.461**	2.29	0.023	
常数项	5343.976	1.19	0.233	

注：** 和 *** 分别表示在 5% 和 1% 的显著性水平上显著。

解释变量及其二次项相关系数显著，矿业权使用费宏观负担系数为正，二次项系数为负。矿业权使用费宏观负担对于生态系统支持服务价值的影响表现为倒“U”型关系，即随着矿业权使用费宏观负担的增加，其对生态系统支持服务价值的作用先促进后抑制。将式（5 - 22）两边同时对自变量矿业权使用费宏观负担 *syf* 求导得：

$$\frac{d(z)}{d(syf)} = \beta_1 + 2 \times \beta_2 \times syf$$

当 $\frac{d(z)}{d(syf)}$ 为 0 时，可以得到生态系统支持服务价值 *z* 的极大值，此时矿业权使用费宏观负担 syf^* 为：

$$syf^* = \frac{-\beta_1}{2 \times \beta_2}$$

通过表 5 - 19 可以得到 $\beta_1 = 246159.3$、$\beta_2 = -9003606$，代入后得到 $syf^* \approx 0.014\%$，即为最优矿业权使用费宏观负担。我国目前矿业权使用费宏观负担在 0.0003% 左右，处在倒“U”型曲线的左半部分，即生态系统支持服务价值随着矿业权使用费宏观负担的提升而提升。我国政府自 2010 年起就从矿业权使用费收入中设立相应资金用于强化矿产资源高效开采和利用。随着矿业权使用费宏观负担的提升，对于政府而言，可以提高政府财政收入，用于后续生态环境治理与改善；对于企业而言，矿业权使用费是矿产开采企业在占有矿业权时所支付的费用，随着矿业权使用费宏观负担的增加，企业为了减少占用时间，将进行技术升级，提升开采效率，提前进入矿山生态环境修复阶段，从而有利于生态系统支持服务价值的提升。因此，我国应当不断优化矿业权使用费，合理调控矿业权使用费宏观负担水平，以提升生态系统支持服务价值。

矿业权价款对生态系统支持服务价值的影响。采用面板数据模型，解释变量为矿业权价款宏观负担，被解释变量为生态系统支持服务价值，引入矿业权价款宏观负担二次项，同时采用经济发展水平 ln*g*、城镇化率 ln*cz*、水土治理 *st*、生物多样性 *bh* 作为控制变量进行回归分析。实证结果见表 5－74。

表 5－74　矿业权价款基本回归结果

名称	相关系数	T 统计值	P 统计值	R^2
jk	3973.530 **	2.76	0.079	0.829
*jk*2	－5259.206 **	－2.00	0.047	
ln*g*	1867.618 ***	5.02	0.000	
ln*cz*	－4976.513 ***	－2.68	0.008	
st	－10470.310 **	－6.94	0.000	
bh	4.244 **	2.14	0.033	
常数项	6542.115	1.47	0.142	

注：** 和 *** 分别表示在 5% 和 1% 的显著性水平上显著。

解释变量及其二次项相关系数显著，矿业权价款宏观负担系数为正，二次项系数为负。矿业权价款宏观负担对于生态系统支持服务价值的影响表现为倒“U”型关系，即随着矿业权价款宏观负担的增加，其对生态系统支持服务价值的作用为先提升后抑制。将式（5－22）两边同时对自变量矿业权价款宏观负担 *jk* 求导得：

$$\frac{d(z)}{d(jk)} = \beta_1 + 2 \times \beta_2 \times jk$$

当 $\frac{d(z)}{d(jk)}$ 为0时，可以得到生态系统支持服务价值 z 的极大值，此时矿业权价款宏观负担 jk^* 为：

$$jk^* = \frac{-\beta_1}{2 \times \beta_2}$$

通过表5－20可以得到 $\beta_1 = 3973.530$、$\beta_2 = -5259.206$，代入后得到 $jk^* \approx 0.38\%$，即为最优矿业权价款宏观负担。我国目前矿业权价款宏观负担在0.014%左右，处在倒“U”型曲线的左半部分，即生态系统支持服务价值随着矿业权价款宏观负担的提升而提升。早在2010年财政部就提出将矿产资源收入用于矿山治理、资源高效利用等方面，矿业权价款就为此收入的主要部分之一。随着矿业权价款宏观负担的提升，可以提升政府的财政收入，用于后续的矿山环境专项治理支出；矿业权价款是政府勘查资源所需的权益，也就是说它是对资本和劳动投入所创造的价值的补偿。国家收到的矿业权价款可以用于提升矿产资源勘探技术，在勘探阶段造成更少的环境破坏，同时也可以提升勘探效率，间接降低企业的勘探成本，从而有利于生态系统支持服务价值的提升。因此，我国应当不断优化矿业权价款，合理调控矿业权价款宏观负担水平，以提升生态系统支持服务价值。

（2）稳健性检验。本书通过逐步回归检验进行稳健性检验，依次增加控制变量经济发展水平 lng、城镇化率 lncz 以及水土治理 *st*，通过变换控制变量组合构造不同的外部状况，保证结果的稳健性。

①资源税对生态系统支持服务价值的影响。通过改变不同控制变量，考察资源税对生态系统支持服务价值影响的结果，从而判断其稳健性。稳健性检验结果见表5－75。

表5－75　稳健性检验

名称	模型Ⅰ	模型Ⅱ	模型Ⅲ	模型Ⅳ
zys	4667.452** (2.40)	6753.080*** (3.62)	3945.209** (2.06)	2688.268** (2.48)
*zys*2	−2977.998** (−2.32)	−4022.162*** (−3.21)	−2429.289** (−1.98)	−1757.026** (2.46)
ln*g*	389.485** (2.10)		1956.144*** (4.75)	1706.519*** (4.35)

续表

名称	模型Ⅰ	模型Ⅱ	模型Ⅲ	模型Ⅳ
lncz		54.251 (0.06)	−8128.815*** (−4.24)	−5399.350*** (−2.90)
st				−10378.210*** (−6.81)
常数项	180.739 (0.11)	3264.925 (1.00)	17528.620*** (4.00)	11023.460*** (2.59)
R^2	0.7977	0.7955	0.8063	0.8264

注：括号上的值为统计值，括号内的值为 P 值，*、** 和 *** 分别表示在 10%、5% 和 1% 的显著性水平上显著。

结果显示，以上模型拟合情况较好，拟合优度均在 0.8 左右。在这些模型中，解释变量资源税税负由于模型不同导致各自系数值存在一定变化，但正负性保持不变且保持显著，说明基本回归结果具有稳健性。

②矿业权使用费对生态系统支持服务价值的影响。通过改变不同的控制变量，考察矿产权使用费对生态系统支持服务价值影响的结果，从而判断其模型的稳健性。稳健性检验结果见表 5－76。

表 5－76　　稳健性检验

名称	模型Ⅰ	模型Ⅱ	模型Ⅲ	模型Ⅳ
syf	328206.300*** (3.00)	383262.300*** (3.63)	312634.000*** (2.96)	252439.900** (2.51)
syf2	−10900000.000** (−2.55)	−12700000.000*** (−3.04)	−10800000.000*** (−2.62)	−8965269.000** (−2.28)
ln*g*		812.849** (5.05)	2185.315*** (5.61)	1860.299*** (4.99)
lncz	2457.376*** (3.01)		−7465.555*** (−3.86)	−4894.343*** (−2.61)
st				−10258.760*** (−6.78)
常数项	−5611.567* (−1.74)	−3565.911** (−2.34)	12984.250*** (2.86)	7673.540* (1.75)

注：括号上的值为统计值，括号内的值为 P 值，*、** 和 *** 分别表示在 10%、5% 和 1% 的显著性水平上显著。

解释变量矿业权使用费负担系数符号没有变，而且均显著，说明基本回归结果具有稳健性。

③矿业权价款对生态系统支持服务价值的影响。通过改变不同的控制变量，考察矿业权价款对生态系统支持服务价值影响的结果，从而判断其模型的稳健性。稳健性检验结果见表5－77。

表5－77 稳健性检验

名称	模型Ⅰ	模型Ⅱ	模型Ⅲ	模型Ⅳ
jk	6306.303*** (2.61)	4592.536** (2.05)	5044.072** (2.11)	3935.501** (2.74)
*jk*2	－7932.717*** (－2.81)	－6133.735** (－2.12)	－6694.894** (－2.41)	－5702.009** (－2.16)
ln*g*	765.914*** (4.69)		2250.847*** (5.76)	1905.843*** (5.11)
ln*cz*		2090.097** (2.55)	－8005.162*** (－4.17)	－5279.416*** (－2.84)
st				－10448.930*** (－6.90)
常数项	－2914.383* (－1.90)	－3961.882 (－1.23)	14666.810*** (3.27)	8941.205** (2.07)
R^2	0.7987	0.7911	0.8070	0.8275

注：括号上的值为统计值，括号内的值为P值，*、** 和 *** 分别表示在10%、5%和1%的显著性水平上显著。

结果显示，改变不同的控制变量，矿业权价款负担系数正负号没有变化，而且均显著，说明基本回归结果具有稳健性。

5.3.2.3 门槛效应分析

通过上述实证分析可知，资源税、矿业权使用费、矿业权价款对生态系统支持服务价值均存在非线性影响。接下来，以不同资源税费的宏观负担为门槛变量进行门槛效应检验并回归，测算出相应的门限阈值并以此划分门槛区间，探究不同门槛区间内不同资源税费对生态系统支持服务价值的影响。

（1）门槛效应检验。资源税门槛效应。资源税“单门槛”模型“门槛效应”检验结果以及门槛估计区间见表5－78和表5－79。

表 5-78　　资源税“单门槛”模型“门槛效应”检验结果

门槛类型	F 值	P 值	1% 置信水平	5% 置信水平	10% 置信水平
单一门槛	13.967 **	0.050	23.334	13.870	11.707
双重门槛	5.473	0.120	12.147	8.917	6.374
三重门槛	3.493	0.237	14.750	10.215	6.941

注：** 表示在 5% 的显著性水平上显著。

表 5-79　　资源税“单门槛”模型门槛值与置信区间

门槛类型	门槛值	95% 置信区间
单一门槛	0.503	[0.084，0.545]

从检验结果来看，资源税属于“单门槛”模型，门槛值为 0.503，门槛区间分为 $zys \leq 0.503$ 与 $zys > 0.503$ 两部分。故代入变量后资源税“单门槛”模型可写为：

$$z_{it} = \alpha + \beta_1 zys_{it} I(zys_{it} \leq \delta) + \beta_2 zys_{it} I(zys_{it} > \delta) + \gamma_1 \ln g_{jt} + \gamma_2 \ln cz_{jt} + \gamma_3 st_{jt} + \gamma_4 bh_{jt} + \varepsilon_{it} \quad (5-25)$$

其中，$I(*)$ 为指示函数，δ 为门槛值 0.503，即当指示函数内的表达式成立时，$I(*)=1$，否则为 0，β_1 与 β_2 表示在不同门槛区间内，资源税对生态系统支持服务价值影响的斜率。其余变量已于本章 5.2 节给出解释，故在此不再赘述，后续模型同理。

矿业权使用费门槛效应。矿业权使用费“单门槛”模型“门槛效应”检验结果以及门槛估计区间见表 5-80 和表 5-81。

表 5-80　　矿业权使用费“单门槛”模型“门槛效应”检验结果

门槛类型	F 值	P 值	1% 置信水平	5% 置信水平	10% 置信水平
单一门槛	13.880 **	0.040	17.248	12.269	10.096
双重门槛	5.162	0.623	27.244	20.994	16.932
三重门槛	1.664	0.207	6.710	3.397	2.699

注：** 表示在 5% 的显著性水平上显著。

表 5-81　　矿业权使用费“单门槛”模型门槛值与置信区间

门槛类型	门槛值	95% 置信区间
单一门槛	0.004	[0.003，0.004]

从检验结果来看，矿业权使用费模型属于“单门槛”模型，门槛值为

0.004，门槛区间分为 $syf \leqslant 0.004$ 与 $syf > 0.004$ 两部分。故代入变量后矿业权使用费“单门槛”模型可写为：

$$z_{it} = \alpha + \beta_1 syf_{it} I(syf_{it} \leqslant \delta) + \beta_2 syf_{it} I(syf > \delta) + \gamma_1 \ln g_{jt} + \gamma_2 \ln cz_{jt} + \gamma_3 st_{jt} + \gamma_4 bh_{jt} + \varepsilon_{it} \tag{5-26}$$

其中，I（$*$）为指示函数，δ 为门槛值 0.004，即当指示函数内的表达式成立时，I（$*$）$=1$，否则为 0，β_1 与 β_2 表示在不同门槛区间内，矿业权使用费对生态系统支持服务价值影响的斜率。

矿业权价款门槛效应。矿业权价款“单门槛”模型“门槛效应”检验结果以及门槛估计区间见表 5-82 和表 5-83。

表 5-82　　矿业权价款“单门槛”模型“门槛效应”检验结果

门槛类型	F 值	P 值	1% 置信水平	5% 置信水平	10% 置信水平
单一门槛	7.171	0.010	6.878	4.514	3.104
双重门槛	4.712	0.123	10.517	7.328	5.216
三重门槛	1.520	0.690	11.541	8.199	6.378

表 5-83　　矿业权价款“单门槛”模型门槛值与置信区间

门槛类型	门槛值	95% 置信区间
单一门槛	0.017	[0.004, 0.065]

从检验结果来看，矿业权价款模型属于“单门槛”模型，门槛值为 0.017，门槛区间分为 $jk \leqslant 0.017$ 与 $jk > 0.017$ 两部分。故代入变量后矿业权价款“单门槛”模型可写为：

$$z_{it} = \alpha + \beta_1 jk_{it} I(jk_{it} \leqslant \delta) + \beta_2 jk_{it} I(jk_{it} > \delta) + \gamma_1 \ln g_{jt} + \gamma_2 \ln cz_{jt} + \gamma_3 st_{jt} + \gamma_4 bh_{jt} + \varepsilon_{it} \tag{5-27}$$

其中，I（$*$）为指示函数，δ 为门槛值 0.017，当指示函数内的表达式成立时，I（$*$）$=1$，否则为 0，β_1、β_2 表示在不同门槛区间内，矿业权价款对生态系统支持服务价值影响的斜率。

（2）门限回归结果分析。对资源税、矿业权使用费、矿业权价款三个门槛模型进行门槛回归后，下面进行门限回归结果分析，有助于更加深入地了解各个门槛区间下资源税费对生态系统支持服务价值的具体影响。

①资源税“单门槛”模型。资源税“单门槛”模型“门限回归”实证

结果见表 5－84。

表 5－84　　资源税“单门槛”模型“门限回归”实证结果

名称	模型Ⅰ	模型Ⅱ	模型Ⅲ	模型Ⅳ
bh	5.019 ** (2.41)	5.098 ** (2.46)	4.502 ** (2.21)	4.584 (2.37)
ln*g*		337.008 * (1.91)	1819.717 *** (4.57)	1554.607 *** (4.10)
ln*cz*			－7784.244 *** (－4.14)	－5054.642 *** (－2.77)
st				－10173.730 *** (－6.81)
*zys*1	8512.236 *** (5.59)	6965.908 *** (4.05)	6626.428 *** (3.92)	5565.400 *** (3.46)
*zys*2	2737.695 *** (3.90)	1948.233 ** (2.40)	1896.946 ** (2.38)	1431.812 * (1.89)
常数项	1340.459 * (1.66)	－1558.097 (－0.91)	15398.800 *** (3.48)	8955.962 ** (2.08)
R^2	0.4965	0.5238	0.5541	0.2838

注：括号上的值为统计值，括号内的值为 P 值，* 、** 和 *** 分别表示在 10%、5% 和 1% 的显著性水平上显著。

根据资源税“单门槛”模型回归结果可以看出，在不同门槛区间内资源税对于生态系统支持服务价值的影响是有差异的。在门槛区间 $zys \leqslant 0.503$ 内，资源税宏观税负对生态系统支持服务价值的影响显著且系数为 5565.4，在门槛区间 $zys > 0.503$ 内，资源税宏观税负对生态系统支持服务价值的影响显著但系数缩小为 1431.812。随着资源税宏观税负的提升，资源税宏观税负对于生态系统支持服务价值的影响为正且呈现明显的非线性特征，出现这一现象的原因可能是随着税负的不断提升，企业的成本也随之提升，用于技术升级以及生态治理的支出相应减少，因此对于生态系统支持服务价值的提升作用有所下降。由此不难看出，当资源税税负处于左侧门槛区间时，其对生态系统支持服务价值的正向促进作用更大。因此，为了尽可能提高资源税对生态系统支持服务价值的正向作用，需要不断优化资源税，合理设置资源税宏观税负。

②矿业权使用费“单门槛”模型。矿业权使用费“单门槛”模型“门限

回归”实证结果见表 5 - 85。

表 5 - 85　　矿业权使用费“单门槛”模型“门限回归”实证结果

名称	模型Ⅰ	模型Ⅱ	模型Ⅲ	模型Ⅳ
bh	4.421** (2.08)	5.871*** (2.83)	5.346*** (2.61)	5.310*** (2.73)
ln*g*		919.614*** (5.71)	2169.468*** (5.67)	1854.653*** (5.04)
ln*cz*			-6857.677*** (-3.60)	-4495.721 (-2.43)
st				-9786.320*** (-6.51)
*syf*1	637376.300*** (3.45)	726790.400*** (4.78)	697560.900*** (4.51)	548705.500*** (3.68)
*syf*2	60209.760 (1.32)	126323.000*** (2.75)	101566.300** (2.21)	75295.060* (1.72)
常数项	2261.634*** (2.84)	-6902.895*** (-3.91)	8569.675* (1.86)	3972.776 (0.89)
R^2	0.5536	0.6001	0.6036	0.3230

注：括号上的值为统计值，括号内的值为 P 值，*、** 和 *** 分别表示在 10%、5% 和 1% 的显著性水平上显著。

根据矿业权使用费“单门槛”模型回归结果可以看出，在不同门槛区间内矿业权使用费对于生态系统支持服务价值的影响是有差异的。在门槛区间 $syf \leq 0.004$ 内，矿业权使用费宏观负担对生态系统支持服务价值的影响显著且系数为 548705.5，在门槛区间 $syf > 0.004$ 内，矿业权使用费宏观负担对生态系统支持服务价值的影响显著但系数缩小为 75295.06。相关系数在不同的门槛区间有所区别。随着矿业权使用费宏观负担的提升，矿业权使用费宏观负担对于生态系统支持服务价值的影响为正且呈现明显的非线性特征。但是随着矿业权使用费宏观负担的提升，企业的成本上升导致降低了相应的生态修复和生态保护支出。从而使其对生态系统支持服务价值的促进作用减少。因此，为了尽可能提高矿业权使用费对生态系统支持服务价值的正向作用，需要不断优化矿业权使用费，推动技术升级与转型，合理设置矿业权使用费宏观负担。

③矿业权价款“单门槛”模型。矿业权价款“单门槛”模型“门限回

归”实证结果见表 5－86。

表 5－86　　矿业权价款“单门槛”模型“门限回归”实证结果

名称	模型Ⅰ	模型Ⅱ	模型Ⅲ	模型Ⅳ
bh	4.729 ** (2.18)	5.559 *** (2.61)	4.800 ** (2.29)	4.821 ** (2.44)
ln*g*		674.184 *** (4.36)	2178.230 *** (5.60)	1833.817 *** (4.95)
ln*cz*			－8013.725 *** (－4.20)	－5184.050 *** (－2.81)
st				－10574.950 *** (－7.05)
*jk*1	53351.600 ** (－2.29)	58411.280 ** (－2.56)	56200.040 ** (－2.51)	54211.980 ** (－2.57)
*jk*2	829.923 (－0.73)	2.403 (－0.00)	352.180 (－0.32)	672.594 (－0.64)
常数项	2767.098 *** (3.40)	－3745.240 ** (－2.21)	13937.050 *** (3.08)	7780.708 * (1.78)
R^2	0.4908	0.5176	0.5217	0.2129

注：括号上的值为统计值，括号内的值为 P 值，*、** 和 *** 分别表示在 10%、5% 和 1% 的显著性水平上显著。

根据矿业权价款“单门槛”模型回归结果可以看出，在不同门槛区间内矿业权价款对于生态系统支持服务价值的影响是有差异的。在门槛区间 $jk \leq 0.017$ 内，矿业权价款宏观负担对生态系统支持服务价值的影响显著且系数为 54211.98，在门槛区间 $jk > 0.017$ 内，矿业权价款宏观负担对生态系统支持服务价值的影响显著且系数变为 672.5935。相关系数在不同的门槛区间有所区别，随着矿业权价款宏观负担的提升，矿业权价款宏观负担对于生态系统支持服务价值的影响为正且呈现明显的非线性特征。产生这一现象的原因可能是宏观负担的增加提高了企业的成本，加剧了企业的开采行为，从而提升效果有所降低。因此，为了尽可能提高矿业权价款对生态系统支持服务价值的正向作用，应当严格把控矿业权价款的宏观负担，始终控制在能够正向促进生态系统支持服务价值的位置。

本节对资源税、矿业权使用费和矿业权价款对生态系统支持服务价值的影响进行了实证分析。实证结果表明，资源税、矿业权使用费和矿业权价款对生态系统支持服务价值的影响均呈倒“U”型关系，且三者都正处于对生态系统支持服务价值具有正向影响的阶段，但均未达到最佳宏观负担点。由于资源税费对生态系统支持服务价值的影响是非线性的，不同阶段资源税费的影响方向和影响程度存在不同，本节为了进一步考察不同税费所存在的阶段性差异，继续对矿业权使用费、资源税和矿业权价款对生态系统支持服务价值的影响进行了门槛效应检验与门限回归。实证结果表明，资源税模型属于“单门槛”模型，资源税宏观税负在门槛区间 $zys \leq 0.503$ 内对生态系统支持服务价值的正向促进作用更强；矿业权使用费模型属于“单门槛”模型，矿业权使用费宏观负担在门槛区间 $syf \leq 0.004$ 内对生态系统支持服务价值的正向促进作用更强；矿业权价款模型属于“单门槛”模型，矿业权价款宏观负担在门槛区间 $jk \leq 0.017$ 内对生态系统支持服务价值的正向促进作用更强。应该依据实际情况，将资源税费宏观负担控制在正向促进区间之内。

5.3.3 本章实证小结

本章为探究资源税费对于生态系统支持服务价值的影响机制，首先从整体视角出发以资源税费整体为研究对象进行实证分析，随后再从资源税、矿业权使用费和矿业权价款三个税费的独立视角探究其对生态系统支持服务价值的影响机制，最后为探究资源税费存在的阶段性差异影响，对三种税费进行门槛效应分析。整个实证分析利用面板数据模型以及门槛效应模型，从整体视角到不同资源税费视角，全面探究资源税费对生态系统支持服务价值的影响。

第一，资源税费对于生态系统支持服务价值的影响呈现倒“U”型关系，影响程度显著，不存在门槛效应。这是由于资源税费一方面可以筹集财政收入用于生态环境保护，另一方面可以调节矿产开采企业的行为。但是，过大的资源税费负担会增加企业的经营成本，造成压缩环境治理成本、过度开采等现象。本书的资源税费是由资源税、矿业权使用费以及矿业权价款三种税费构成，其对生态系统支持服务价值的影响是这三类税费共同作用的结果，其各自具体的影响效果还需要分不同资源税费进一步分析。

第二，资源税、矿业权使用费、矿业权价款对我国生态系统支持服务价值的影响均显著且呈现倒“U”型关系，但均未到达最佳税负点。资源税、矿业权使用费和矿业权价款对生态系统支持服务价值的影响程度各不相同，具体为：资源税最优宏观税负为 0.79%，我国资源税宏观税负在 0.16% 左右；矿业权使用费最优宏观负担为 0.0014%，我国矿业权使用费宏观税负在 0.0003% 左右；矿业权价款最优宏观负担为 0.38%，我国矿业权价款宏观税负在 0.014% 左右，三者都正处于对生态系统支持服务价值具有正向影响的阶段，但均未达到最佳宏观负担点，我们应当深入考察当前的资源税费政策，合理设计税费征收制度安排，提升资源税费的宏观负担，努力将资源税费宏观负担控制在最佳位置。

第三，资源税、矿业权使用费、矿业权价款模型都存在门槛效应，且均为“单门槛”模型。资源税费对于生态系统支持服务价值存在非线性影响，不同的时间段上资源税费对生态系统支持服务的影响方向与影响程度都存在不同，本节为了进一步考察不同资源税费所存在的阶段性差异，分别对资源税、矿业权使用费和矿业权价款对生态系统支持服务价值的影响进行了门槛效应检验与门限回归，结果显示：资源税模型属于“单门槛”模型，资源税宏观税负在门槛区间 $zys \leqslant 0.503$ 内对生态支持服务价值的正向促进作用更强；矿业权使用费模型属于“单门槛”模型，矿业权使用费宏观负担在门槛区间 $syf \leqslant 0.004$ 内对生态系统支持服务价值的正向促进作用更强；矿业权价款模型属于“单门槛”模型，矿业权价款宏观负担在门槛区间 $jk \leqslant 0.017$ 内对生态系统支持服务价值的促进作用更强，应该依据实际情况，将资源税费宏观负担控制在正向促进区间之内。

第四，就控制变量而言，经济发展水平和生物多样性与生态系统支持服务价值呈正相关关系；水土治理和城镇化率与生态系统支持服务价值呈现负相关关系。经济发展水平的提升会提高生态系统支持服务价值，这与近些年我国的精细化发展以及绿色发展的政策理念相关，在保证经济发展的同时，提升环境质量，减轻生态破坏。生物多样性显著且为正，生物多样性是一个重要的衡量因素，其越充实和复杂，生态系统支持服务价值也就越高。水土治理显著且为负，主要是由于水土流失治理速度没有跟上水土流失速度，导致每年新增水土流失问题依然存在，造成生态系统支持服务价值的降低。城镇化率显著且为负，城镇化率的提升带来的资源消耗以及土地资源破坏问题也就越严重，这也就导致了生态系统支持服务价值的降低。

第 6 章　优化供给侧结构性改革的税收政策建议

第 3 章 ~ 第 5 章，分别从供给要素、微观主体不同产业结构下的企业产值或绩效、经济增长质量、经济增长稳定性以及生态环境（生态系统服务价值）、收入分配结构等方面论证了税收的作用。本章结合实证结果，分析在供给侧结构性改革背景下税收政策存在的问题，进一步提出优化税收政策的建议。

6.1　基于供给侧结构性改革视角下的税收政策存在的问题

6.1.1　与我国制造业行业相关的税收政策存在的问题

通过现状分析和实证分析，本书发现我国关于制造业行业的税收改革已取得一些成效，但还存在一些不足。

1. 我国制造业行业总体税负水平过重

基于第 3 章我国制造业企业税负整体水平现状分析可知，在我国经济行业分类中，制造业的企业税负率最高，高于我国企业平均销售收入税负率 1.2 个百分点。基于第 4 章我国整体制造业企业视角的实证分析可知，当前我国制造业企业税负对企业产值增长为抑制作用，相比于技术、资本、劳动等生产要素，公共产品要素的边际产出较小。因此，在高税负下，企业的资金减少将会减少企业在技术、劳动力方面的投入，企业发展将会受到抑制。

2. 不同类型的制造业企业税负差异不合理

基于第 3 章我国不同类型制造业企业税负率的现状分析可知，本书选取的我国制造业下属的 27 个分行业税负率平均值差异较大，不同类型的制造业企业税负差异存在不合理。C_{15}酒、饮料和精制茶制造业，C_{25}石油加工、炼焦和核燃料加工业，C_{23}印刷和记录媒介复制业，C_{27}医药制造业，C_{30}非金属矿物制品业，C_{40}仪器仪表制造业和 C_{18}纺织服装、服饰业共 7 个制造业下属行业的企业税负率高于我国 2015 年工业企业销售收入税负率。其中，C_{15}酒、饮料和精制茶制造业，C_{25}石油加工、炼焦和核燃料加工业企业税负率最高，这是由于该行业的生产制造涉及消费税导致的，这也与我国的产业政策相符。例如，C_{15}酒、饮料和精制茶制造业中上市公司均为酒业，而酒类的过多生产和消费必将对消费者的身体造成伤害，此外，基于消费税的征收目的也可知，通过征收消费税可调节消费者的不良消费偏好。

国家需要重点发展的部分制造业企业税负较高。例如，C_{27}医药制造业和 C_{40}仪器仪表制造业的企业税负率较高是不合理的。因为，在《中国制造2025》战略中，明确提出了未来 10 年重点发展的 10 个制造业领域，其中就包括生物医药及高性能医疗器械、电力装备、高档数控机床和机器人等领域，而 C_{27}医药制造业和 C_{40}仪器仪表制造业均属于这些未来应重点发展的领域，理应在财税政策上给予支持，发挥税收杠杆作用，鼓励该行业的发展。但是，从现状来看，C_{27}医药制造业和 C_{40}仪器仪表制造业享受的税收支持力度不强，企业税负率较高。

3. 非高耗能制造业企业税收优惠政策的杠杆作用不明显

我国关于节能的税收政策主要集中在企业所得税、消费税、增值税、资源税、车船税、车辆购置税。在企业所得税中，对于从事符合条件的环境保护、节能节水等项目的企业，自项目取得第一笔生产经营收入所属纳税年度起，第一年至第三年免征企业所得税，第四年至第六年减半征收企业所得税。企业购置用于环境保护、节能节水、安全生产等专用设备，该专用设备投资额的 10% 可以从企业当年应纳税额中抵免，当年应纳税额不足抵免的，可以在以后 5 个纳税年度中结转抵免。企业以《资源综合利用企业所得税优惠目录》规定的资源作为主要原材料，生产国家非限制和禁止并符合国家和行业相关标准的产品取得的收入，减按 90% 计入收入总额；在增值税中，对符合条件的节能服务公司实施合同能源管理项目，取得的增值税应税收入，暂免征收增值税。对以废旧轮胎为全部生产原料生产的胶粉、翻新轮胎、生产原料中掺兑废渣比例不低于30%的特定建材产品、垃圾处理、污泥处理处置劳务免征增值税[①]；在资源税中，自2014年12月1日起，原油、天然气、煤炭资源税由从量征收改为从价征收[②]，原油、天然气矿产资源税适用税率由5%提高至6%[③]；在消费税中，将污染环境、大量消耗资源的商品如烟、成品油、摩托车和小汽车等纳入消费税征收范围。对高污染的鞭炮焰火、气缸容量3.0升以上的小汽车等适用较高的消费税率，对低污染、低能耗的电动汽车、利用废弃动植物油生产的纯生物柴油和废矿物油再生油品免征消费税；在车辆购置税中，自2014年9月1日至2025年12月31日，对购置的新能源汽车免征车辆购置税。[④] 自2015年12月31日起，对城市公交企业购置的公共汽电车辆，免征车辆购置税。[⑤] 在车船税中，根据乘用车排量的大小设置不同等级的车船税额，排量越大，车船税额越大。同时规定，对节约能源、使用新能源的车船可以减征或者免征车船税。从这些政策规定中可以看出，我国关于降低能耗的税收政策比较分散，降低能耗的企业因业务范围的限制，部分减免税优惠是无法适用的，优惠力度不强，杠杆作用不集中。而我国关于鼓励技术创新的税收政策比较集中，主要涉及企业所得税，对高新技术企业实行15%的低税率，对研究开发费用实行加计扣除，对技术转让收入实行限额减免，优惠方式集中、针对性强、企业涉及面广、优惠力度强、杠杆作用明显。第4章中实证分析结果也证实了这一点，不同技术水平的制造业企业的系数差异值大于不同耗能水平的制造业企业的系数差异值。

基于第3章我国不同耗能水平的制造业企业税负水平和产值水平的现状

① 《财政部、国家税务总局关于调整完善资源综合利用产品及劳务增值税政策的通知》（财税〔2011〕115号）。

② 《财政部、国家税务总局关于实施煤炭资源税改革的通知》（财税〔2014〕72号）。

③ 《财政部、国家税务总局关于调整原油、天然气资源税有关政策的通知》（财税〔2014〕73号）。

④ 《财政部、国家税务总局、工业和信息化部关于免征新能源汽车车辆购置税的公告》（财政部、国家税务总局、工业和信息化部公告2014年第53号）。

⑤ 《财政部、国家税务总局关于城市公交企业购置公共汽电车辆免征车辆购置税的通知》（财税〔2012〕51号）。

分析可知，2013～2020 年我国非高耗能制造业企业税负整体呈下降趋势，企业产值整体呈上升趋势，这与第 7 章企业税负与企业产值关系的实证分析结果相符，税负对产值是抑制作用，当税负下降时，企业产值增长较大；2013～2020 年高耗能制造业企业税负整体呈上升趋势，但企业产值整体呈先下降后上升趋势，税负在耗能结构中的调节作用较弱，非高耗能制造业企业产值出现增长也正说明我国税收政策对企业耗能水平的调节作用不强，非高耗能制造业企业税收优惠政策的杠杆作用不明显。

6.1.2　与服务业相关的税收政策存在的问题

1. 行业针对性税收政策较少

由第 3 章不同类型服务业视角服务业企业税负水平分析以及第 4 章不同类型服务业视角服务业企业税负影响企业绩效的实证分析可以看出，本书所选的服务业下属的 11 个子行业的税负率平均值相差较大。不同行业和处于不同产业链环节的企业，由于在定价权上的地位不同，并且行业性质不同，税负率可能存在差异。

具体来看，K 房地产业的税负率平均值最高，为 18.21%。这与我国房地产行业的特殊性有关，就目前的政策来看，我国房地产业重复征税的现象较为严重，税种设置较为繁杂。在现行的政策下，房地产在保有环节征收了房产税和城镇土地使用税等，在流转环节征收了土地增值税、城市维护建设税等。并且，由于房地产通常商品单价较高，且购买者对其的议价能力较低，导致房地产市场长期处于卖方市场，利润较高，所以计算得出的税负率较高；J 金融业的平均税负率居于第二，为 15.61%，J 金融业的业务中，不仅有显性金融业务，还有很多隐性金融业务，如货币存贷业务、专业服务业务等。隐性金融业务较难取得增值税专用发票，使增值税抵扣链条中断，导致行业税负较高；L 租赁和商务服务业的平均税负率位于第三，为 12.43%，本书认为原因为该行业面临着增值税抵扣的问题，《财政部国家税务总局关于全面推开营业税改征增值税试点的通知》指出，“贷款服务项目的进项税额不得从销项税额中抵扣”，纳税人承担这部分增值税但是无法进行抵扣，导致税负增加。另外，对于借款利息和发行债券利息的范围规定不明，导致在实际执行中产生利息抵扣的差异。

2. 整体服务业税负有待进一步降低

由第3章现状分析可以看出，我国服务业的企业绩效整体呈下降趋势，可见，虽然我国服务业的减税已经初见成效，但是对企业绩效的作用还需要加强。由第4章整体服务业视角的实证分析可以看出，我国服务业企业税负对企业绩效具有抑制作用，所以，进一步降低企业税负有助于企业绩效的提升。

服务业具有智力要素密集性高、产出附加值高等特点，伴随着技术的不断发展，服务业也在不断进行技术改造和升级。但是，我国目前针对知识密集型企业的税收优惠政策较少，现有的知识密集型企业多是依靠小微、高新企业的认定才能享受到所得税优惠，同类型公司都申请高新技术企业认定，税收优惠政策筛选引导的目的无法实现，企业市场竞争减弱，无法促进企业绩效提高。

6.1.3　战略性新兴产业视角下税收政策存在的问题

“十二五”以来，我国战略性新兴产业总体发展势头强劲，2017年战略性新兴产业上市企业营业收入占上市公司总体比重达“10%”。《“十三五”国家战略性新兴产业发展规划》实施后，各领域战略性新兴企业更是实现了持续成长，近8年，这些企业的成长能力是否有所减缓、税收负担对企业成长能力有怎样的影响，本书依次进行了理论铺垫、现状考察和实证分析，并最终得出结论。

战略性新兴产业是国家高度重视和优先发展的几类产业，因此现行的税收政策也部分向战略性新兴产业相关行业倾斜。结合前述实证分析以及现行相关税收政策，发现战略性新兴企业相关的税收政策存在以下问题。

1. 企业税负有待进一步降低

实证结果表明，整体视角下战略性新兴企业税负会抑制企业成长能力的提升，因此进一步降低企业税负，有利于增强企业成长能力，助推战略性新兴产业的发展。

在中国人民大学财税研究所于2019年发布的《中国企业税收负担报告》中，研究者把中国沪深市场全体A股上市公司作为样本，考察中国企业的微观税负水平，报告显示2011～2017年，我国企业总体税负自2012年后处于下降趋势；各年企业总税负均在 20% 以上，2012 年总税负最高，达到 26.98%，2017 年降为 24.80%。本书在第 3 章现状部分也针对性地研究了我国战略性新兴企业的税收负担水平，由于两者对微观税负的衡量指标类似，所以我们把两者税负做个对比。

与中国整体 A 股上市企业总税负相比，战略性新兴企业税负略低且逐年下降，可见国家在税收政策方面给予新兴企业的优惠成效显著。但战略性新兴企业属于附加值高、技术密集型企业，其多数属于高新技术企业，适用企业所得税 15% 的优惠税率；并且战略性新兴产业所属相关行业都是国家重点扶持的朝阳行业，在税收政策制定时，都会向这些行业倾斜，因此这些行业享受的税收优惠较多，税负较低于整体上市企业也在情理之中。

然而，战略性新兴产业的发展应突出其战略性地位，要想让其完成培育发展新动能、获取未来竞争新优势的历史使命，必须把其摆在经济发展的突出位置，国家应着力推动相关政策向战略性新兴产业进一步倾斜。结合现状分析，战略性新兴企业整体实现了持续成长，但近年来成长能力稍有下降；实证结果也显示税负会抑制企业成长能力，可见战略性新兴企业税负有待进一步降低。因此，从税收方面来讲，想推动战略性新兴企业迅速崛起、实现高速成长，应完善该产业相关税收政策，进一步降低战略性新兴企业的税负，增强其自主创新能力，提升其成长能力，进而打造经济发展新引擎。

2. 税收政策忽视行业发展特点，各领域企业税负差异不合理

前文对各领域企业税负进行分析时，我们发现各个领域的税负水平不尽相同。2018 年，生物经济领域的税负为 27.57%，是五大领域中税负水平最高的领域；其次是绿色低碳和高端制造领域，分别是 18.08% 和 17.44%，税负最低的两个领域是数字创意和网络经济，分别是 14.44% 和 12.90%。由此可见，不同类型的企业税负水平差异明显。

不同行业的发展特点决定了其税负水平不同。生物经济行业具有科技含量高、成长速率高、附加值高、回报率高的特点，我国的生物制药产业正处于前期成长阶段，在这个阶段高投入、低回报是主要特征，这类企业的企业增加值还较低，即税负计算时分母项较低，因此测算的税负值较高。绿色低碳也是技术密集型行业，伴随着节能环保政策的落实，近几年该行业得到了快速发展，但其与生物科技产业所处的发展阶段类似，因此其税负水平也高

居第二。网络经济领域企业是战略性新兴产业中税负较低的企业，这类企业的特点是发展周期短、技术更新换代快、创新成果转化速度快，能够在短期内实现巨大成长，加之软件行业和集成电路产业的税收优惠政策又很多，因此税负水平相对较低。

税收政策忽视行业发展特点，使不同类型的企业税负差异不合理。在现状分析部分我们发现生物经济领域企业税负明显高于其他领域，而在“健康中国”战略的推进中，服务于世界上最大的医药潜在市场，我国生物经济产业将逐渐步入黄金时代，该领域本应有更宽松的成长空间，此类企业税收负担应处于较低水平。税收政策的制定目标应与产业发展相匹配，如果在针对性税收优惠缺失的情况下，仅有的零散税收优惠条例又不能充分考虑行业发展特点，那税收激励的作用便难以发挥。当战略性新兴产业内部各行业所享受的政策资源不一致时，产业内部各领域的税负水平便出现了分化。

3. 税收优惠政策针对性不强，减税降费促成长作用较弱

我国并未针对战略性新兴企业设置税收优惠措施。战略性新兴企业税收优惠分布于各个税种之中，在企业所得税里最为集中，战略性新兴企业符合国家高新技术企业认定条件的，可以享受高新技术企业优惠政策，但目前并没有专门针对战略性新兴产业设置税收优惠。

目前，我国各税种中，有关战略性新兴产业相关行业的优惠措施比较琐碎。定向税收优惠中，政策仅覆盖了软件产业、集成电路、重大技术装备、国产抗癌药等行业，大部分战略性新兴产业领域并无针对性的税收优惠。在我国税法中，各税种优惠政策中有一些战略性新兴产业相关的政策，如清洁能源所得税“两免三减半”、新能源汽车车辆购置税优惠、自产自销太阳能电力产品即征即退 50%、第三方污染防治企业减按 15% 的税率缴纳企业所得税、环境保护专用设备企业所得税优惠、批发零售进口罕见病药品增值税税率优惠等，战略性新兴企业符合这些条件的可以享受优惠。

战略性新兴企业的发展处于培育期使其难以充分享受相关税收优惠。由上可知，战略性新兴产业的税收优惠条例更多集中于企业所得税中，而企业所得税有些税收优惠享受是有门槛的，只有在企业盈利的情况下才能享受部分优惠政策。而战略性新兴产业作为一个创新导向型的新业态，发展初期投入成本较大，研发力度强而创新产出较低，在创新成果转化之前，企业难以

实现盈利，享受相关税收优惠也是比较困难的。因此，税收优惠政策在战略性新兴企业发展初期的“缺位”会增加其营运风险，阻碍其成长能力的提升。

设置针对战略性新兴企业的税收优惠政策势在必行。根据本书研究结果，要想实现战略性新兴企业迅速崛起，提升其成长能力，降低企业税负是一个有效的选择，当务之急便是设置有针对性的、覆盖更广的税收优惠政策。

6.1.4 经济增长视角下税制结构存在的问题

基于税制结构的现状以及税制结构对经济发展质量影响的实证结果分析，我国目前税制结构还存在以下几方面问题。

1. 直接税与间接税比重仍存在调整空间

目前，我国间接税占比依然较高，尤其体现在中部和西部地区中经济实力较弱、产业结构相对单一的省份，实证结果也表明较高的间接税占比不利于经济发展质量的提高，而直接税有利于促进经济发展质量的进一步提高。为更好地促进经济发展质量的提升，直接税和间接税之间的比例调整还有待进一步优化，适当提高直接税比重是未来优化税制结构改革一个重要的方向。

2. 所得税比重有待提高，内部结构有待优化

实证结果表明，所得税有利于促进经济发展质量的提升，但企业所得税有利于提高经济发展质量，而目前个人所得税对经济发展质量有负向影响。因此，所得税比重有待提高，其内部结构有待优化，应在不提高企业所得税税负的情况下，适当增加企业所得税的比重。所得税是直接税的主要构成之一，目前直接税比重相对较低，因此适当提高所得税的比重也是完善直接税的内容之一。进入经济发展的新阶段，资本利得的税收成长性更强，体现出所得税类结构性调整具有较大空间。目前，个人所得税不利于经济发展质量的提高，应充分发挥个人所得税调节收入分配的功能，促进收入公平分配，有利于优化消费结构，改善其对经济发展质量的影响。个人所得税在税率结构、综合征收范围、扣除标准等方面存在问题，这些问题影响个人所得税的收入分配功能的发挥，会影响社会公平分配的结果，也会影响消费结构的优化，不利于经济发展质量的提高。

3. 财产税类、资源税类占比较低，影响其发挥提升经济发展质量的作用

充分发挥财产税、资源税等作用，目前，财产税、资源税占总税收收入的比重相对较低，不利于财产税、资源税发挥提高经济发展质量的作用。财产税类和资源税类目前占比也相对较低，到2018年，其占总税收的比重分别为8.9%和2.4%。从财产税、资源税对经济发展质量的实证分析结果来看，财产税、资源税比重提高，有利于经济发展质量的提高，我国进入高质量发展的新阶段，更应充分发挥两者调节公平和效率的功能。因此，应进一步提高财产税、资源税的比重，更好地发挥促进经济发展质量提高的作用。

6.1.5 生态系统服务价值视角下的税收政策存在的问题

6.1.5.1 生态系统供给服务价值视角下流转税存在的问题

1. 增值税存在的问题

从收入现状来看，我国第一产业增值税税负一直处于较低水平，近年增长趋势也较为缓慢。从政策现状来看，我国农产品近年税收优惠政策力度较大，涉及农产品初级生产者、增值税一般纳税人、小规模纳税人等不同主体。然而，从实证结果来看，增值税对提升生态系统供给服务价值仍然存在抑制作用。目前，我国增值税税负水平已跨过前两个阶段，生态系统供给服务价值随着增值税税负的增加而缓慢降低，为提升生态系统供给价值应逐渐降低增值税税负。综上所述，我国增值税税收政策虽坚持“轻税”原则，增值税未对提升生态系统供给价值产生积极作用，其原因如下。

（1）农产品深加工税负较重。我国现行农产品增值税政策受农产品加工程度影响较大。我国对于农产品深加工缺少对应的税收优惠政策，制约了农产品精加工的发展，对农产品附加值的提升产生了抑制作用。此外，对初级农产品的界定也难以明确，我国对农产品深加工与轻加工的定义依据为《农产品征税范围注释》，而该注释未能与当今社会经济发展水平相匹配。目前，农业生产者改变了生产经营方式，多种加工方式的产生使“注释”中对初级农产品的定义变得不合时宜。生态系统供给服务价值的提升主要依靠农产品自身价值与附加值的提升，农产品自身价值受自然环境影响较大，自身不易改变。相比而言，通过对农产品进行深加工以提升附加值水平是提升生态系统供给服务价值的有效途径。深加工使农产品市场价值有较大幅度提升，而

目前由于缺少税收优惠政策，农产品深加工税负水平较高，不利于提升农产品附加值水平，从而制约了生态系统供给服务价值的提升。

（2）虚增农产品进项税抵扣。我国增值税政策规定，直接收购农业生产者自产农产品可开具农产品收购发票抵扣增值税进项税，向其他单位或个体收购农产品不能自行开具增值税发票进行抵扣。但在现实中由于农产品生产与销售具有流动性和不稳定性，税务机关很难界定农业生产者与收购者，这使增值税抵扣发票开票范围存在被扩大的可能性。此外，农产品在运输过程中产生的运杂费、装卸费等费用并不能计入收购价格之中，为增加进项税抵扣金额，一些企业将上述费用并入农产品收购价格，存在自行虚增农产品收购价格的问题。

2. 消费税存在的问题

从收入现状看，消费税收入已形成一定规模，前期增长率变化幅度较大，近年来增长率较为平稳。从政策现状看，消费税针对特定产品征税，依据不同税目，采取定额税率与比例税率并行的方式，制定不同税率。从实证结果来看，消费税模型目前处于发展的“第二阶段”，生态系统供给服务价值随着消费税税负的增加而降低，可以通过提升消费税税负，进入第三阶段，从而实现用提高消费税税负的方式来提升生态系统供给服务价值。综合来看，我国消费税税收收入已形成一定规模，但并不能对生态系统供给服务价值产生积极影响，其发挥调节消费的作用有限，原因如下。

（1）征税范围较窄，税目设立模糊。通过对生态系统供给价值的核算，可以发现生态系统供给服务价值来源之一的能源产品其产品类型的界定存在一定难度。目前，我国现行成品油消费税包括七个税目，并未囊括成品油周边产品，如混合芳烃、轻质循环油等相关炼油产品。由于税收征管人员对成品油的生产与性质缺乏专业性认识，一些不法企业借此通过改换名称和成分的手段，开具发票时将低税率成品油产品变名为高税率成品油产品，以达到逃避缴纳消费税税款的目的。进一步而言，变名后的产品与正常缴纳消费税的产品价格存在差异，因此产生了利润空间，这就为企业偷逃税款提供了动力，从而形成恶性循环，使消费税税负水平降低，扰乱了成品油市场竞争秩序。

（2）税率结构单一，税负水平偏低。目前，我国成品油消费税设定税率较为单一，缺少按环境保护成本、污染程度等综合指标设定差别税率。一般而言，相比汽油、柴油，化工原料、有机溶剂和润滑剂对环境影响较小，但在现行税率中，石脑油、溶剂油和润滑油的税率与汽油相同，甚至比柴油、燃料油和航空煤油等对环境污染更大的税目高出很多。未根据污染程度设定差别税率，使我国消费税保护环境的作用减弱。此外，结合实证结果，提高消费税税负进入第三阶段，可以提升生态系统供给服务价值。而结合现状分析，我国消费税税负仍处于较低水平，说明消费税政策替代效应机制未能发挥有效的引导作用。

6.1.5.2 生态系统调节与支持服务价值视角下环境税及资源税存在的问题

本节从环保税、资源税、消费税三税种出发，结合现状分析和实证分析，梳理目前我国环境税存在的问题，为后续政策优化奠定基础。

（1）环保税存在的问题。从环保税政策现状来看，征收范围涵盖大气以及水污染物、固体废物、噪声四类，并对特定情形规定税收减免政策。从环保税收入现状来看，环保税收入相对较低，增长幅度也较低，个别省份出现小幅下降。由环保税实证结果可知，环保税宏观税负对生态系统调节服务价值的影响并不显著。结合现状分析与实证分析，探究环保税对生态系统调节服务价值作用较微弱的原因。一方面环保税税率设置偏低，税收收入较低，导致发挥作用有限；另一方面，环保税征收范围不够全面，没有与生态系统调节服务价值完全对应；再者，部分税收减免政策不合理，降低了环保税对生态系统调节服务价值的影响程度。

一是税率设置偏低。我国环保税税率设置偏低，难以对生态系统调节服务价值发挥应有的作用。从环保税收入现状来看，环保税收入较低，相较于资源税收入及消费税收入而言，增长幅度也较低。环保税于 2018 年实施，由排污费平移而来。考虑到企业在排污费改为环保税过程中面临的压力，我国对环保税税率的设计大体维持了原排污费的标准。但是在征收排污费时期，排污费的征收标准本身过低，难以发挥减排效果。综上所述，环保税税率设置整体平移排污费征收标准，税率较低，对生态系统调节服务价值发挥的作用有限。

从理论而言，当环保税的征收标准低于企业治理污染所需费用，企业出于利益角度，会选择缴纳环保税，而不愿意治理污染，导致生态系统调节服务价值降低；当环保税的征收标准高于企业治理污染所需费用，企业才会选择治理污染，减少污染排放，并加快转型升级，提升生态系统调节服务价值。当前我国环保税税率设置较低，低于企业治理污染所需费用，不利于企业减排积极性的提升。

二是征税范围不够全面。从环保税实证结果来看，环保税宏观税负对生态系统调节服务价值的影响并不显著，究其原因，环保税征税范围不够全面，没有很好地与生态系统调节服务价值对应。环保税未将挥发性有机物 VOCs 纳入征税范围，减弱了环保税对生态系统调节服务价值的调控作用。VOCs 是特定情形下有挥发性质的有机化合物，覆盖含氮、含氧及含氯有机物，是导致细颗粒物污染的前体物，对生态系统调节服务价值损害较大。2015 年，我国实行挥发性有机物收费试点，覆盖印刷及石油化工行业，但在费改税过程中，考虑到 VOCs 排污收费计算方法、监测体系并不成熟，同时为了做好与环保税的衔接工作，就暂停了 VOCs 收费试点。目前，我国环保税征税范围仅覆盖部分挥发性有机物，未包含全部挥发性有机物，减弱了环保税对生态系统调节服务价值的影响。

环保税也未将二氧化碳、垃圾纳入征税范围。二氧化碳过度排放会影响全球气候变化，引发温室效应，降低生态系统调节服务价值。当今，碳排放受到国际社会高度重视，而将二氧化碳纳入征税范围，会成为解决气候变暖问题、提高生态系统调节服务价值的关键措施。除了碳排放外，垃圾污染也备受关注。垃圾日益增多，不断侵占土地、堵塞河流，造成生态破坏与环境污染，损害生态系统调节服务价值。环保税未将二氧化碳、垃圾等纳入征税范围，不利于碳减排目标的实现及生态环境的改善，不利于生态系统调节服务价值的提升。

三是部分税收减免政策不合理。结合环保税政策现状而言，部分税收减免政策不合理，降低了环保税对生态系统调节服务价值的影响程度。环保税对纳税人在特定条件下排放污染物，规定减免征收政策。但这些税收减免政策的设计存在不合理之处，不利于生态系统调节服务价值的提升。农业生产排放污染物免征环保税不符合环境保护的目标，一些小型养殖场所缺乏治理污染的设备及相应技术，在生产中排放大量污染物，对水体、土壤造成严重损害，降低生态系统调节服务价值。城乡污水以及生活垃圾处理场所的免税政策不利于污染治理，在难以取得污水处理厂、生活垃圾处理厂违规排放证据的情况下，这一免税政策难以发挥减排作用，反而会使生态系统调节服务价值降低。目前，环保税规定的减征比例仅考虑大气以及水污染物浓度值，未将污染物数量考虑在内，可能造成污染物排放数量多但浓度较低而少缴环保税的结果，不利于生态系统调节服务价值的提升。

（2）资源税存在的问题。从资源税政策现状来看，资源税征收对象覆盖矿产类及盐，但税率设置较低，税档差距较小。由资源税实证结果可知，资源税宏观税负与生态系统调节服务价值呈倒“U”型关系，当前我国处在倒“U”型曲线的左半部分，生态系统调节服务价值随资源税宏观税负的提高而提升。结合现状分析与实证分析，得出资源税宏观税负还未达到最优水平，仍存在优化空间。究其原因，资源税税率设置较低，税档差距较小，忽视了隐性成本，与资源短缺现状不相匹配；且资源税征税范围较窄，并没有完全覆盖重要或者稀缺性自然资源，不利于重要自然资源的保护，弱化了资源税对生态系统调节服务价值的提升作用。

一是资源税税率偏低，税档差距较小。资源税税率设置偏低、税档差距较小，对生态系统调节服务价值的提升作用有限。就资源税政策现状而言，资源税税率设置偏低、税档差距较小，与资源短缺现状不相匹配，如原油税率为6%，煤炭税率为2%～10%。另外，部分矿产品适用幅度税率，具体标准由各地区统筹考虑开采情况、资源品位确定。但目前大部分省份采用较低税率，无法起到引导资源合理开采的作用，如河北、辽宁、安徽、河南、四川等省份确定煤炭税率均低于3%。从理论上分析，资源税税率设置较低，使资源进入市场的成本偏低，导致资源过度浪费，不利于发展方式的转变，不利于生态系统调节服务价值的提升。资源税税率设置并不完善，仅考虑资源的显性成本，忽视隐性成本，如稀缺性、对生态的损害性、是否可再生等因素，起不到明显的调节作用，限制了资源税对生态系统调节服务价值的提升作用。

二是征税范围较窄。就资源税实证分析而言，资源税宏观税负与生态系统调节服务价值呈倒“U”型关系，当前我国处在倒“U”型曲线的左半部分，但资源税宏观税负还未达到最优水平，仍存在优化空间。资源税对生态系统调节服务价值的提升作用有限，主要原因之一是资源税征税范围较窄，并没有完全覆盖重要或者稀缺性自然资源。

资源税征税范围较窄，弱化了对生态系统调节服务价值的提升作用。从资源税政策现状来看，资源税征收范围覆盖矿产类及盐，但不包含森林、草场等自然资源。资源覆盖范围较广，《中华人民共和国宪法》明确提出，水流、山岭、森林、草原、滩涂等都属于自然资源，为国家所有。但目前资源税仅对矿产品及盐征收，并没有涵盖重要或者稀缺性自然资源，征税范围较窄。随着经济发展，生态受到严重损害，资源税作用应有所转变，应更多体现为引导资源合理开采，减少资源开采引发的负外部性，提升生态系统调节服务价值。另外，我国为促进水资源节约利用，减少水资源浪费，在多个省份推行水资源税试点，将地表水、地下水纳入征收对象，但目前水资源税改革还需进一步推向全国。

6.2 优化供给侧结构性改革的税收政策

6.2.1 制造业行业的税收政策优化

1. 降低我国制造业行业的整体税负

相比其他行业，我国制造业行业涉及税种较多，整体税负较高，理应降低制造业企业税负。参照2015年我国企业平均销售收入税负率标准(4.7%)，制造业行业企业5.9%的销售收入税负率应逐渐降低。随着国际减税浪潮的扩大化，税收环境对生产要素流动的影响也越来越大。面对世界各国对生产资源的争夺，我国应在税率式减免、税额式减免和税基式减免等多种减免方式中应用减免效果最好的方式，降低制造业企业税负，既要保证税负下降又要保证通过降低税负达到调整产业结构的目的，实现制造业的转型升级。

2. 建立符合我国制造业产业结构调整的税收政策

我国不同类型、不同技术水平、不同耗能水平的制造业企业承担的税负存在差异，一部分税负差异存在是合理的，税收政策对部分产业有调节作用，然而，一部分税负差异是不合理的，如在医药制造业、仪器仪表制造业、通用设备制造业、专用设备制造业等产业上，调节作用还不强。应根据《中国制造 2025》战略中重点发展的十大制造业领域，制定特定产业的税收优惠政策，鼓励重点产业的发展。

3. 制定更有利于低耗能制造业企业发展的税收政策

相比税收政策在技术水平上的调节作用，我国非高耗能制造业企业税收优惠政策的杠杆作用不明显。在《中国制造 2025》战略中，明确提出了"重点行业单位工业增加值能耗、物耗及污染物排放达到世界先进水平"的目标，因此，我国应进一步实施有利于低耗能制造业企业发展的税收政策。参考我国实施高新技术企业适用优惠税率的成功经验，针对低能耗制造业企业也相应实施税率优惠，扩大低能耗制造业企业适用税收优惠的范围。此外，降能耗与技术创新往往存在着一定的因果关系，技术水平越高的制造业企业往往耗能也较少，因此，应进一步根据企业的技术水平和能耗水平设置加权优惠税率。对企业的能耗水平设置不同的等级，不同的等级对应不同程度的优惠税率。例如，以 10% 的低税率为优惠基数，分别赋予技术与能耗 2/3 与 1/3 的权重，那么同时满足高新技术与低能耗要求的企业，可以适用该最低 10% 的税率，企业能减少 15% 的企业所得税；若企业只满足高新技术条件不满足低能耗条件，则根据所赋权重，企业适用 15% 的优惠税率，只享受了 10% ［(2/3) ×15%］ 的税收优惠。简言之，对于既满足高新技术条件又满足低耗能条件的企业实行 10% 的企业所得税优惠税率；对于仅满足高新技术条件不满足低耗能条件的企业实行 15% 的优惠税率；对于仅满足低耗能条件不满足高新技术条件的企业实行 20% 的企业所得税优惠税率。因此，在加权税率优惠的引导下，企业为了降低税负，会加大技术创新与降低能耗的投入，达到满足适用优惠税率的条件。

6.2.2 服务业行业的税收政策优化

1. 制定差异化的行业税收政策

面对服务业各行业税负不均的情况，政策决策者应针对服务业的复杂结构制定配套税收政策。传统服务业，因为需要大量的劳动力，并且对员工的文化程度要求不高，所以在一定程度上解决了农村人口转移以及下岗人员的再安置问题，对社会稳定作出了一定贡献。可以针对其劳动密集的情况实施税收优惠政策，例如将相关的咨询费等人力成本纳入可抵扣范围中；对于具有现代化先进技术的现代服务业，应当对其科研和创新的投入加大税收政策的扶持，例如对具有发展前景的行业的前期科研投入可以实行免税。

同时，在制定税收政策时也应当充分注意税负对企业的影响。例如，在第 4 章实证分析中，K 房地产业，I 信息传输、计算机服务和软件业和 M 科学研究、技术服务和地质勘查业的企业税负系数为正，说明适当增加税负可以促进企业绩效的增长。针对 K 房地产业，可以适当升高持有者的税负。首先，需要制定一套合理科学的税收制度，对房屋进行征税，去除对土地价值的征税，避免重复征税的现象，规范行业的税收制度；其次，可以提高保有环节的税负率，降低流转环节的税负率，对转让和赠与的行为征税，这样可以一定程度上减少单人持有房屋过多的情况，降低房屋空置率，改良房地产资源，促进行业发展；最后，针对 I 信息传输、计算机服务和软件业及 M 科学研究、技术服务和地质勘查业，可以适当增加资源能耗高的业务线的税负，对新技术实施税收优惠政策，鼓励企业加大研发投入，尽快淘汰过时的生产方式，更新技术，调整企业内部的经营模式，促进其发展。

2. 降低整体服务业的税负

由于服务业企业税负对企业绩效具有抑制作用，所以降低整体税负可以促进企业绩效的提高。针对服务业中的知识密集型企业，可以配合所得税优惠，探索独特的优质类型企业认定标准，使企业向不同的方向发展时均可以受到税收政策的鼓励，促进市场百花齐放，形成良好的竞争态势，促进行业发展。

完善服务行业的增值税抵扣链条。首先，由于服务业中较多业务需要依靠劳动力完成服务，可以增加手续费、人力成本等抵扣项目；其次，随着数字经济的发展和新技术的带动，越来越多的服务业企业开发了互联网产品，因此线上业务支出的抵扣也值得关注。

提升税收优惠政策的丰富度，设置各项税收综合减免。税收优惠政策应不局限于增值税和所得税，可将财产税等纳入优惠范围，还可将创新型人才培育和引入纳入减免范围，鼓励具备信息技术优势、科技创新的产业和企业根据自身情况选择税收优惠政策，促进企业多样化发展，增强行业的包容性。

6.2.3 战略性新兴产业视角下税收政策存在的问题

1. 进一步降低我国战略性新兴企业税负

战略性新兴企业税负会降低企业成长能力，因此降低企业税负有利于增强其成长能力。2016 年，营改增改革不断深化，为新产业、新业态的发展创造了良机，2018 年以来我国减税降费浪潮席卷各行业，战略性新兴企业也是其受益者之一，在此期间，战略性新兴产业实现了持续成长。根据本书研究，战略性新兴产业企业税负还有进一步下降的空间，其减税措施的制定应坚持以产业鼓励为主、地区鼓励为辅的基本方针，统筹推进减税降费，把产业发展目标和政策实施目标结合起来，把行业成长路径和税制改革方向结合起来，协调推进战略性新兴企业税负的降低。

调整减税结构。首先，我国目前企业所得税基本税率为 25%，高新技术企业可享受 15% 的优惠税率，应该适时降低高新技术企业认定条件，让更多战略性新兴企业能够享受到优惠税率；其次，应推动传统行业与战略性新兴产业的深度融合，税收政策制定应考虑减轻投资方面的税收负担，鼓励传统产业通过收购等方式投资加入战略性新兴产业领域，不仅可以增强战略性新兴产业实力，而且有利于产业结构升级，加快我国新旧动能转化。

重点关注绿色低碳领域企业成长。由第 3 章各领域企业成长能力现状可知，绿色低碳领域企业是五大领域中成长能力最弱的，其成长能力提升空间比较大。现如今，我国倡导绿色发展，推动生态效益增长，因此壮大绿色低碳类企业并促进其快速成长，对于形成低碳环保型社会、加快国民经济高质量发展具有重要意义。鉴于前文研究中绿色低碳类企业税负水平相对较高，因此国家应加大对此类企业的关注，推动资源向此类企业汇聚、政策向此类企业倾斜，加大税收扶持，降低其成长负担。

2. 兼顾战略性新兴产业各行业特征来完善税收政策

产业类型不同，则发展路径不同，因此税收政策应考虑每个行业的特殊性。针对我国战略性新兴企业的发展现状，针对不同领域的企业，应建立不同的税收引导策略。

生物经济和绿色低碳类企业在财税策略上应以鼓励投资流入为主。此类企业研发周期长，研发阶段资金需求量大，针对此两类企业，可以建立一些投资奖励制度，或者对投资企业依据其投资额设置一定扣除优惠。在研发出新产品或专利后，技术转让过程中是否可以针对战略性新兴产业的技术转让所得加大一定的扣除力度，也是值得政策制定者去研究的地方。尤其对于生物经济产业而言，在 2020 年初新冠疫情全球蔓延的形势下，该产业的发展水平对经济社会发展全局的重要作用进一步凸显，我国医疗救治中 ECMO 等一些重要医疗设备仍依赖进口，因此利用税收政策助推此类企业快速成长是满足我国医疗卫生事业发展需要的必要举措。

网络经济和数字创意产业在财税策略上应以产品优惠为主。此类行业技术更新周期短、产品换代速度快、市场范围更广，针对此类企业，可以借鉴现在软件产业和集成电路产业的税收优惠政策，对信息类、数字类产品设置一些税率上的优惠，推动网络经济领域的信息技术升级和数字创意产业的文化价值输出。

高端制造领域在财税政策引导上要以降低生产成本为主。此类企业依托于智能科技，实现了信息技术、制造技术和智能技术的融合，是创新成果转化为现实生产力的关键行业。因此，对于此类企业，应扩大其税前扣除范围，加大对技术设备材料、零部件的进口环节的税收优惠力度，降低其生产成本，促进高端制造领域的战略性新兴企业成为我国制造业中的领军企业。

3. 设置针对战略性新兴企业的税收优惠政策

我国目前仍未有针对战略性新兴企业的税收优惠政策。现阶段此类企业适用的优惠和其他产业一样，符合我国税法中的哪个优惠认定条件才能享受到，因此，在税法体系中，并未体现战略性新兴产业优先发展的特殊地位，国家有必要制定面向战略性新兴产业的优惠政策。

税收优惠政策应覆盖战略性新兴企业发展的各个阶段。在企业孕育期，“两免三减半”类型的免税减税措施应向战略性新兴企业倾斜；发展初期，企业研发成本较大，成果转化之前盈利水平较低，应综合运用研发费用加计扣除、减计收入、加速折旧等策略助推企业成本降低，并且设置个人所得税优惠以鼓励科技人员从事创新服务；企业成熟期，优惠在税率上可以有适当体现，或者考虑设置技术转让方面的优惠，并且有必要增加一些符合战略性新兴企业特点的税前扣除项目。考虑每个发展阶段的特点制定优惠措施，可以有效分散战略性新兴企业各阶段发展风险，从而提升其成长能力。

税收优惠政策应覆盖战略性新兴企业的各个领域。未来的税收优惠政策应立足产业优惠，在此基础上适当增加一些地区优惠，如相关政策向西部地区、贫困地区倾斜等。产业优惠应兼顾战略性新兴产业内部五大领域八大行业的均衡性，除完善信息技术、专业设备、节能环保等产业的税收扶持手段之外，生物制药、文化创意等产业是更需要扶持，且更有必要设置优惠措施的领域。

6.2.4 提升生态系统服务价值视角下环境税及资源税政策优化

1. 优化增值税政策建议

本书的主要目的在于通过改进流转税税收政策，达到提升生态系统供给服务价值的目标。在上节中，本书针对现状分析与实证分析的结论，具体阐述了增值税制约生态系统食物生产价值提升的原因并提出了农产品增值税税收政策存在的问题。本节基于上节分析，进一步提出了优化增值税的政策建议。

（1）确定合理扣除率，提升农产品附加值。生态系统供给价值的提升，主要依靠农产品深加工环节。在初加工环节，农产品价值往往不会有太多改变，而当利用相关技术进行深加工后，农产品附加值会有较大提升。因此，为提升我国生态系统供给服务价值应完善农产品加工税收政策，确定合理的扣除率，促进农产品深加工。为进一步提升农产品附加值，应鼓励农产品加工企业通过延长产业链以增加农产品增值额。在税率选择上，应尽量根据增值额确定扣除率，针对增值额较大的农产品增加扣除，实现税负公平。此外，给予农产品深加工企业税收优惠，支持鼓励深加工产业发展。充分发挥重点企业典型示范，以提升农产品供给价值。

（2）完善进项税抵扣，促进农民扩大生产。农产品增值税进项不实，虚假抵扣是导致农产品增值税制约食物生产价值的重要原因。增值税税负抵扣不彻底增加了农产品生产者的税收负担，不利于产品的生产与加工，从而制约食物生产价值。通过完善增值税进项税抵扣，使农业生产者进项税税负可以据实抵扣，有助于农产品生产者扩大生产，从而增加生态系统供给服务价值水平。农产品发票管理涉及领取、使用、留存等多个环节，应针对不同环节，制定具体政策。从源头上收集农产品收购信息。对农产品加工、生产企业制定电子档案，要求企业事先上报不同生产环节的生产经营信息与相关农业生产者信息，从而完善信息比对。

（3）实时税收监管，保障价值提升。增值税作为链条税，农产品增值税的监管要伴随生产加工销售的各个环节。农产品增值税税收政策目前已逐渐完善，但从实证结果来看，增值税税收政策并未对生态系统供给价值产生积极作用，政策落实存在问题，为进一步提升生态系统供给服务价值，应进一步完善税收监管的各个环节，使农产品增值税税收政策可以更好地发挥促进作用。加强农产品税收实时检查、随机检查。深入现场查验农产品收购的品种、重量、单价、金额等信息，及时核实收购业务的真实性，将事先检查与事后检查相结合。以大数据为平台，跨区域统计全国农产品实时交易价格。设置价格异常阈值，筛选出高于或低于该阈值的异常价格并进行系统预警筛查，避免随意扩大农产品收购价格的风险。

2. 优化消费税政策建议

本书的主要目的在于通过改善流转税税收政策，达到提升生态系统供给服务价值的目标。在上节中，本书针对现状分析与实证分析的结论，具体阐述了消费税制约原材料供给价值的原因并提出了现行成品油消费税税收政策存在的问题。本节基于上节分析，进一步提出了优化消费税的政策建议。

（1）适时优化征税范围，区别对待生态产品。原材料供给服务下包含的生态产品类别较为广泛，其中能源类产品提供的价值较为可观。而以成品油类能源为主导的能源产品多为不可再生能源，为进一步提升生态可持续供给，从消费税角度应严格控制高耗能、高污染能源产品的使用，鼓励清洁能源、生物能源等可再生能源的使用。目前，我国现行成品油消费税征税范围较窄，且征税界限较为模糊，无法准确判断应税消费品类别。此种做法不仅造成国家税收资源大量流失，更冲击了正常的成品油市场秩序。基于此，应根据产品产生污染情况和耗能情况对消费税税率加以区分。为进一步扩大征税范围，应将定量定性两方面标准相结合界定成品油税目应税消费品。通过严格区分应税消费品与非应税消费品，将减少成品油等能源产品的消费，从而使消费者选择清洁能源等生态产品，促进能源可持续供给，从而提升生态系统供给服务价值。

（2）改革纳税环节，鼓励绿色消费。我国应税消费品在大多生产、委托加工、进口环节一次征收。这一政策主要是基于当时的税收征管水平和税收源泉控制理论所作出的现实选择，但这与消费税的征收目的并不相符。消费税作为流转税，其税负会随着应税消费品的流通而转嫁给消费者。而消费税作为价内税，其税款包含在价格之中，消费者却无法准确判断价格中含有消费税的数额，不易准确作出较轻税负的消费选择。因此，把部分品目的消费税征税环节后移，将纳税环节改为批发、零售环节，针对税负较重的资源性消费品，标明消费税金额，使消费者能够明确感到税负“痛点”，从而选择税负较轻的清洁能源、生物能源产品，实现绿色消费。

（3）灵活制定合理税率，推动能源结构升级。目前，我国尚未对煤炭类相关产品征收消费税，应当考虑对煤炭开征消费税，以进一步完善我国能源消费税体系。此外，应灵活制定消费税政策，合理考虑替代产品的成本与产出水平。结合实证结果来看，我国目前的消费税税负水平制约了能源供给，说明目前应税消费品的替代产品不能具有足够的供给能力。在此阶段，一味增加消费税税率反而会制约行业发展。因此，应灵活制定税率，适当程度放缓增税进程，同时积极鼓励清洁能源等替代产品的使用与生产，将重点转移到增强替代产品的供给能力，从而扩大消费税“替代效应”的作用机制效果，推动能源结构升级。

3. 优化环保税的政策建议

（1）适当提高环保税税率。我国应适当提高环保税税率，提升环保税宏观税负水平，发挥环保税对生态系统调节服务价值应有的作用。从门槛检验结果来看，环保税宏观税负处在 $ept \leqslant 0.036\%$ 和 $0.036\% < ept \leqslant 0.085\%$ 时，对生态系统调节服务价值起到促进作用，提高环保税宏观税负，生态系统调节服务价值随之提升。目前，我国环保税宏观税负在 0.017% 左右，还存在优化空间，因而我国应提升环保税税率，提高税负水平，以期提升生态系统调节服务价值。

环保税税率设计应充分考虑生态环境治理的需要及生态系统调节服务价值的实际水平。我国应适当并逐步提高环保税定额税率标准，使环保税征收标准高于企业治理污染所需费用，提高企业治理污染的积极性，激励企业加快环保技术研发，提升生态系统调节服务价值。适当提高环保税税率，并依据生态系统调节服务的实际价值及污染治理情况进行动态调整。我国可适当提高大气以及水污染物的适用税额，筹集更多生态资金，充分发挥环保税绿色税收的作用，促进生态系统调节服务价值的提升。

（2）延伸环保税征税范围。我国应进一步延伸环保税征税范围，使其覆盖挥发性有机物 VOCs、二氧化碳、垃圾等，更好地与生态系统调节服务价值对应。考虑将 VOCs 纳入征收范围，如多氯联苯、非甲烷总烃等，降低挥发性有机物对生态系统调节服务价值造成的损害。我国可初步推行 VOCs 环保税征收试点，并授权各地区根据实际情况进行调整。借鉴之前在印刷行业及石油化工行业 VOCs 的收费试点办法，将上述行业纳入征收范围，初步采取"平移"至环保税的方式，之后再逐步扩大行业范围。同时，尽快完善 VOCs 的监测方法，并在环保税税目税额表加入 VOCs 因子，对每一类别设置污染当量值，单独计算环保税。

延伸环保税征收范围，将二氧化碳、垃圾等纳入其中，强化对生态系统调节服务价值的作用。我国应将二氧化碳纳入征收范围，在环保税中加入二氧化碳税目，并设置较低税率，之后依据碳排放情况调整税率，有效控制碳排放。碳税征收对象可规定为化石燃料，如煤炭、天然气等，纳税人为使用、消耗化石燃料且排放二氧化碳的单位和个人。

考虑到垃圾污染日益严重，我国可将垃圾纳入征税范围，划分不同种类的垃圾，并设置差别税率。将垃圾纳入征税范围，并将税收收入专门用于研发垃圾处理技术，从源头减少垃圾污染，减弱对生态系统调节服务价值的损害。

（3）完善税收减免政策。完善税收减免政策，合理设计税收优惠情形，增强环保税对生态系统调节服务价值的影响。结合环保税政策现状来看，现行环保税减免政策的设置有不合理之处，存在优化空间。农业生产过程中排放污染物免征环保税不符合环境保护的目标，我国应缩小小型养殖场的税收优惠范围，对缺乏污染治理设备及相应技术的小型养殖场征收环保税，降低对生态系统调节服务价值的损害。城乡污水以及生活垃圾处理场的免税政策不利于污染治理，我国可通过即征即退、先征后返的方式强化监督，提高处理厂遵从度，减少超标排放甚至偷排行为，发挥环保税对生态系统调节服务价值的调控功能。另外，就环保税减征政策而言，为了避免仅考虑大气、水污染物浓度值造成的不公平，应将污染物排放总量纳入考虑范围。环保税减征标准可设置为大气、水污染物浓度值及排放总量两方面，以期增强环保税对生态系统调节服务价值的作用。

4. 优化资源税的政策建议

（1）完善资源税税率设置。我国应完善资源税税率设置，增强对生态系统调节服务价值的提升作用。从资源税实证结果来看，资源税宏观税负与生态系统调节服务价值呈倒“U”型关系，最优资源税宏观税负为1.041%，当前我国各省资源税宏观税负平均值为0.177%，处在倒“U”型曲线的左半部分。从门槛结果来看，资源税宏观税负处在 $rt \leqslant 0.190\%$ 时，促进程度最大。我国资源税宏观税负存在提升空间，我国应完善资源税税率设置，扩大资源税税档差距，提升生态系统调节服务价值。

完善资源税税率设置，提高税率，扩大税档差距，体现开采负外部性与资源稀缺性，促进生态系统调节服务价值的提升。我国应设置差别比例税率，充分考虑资源的地理位置、品位、开采条件，以及可再生性、稀缺性等因素。对于受损严重、环境危害性较大、不可再生性、稀缺性的资源设置高税率，反之设置较低税率。为了进一步体现资源的差异与稀缺程度，可扩大对同一品种不同品位以及不同品种资源的税率差距，达到引导合理开采、保护资源、提高生态系统调节服务价值的目标。提高资源税税率，扩大税档差距，既可以提高生产者的开采成本，减少资源开采，又可以通过税负转嫁的方式影响消费者的消费选择，促进节约利用，提高生态系统调节服务价值。

（2）扩大资源税征税范围。扩大资源税征税范围，使其覆盖重要或者稀缺性自然资源，增强对生态系统调节服务价值的促进作用。草场、森林、山岭等重要资源，再生周期较长，在受到长期破坏的情况下已成为稀缺资源，对上述重要资源征税迫在眉睫，符合可持续发展要求与生态文明建设理念，对生态系统调节服务价值具有正向作用。

扩大资源税征税范围，强化对生态系统调节服务价值的正向影响。我国应考虑资源的储量、资源保护需求以及当前征管手段等因素，逐渐延伸征收范围。我国可从最稀缺资源入手，结合河北与西藏试点的工作经验，将水资源、森林资源加入税目。就水资源而言，我国应延伸征收范围，由试点推行至全国，并在税目表中设置专门的水资源税目，采取从价定率与从量定额结合的方式征收水资源税。就森林资源而言，可初步将森林资源纳入征税范围，考虑在使用环节按照使用面积征收或者在销售环节按照销售量征收，授权地区进行试点工作，成熟后逐步扩展到全国。在水资源、森林资源试点工作成熟后，我国可考虑将山岭、草场等自然资源纳入征收范围，增强资源税对生态系统调节服务价值的正向影响。

6.2.5　经济增长视角下的税制结构优化

“十四五”期间税收改革的核心是优化税制结构，“要完善现代税收制度，健全地方税、直接税体系，优化税制结构，适当提高直接税比重，深化税收征管制度改革”。[①]“十四五”规划中强调了要“进一步建立完善与高质量发展要求相配套的现代税收制度”的重要性。根据税制结构对经济发展质量的实际影响，结合我国目前税制结构的特点，提出进一步优化税制结构的建议。

1. 明确改革的基本目标，适当提高直接税比重

应继续明确和深化税制结构改革，逐步提高直接税占比。直接税改革应着力于资源优化配置和收入公平分配，一方面要协调劳动和资本的关系，另一方面要调节不同情况、不同地区间的收入差距。同时，实证表明，考虑到各地区处于不同发展水平阶段，笼统地提高直接税比重，也会降低经济发展质量提高的效率。目前，东部地区结构安排相对合理，而中部和西部地区的税制结构还存在较大优化空间。所以，对于东部地区，应在原有基础上进一步在合理范围内调整；而中部和西部地区，应适当加大直接税比例的调整空间，容忍提高直接税比重所带来的短期负面影响，以此获得可持续发展和长期合理的税制结构安排。

（1）提高所得税类比重，优化所得税内部结构。直接税中代表性最强的就是所得税类，应适当提高所得税类比重，发挥其调节财富分配来影响经济发展质量的积极作用。具体体现为以下两点。一、做好企业所得税“加减法”，促进经济转型升级。适当提高企业所得税比重，并不意味着税负的提升，采取“加减法”的结构性调整，也会增加收入来源，提高企业所得税比

① 《中华人民共和国国民经济和社会发展第十四个五年规划和 2035 年远景目标纲要》。

重，进而促进企业积极改变发展战略和投资方向，刺激企业提高产品质量和增强自主创新能力，以此提升经济发展质量。具体来看，一方面，降低法定税率，尤其是中小企业和特种行业的税率，立足国情，做好“减法”。另一方面，拓宽所得税税基，通过适度扩大所得税征税范围、扩大市场主体规模培养税源，实现拓宽税基的目的；加强企业所得税管理制度，加强反避税国际合作，堵塞税制差异带来的税收漏洞，做好“加法”。同时，进一步完善企业所得税优惠政策，扩大抵免适用范围，简化认定程序，降低税收遵从成本，激励企业进行研发、创新，以实现长期经济发展质量的提高。二、推进个人所得税改革，合理扩大综合征收范围，优化税率结构。应进一步推进个税改革，发挥其调节收入分配、促进社会公平的作用，改善消费结构，促进经济发展质量的提高。继续健全和完善综合与分类相结合的制度，优化税率结构、完善费用扣除制度。一方面，要逐步合理扩大综合征收范围，如将生产经营所得并入综合所得。另一方面，优化税率结构，降低最高边际税率，拉开级次，统筹考虑税率水平，要兼顾调节收入分配的要求。同时，完善附加扣除项目，应结合经济发展水平、家庭收入水平和实际负担水平等现实因素，制定差别化、动态化的扣除表标准，兼顾公平与效率。

（2）完善财产税体系，因地制宜开展房地产税的征收。目前，我国现行财产税体系所涉及的税种较少，财产税比例偏低，因此，应进一步优化财产税结构，适度增加财产税类比重，发挥财产税调节贫富差距、优化资源配置的能力，使直接税比重得到适度提高，从而更好地促进经济发展质量的提升。此外，应加快推进房地产税的立法进程，进一步扩大房地产税试点范围，因地制宜开展房地产税的征收。一些具备条件的地方可以先征收，进而逐步推动普遍征收，发挥房地产税调节收入差距的功能。

2. 降低间接税比重，实行结构性调整

间接税的改革应着力于引导产业模式升级、激发企业创新能力、提高资源配置效率、促进经济转型。目前，我国间接税比重仍较高，尤其体现在中部和西部地区，较高的间接税比重，不利于调整收入分配、兼顾社会公平，阻碍了经济发展质量的提升。而东部地区间接税比重相对较低，实证结果也证明较低的间接税比重减少了对经济发展质量的抑制。所以，应进一步贯彻结构性减税的政策，降低间接税比重。

（1）降低流转税类比重，继续深化增值税改革。增值税是我国第一大税种，是流转税类中的主要部分，降低流转税类比重，就要进一步优化增值税。增值税改革要充分发挥其“中性”作用，继续沿用“优化征收范围，规范税率档次，完善税收优惠措施”的思想，促进效率的不断提高，推动经济发展方式加快转变，提高经济发展质量。一是要优化税率，加速推进税率三档并两档。继续降低现行税率，尤其对制造业、交通运输业、建筑业等实体产业，平衡税负，产生更大的减税效应。二是要加快健全留抵退税制度，进一步放宽留抵退税条件，以减少企业占压资金。

（2）深化资源税类改革，进一步提升经济发展质量。逐步提高资源税类比重，统筹兼顾，构建以保护环境、合理开发和利用资源、推进绿色生产和消费为目的的税收政策制度，发挥资源税类纠正原有资源开发、利用的不合理模式的功能，更为系统地引导产业结构转型与升级，以推动企业创新与绿色产业的发展，促进经济发展质量的进一步提升。具体来看，一是要提高资源税税率。二是要进一步完善环境保护税制度，适时扩大征税范围，科学合理地调整税率，优化计税依据。三是要差别推进绿色税收政策，协调绿色税收政策对不同地区的差异性。尤其对于中西部经济实力较弱、资源禀赋较强的地区，需要根据自身条件来进行动态优化，确保绿色税收政策的有效性，着力引入环保节能的高新技术产业升级，驱动经济发展质量的提升。

参考文献

［1］安广实，章华．基于公司税的资本结构理论研究进展及述评［J］．财经科学，2008（8）：84－89．

［2］费腾．MM 理论及其对我国的借鉴意义研究［J］．商业会计，2015（2）：44－47．

［3］郭婷婷．中国上市公司资本结构动态调整的非对称性研究［D］．长春：吉林大学，2018．

［4］贺伊琦．所得税对中国上市公司资本结构的影响研究［D］．大连：东北财经大学，2009．

［5］黄明峰，吴斌．税收政策的变化影响公司资本结构吗？——基于两税合并的经验数据［J］．南方经济，2010（8）：17－28．

［6］李俊强，耿军会，李秉华．非上市科技型中小企业资本结构影响因素分析——基于动态面板的经验分析［J］．现代财经（天津财经大学学报），2015（10）：23－32．

［7］李善民，刘智．上市公司资本结构影响因素述评［J］．会计研究，2003（8）：31－35．

［8］李星辰．航空公司资本结构影响因素的实证研究［J］．财政监督，2018（6）：108－113．

［9］李增福，顾研，连玉君．税率变动、破产成本与资本结构非对称调整［J］．金融研究，2012（5）：136－150．

［10］李增福，李娟．税率变动与资本结构调整——基于 2007 年新企业所得税法实施的研究［J］．经济科学，2011（5）：57－69．

［11］刘新民，孙田田，王垒．创业企业的资本结构选择——基于管理层和董事会群体决策的视角［J］．首都经济贸易大学学报，2019，21（2）：

82－92.

［12］柳严．非债务税盾与资本结构的影响研究 —— 基于创业板上市公司的实证检验［J］．对外经贸，2015（2）：152－155.

［13］罗福凯，王京．企业所得税、资本结构与研发支出［J］．科研管理，2016（4）：44－52.

［14］马娜．企业所得税对企业资本结构的影响［J］．纳税，2018（17）：34.

［15］毛德凤，彭飞，刘华．税收激励对企业投资增长与投资结构偏向的影响［J］．经济学动态，2016（7）：75－87.

［16］宋丽，贾凯．企业资本结构优化与税收策略［J］．统计与决策，2016（7）：175－177.

［17］王瑜，綦好东．实际税负、资本结构对企业价值影响的实证检验——农工一体化企业与农工非一体化企业的比较［J］．税务研究，2015（3）：108－112.

［18］王跃堂，王亮亮，彭洋．产权性质、债务税盾与资本结构［J］．经济研究，2010（9）：122－136.

［19］魏彧．所有制结构差异视角下的商业银行资本结构税收效应分析［J］．宏观经济研究，2017（11）：38－50.

［20］魏彧，李汉文．税收激励对银行资本结构调整的影响［J］．税务与经济，2017（5）：82－87.

［21］伍丽菊，魏琳．产权因素对税率调节资本结构的影响［J］．当代财经，2017（12）：35－44.

［22］武羿．企业非负债税盾与资本结构选择 —— 基于中国上市公司的实证分析［J］．中央财经大学学报，2011（8）：91－96.

［23］谢盛纹，孙微微．企业所得税与资本结构动态调整 —— 来自中国上市公司的经验证据［J］．会计与经济研究，2015（6）：15－27.

［24］徐向艺，张虹霓，房林林，等．股权结构对资本结构动态调整的影响研究 —— 以我国 A 股电力行业上市公司为例［J］．山东大学学报（哲学社会科学版），2018（1）：120－129.

［25］叶凡，刘峰．方法·人·制度——资本结构理论发展与演变［J］.

会计与经济研究，2015（1）：90－102.

［26］尹芳.企业所得税和资本弱化防范对资本结构的影响［J］.宏观经济研究，2010（7）：49－53，79.

［27］尹音频.资本市场税收机制的理论分析［J］.财经科学，2005（2）：68－72.

［28］张彬.旅游业上市公司资本结构影响因素实证研究［J］.旅游学刊，2015（8）：107－114.

［29］杜瑞，王竹泉，王京.混合股权、技术创新与企业竞争优势——基于高新技术上市公司的实证研究［J］.山西财经大学学报，2016（8）：55－64.

［30］李宝新，岳亮.公司治理、技术创新和企业绩效的实证研究［J］.山西财经大学学报，2008（3）：90－95.

［31］单娟，吴珂珂，Dominique R. Jolly.企业创新战略对绩效的影响机制——基于电子制造企业的实证分析［J］.华东经济管理，2015（2）：130－135.

［32］王焰.科技创新对企业发展的影响分析［J］.产业与科技论坛，2011（7）：129－130.

［33］唐春荣，李劲.产品技术创新对企业发展影响作用的研究［J］.科技管理研究，1994（2）：7－10.

［34］王喜刚.组织创新、技术创新能力对企业绩效的影响研究［J］.科研管理，2016（2）：107－115.

［35］杨楠.资本结构、技术创新与企业绩效——基于中国上市公司的实证分析［J］.北京社会科学，2015（7）：113－120.

［36］康志勇.技术选择、投入强度与企业创新绩效研究［J］.科研管理，2013，34（6）：42－49.

［37］朱平芳，徐伟民.政府的科技激励政策对大中型工业企业R&D投入及其专利产出的影响——上海市的实证研究［J］.经济研究，2003（6）：45－53，94.

［38］戴晨，刘怡.税收优惠与财政补贴对企业R&D影响的比较分析［J］.经济科学，2008（3）：58－71.

［39］刘圻，何钰，杨德伟．R&D 支出加计扣除的实施效果——基于深市中小板上市公司的实证研究［J］．宏观经济研究，2012（9）：87－92.

［40］郑榕．对所得税中两种 R&D 税收激励方式的评估［J］．财贸经济，2006（9）：3－8，96.

［41］王俊．我国政府 R&D 税收优惠强度的测算及影响效应检验［J］．科研管理，2011（9）：157－164.

［42］袁建国，范文林，程晨．税收优惠与企业技术创新——基于中国上市公司的实证研究［J］．税务研究，2016（10）：28－33.

［43］谢青青．所得税视角下税收激励对中小企业技术创新的影响研究——基于创业板上市公司的实证分析［J］．国际商务财会，2015（11）：92－95.

［44］顾雪玲，王盼．政府补助和税收激励对高新技术企业技术创新的影响［J］．西部财会，2017（8）：13－16.

［45］程红梅．税收优惠对高新技术企业技术创新激励效应的实证分析［J］．财政监督，2012（34）：56－58.

［46］张秋来，李耀伟．税收优惠对企业创新绩效影响研究——创业板制造业、信息技术业上市企业实证分析［J］．科技创业月刊，2018（3）：32－34.

［47］郑春美，李佩．政府补助与税收优惠对企业创新绩效的影响——基于创业板高新技术企业的实证研究［J］．科技进步与对策，2015（16）：83－87.

［48］程仲鸣，陈荣剑．企业技术创新对竞争优势的影响——基于我国制造业上市公司的经验证据［J］．财会月刊，2017（29）：11－17.

［49］舒燕，朱海珊，邱鸿钟．技术创新对竞争优势的影响轨迹呈倒 U 型曲线吗——基于中药上市公司申请专利数据的经验研究［J］．贵州财经大学学报，2014（2）：91－96.

［50］王元地，李粒，胡谍．创新的经济属性及其认知框架［J］．中国矿业大学学报（社会科学版），2017，19（4）：47－52.

［51］胡宗良．企业创新的本质是价值创造［J］．经济纵横，2007（1）：68－70.

[52] 王海刚，陈钢，程旭．我国科技型中小企业技术创新风险分析及防范探析［J］．陕西科技大学学报（自然科学版），2012，30（6）：151－154.

[53] 徐斌，李燕芳．生产要素理论的主要学派与最新发展［J］．北京交通大学学报（社会科学版），2006（3）：20－24.

[54] 包健．促进科技创新的税收激励政策分析［J］．税务研究，2017（12）：40－43.

[55] 陈林峰．我国现行激励企业技术创新税收政策评析［J］．税务研究，2017（3）：38－42.

[56] 周健，程军．支持科技创新企业发展的问题及对策［J］．税务研究，2016（7）：121－122.

[57] 陈永伟，徐冬林．税收优惠能够促进就业吗？——基于企业所得税的分析［J］．中南财经政法大学学报，2011（2）：29－34.

[58] 董凡，关永红．完善我国企业知识产权转化的税收优惠制度探析——以国际减税趋势下欧洲“专利盒”制度为鉴［J］．经济问题，2018（5）：23－29，58.

[59] 许静．国内外科技型中小企业技术创新驱动因素比较研究［J］．齐齐哈尔大学学报（哲学社会科学版），2018（2）：65－69.

[60] 孙莹．国际税收法案激励企业科技创新的新特征与趋势［J］．科技进步与对策，2015，32（21）：126－130.

[61] 李后建，张剑．企业创新对产能过剩的影响机制研究［J］．产业经济研究，2017（2）：114－126.

[62] 梁彤缨，冯莉，陈修德．税式支出、财政补贴对R&D投入的影响研究［J］．软科学，2012（5）：32－35，50.

[63] 杨杨，曹玲燕，杜剑．企业所得税优惠政策对技术创新R&D支出的影响——基于我国创业板上市公司数据的实证分析［J］．税务研究，2013（3）：24－28.

[64] 潘孝珍．中国税收优惠政策的减税效应研究——基于省级面板数据的实证分析［J］．税务与经济，2015（2）：69－76.

[65] 孙惠娟．大数据时代的科技创新与成果转化探讨［J］．科技视界，

2018（31）：204－205.

［66］曹建国．科技成果转化“卡”在哪里［J］．中国战略新兴产业，2018（41）：95.

［67］苏涛永，王紫璇，宋晓满．内生性视角下研发投入与公司绩效的关系研究——基于工资与福利的调节效应［J/OL］．工业工程与管理，2019，1－12.

［68］胡琨，王丽丽，赵卫亚．多种单位根检验方法的比较——以税收时间序列为例［J］．统计与决策，2009（15）：18－21.

［69］汤萱．技术引进影响自主创新的机理及实证研究——基于中国制造业面板数据的实证检验［J］．中国软科学，2016（5）：119－132.

［70］刘晓丹．企业创新与公司绩效的相关性研究［J］．财会通讯，2018（27）：67－71，97.

［71］黄晓珊．《欧盟中小企业税收优惠政策情况》借鉴意义浅析［J］．国际税收，2018（10）：24－29.

［72］邓丽．企业所得税税率对中小企业投资行为影响的实证分析［J］．技术经济与管理研究，2017（12）：23－26.

［73］周克清，景姣．税收优惠政策对R&D的激励效果检验：以创业板上市公司为例［J］．税务研究，2012（6）：20－24.

［74］孙莹．我国创新税收激励政策发展沿革及特征研究［J］．科技管理研究，2015，35（17）：7－13.

［75］石绍宾，周根根，秦丽华．税收优惠对我国企业研发投入和产出的激励效应［J］．税务研究，2017（3）：43－47.

［76］贾春香，王婉莹．财政补贴、税收优惠与企业创新绩效——基于研发投入的中介效应［J/OL］．会计之友，2019（11）：98－103.

［77］吾买尔江·艾山，史丹丹，郑惠．“一带一路”背景下企业海外收入与创新绩效的研究——基于政治关联的调节作用［J］．软科学，2019（5）：71－76，91.

［78］宋鹏．我国政府研发补贴与企业创新绩效及研发能力关联性研究［J］．软科学，2019（5）：65－70.

［79］王璋逸．企业创新型人力资本与企业绩效的实证研究——基于研

发投入的中介效应［J］. 现代营销（下旬刊），2019（5）：234－235.

［80］张春颖，尹丽娜. 我国企业研发投入现状及问题分析［J］. 长春大学学报，2018，28（9）：16－20.

［81］刘辉锋，王雅利. 企业研发经费投入强度指标探析［J］. 山西科技，2017，33（3）：112－114.

［82］安志，路瑶. 科技项目、科技认定与企业研发投入［J］. 科学学研究，2019，37（4）：617－624，633.

［83］刘志强，卢崇煜. 地区市场异质性、研发投入对企业创新绩效的影响［J］. 科技进步与对策，2018，35（12）：99－106.

［84］王晓珍，邹鸿辉. 产业政策对风电企业创新绩效的作用机制分析——基于时滞和区域创新环境的考量［J］. 研究与发展管理，2018，30（2）：33－45.

［85］范旭，黄业展. 企业研发管理对 R&D 投入与企业绩效关系的调节效应——对广东省科技型中小微企业的分析［J］. 科技进步与对策，2018，35（9）：66－73.

［86］邓远军. 课税对我国就业影响的经济分析［J］. 税务研究，2006（12）：14－19.

［87］吴小强，王海勇. 新常态下促进就业的所得税政策目标取向［J］. 税务研究，2017（10）：14－18.

［88］武晓利. 税收政策调整对居民消费和就业的动态效应研究［J］. 财经论丛，2014（11）：25－32.

［89］姜苗苗. 所得税税收优惠对小微企业绩效影响的实证研究［D］. 安徽：安徽理工大学，2017.

［90］金中坤，潘镇. 税收减免对福利企业用工的经济效应分析［J］. 税务与经济，2016（1）：80－85.

［91］丁守海，刘昕，蒋家亮. 中国就业弹性的再估算［J］. 四川大学学报（哲学社会科学版），2009（2）：81－88.

［92］董再平. 税收和就业的经济学分析［J］. 税务研究，2008（2）：19－23.

［93］张彦英. 进一步优化促进就业的税收政策体系［J］. 税务研究，

2011（8）：78－79.

［94］李静怡．促进大学生就业的税收政策建议［J］．对外经贸，2013（2）：141－143.

［95］马克和．促进就业税收政策的不足与改革取向［J］．税务研究，2014（8）：46－48.

［96］赵瑞．促进就业的税收政策研究［J］．税务研究，2014（8）：28－32.

［97］李颖．促进就业创业的税收激励机制研究［J］．税务研究，2017（10）：19－23.

［98］郭佩霞，杨苑誉．化解我国就业困境的税收政策探究［J］．税务研究，2014（8）：33－36.

［99］解素艳．所得税政策的就业效应研究［D］．浙江：浙江财经大学，2017.

［100］高银玲．徐思奇．国外促进就业的财税政策及借鉴［J］．经济研究参考，2016（40）：90－92.

［101］张洋．浅析我国个人所得税存在的问题及对策［J］．纳税，2018（31）：36－40.

［102］任嘉琪．个人所得税存在的问题及对策［J］．时代金融，2018（30）：201.

［103］马雪玲．新形势下高校个人所得税存在的问题与对策分析［J］．纳税，2018（26）：12－13.

［104］胡文龙，杜莹芬．企业税负衡量研究述评［J］．中国流通经济，2014（11）：115－122.

［105］李春瑜．制造业上市公司税负实证分析——总体趋势、影响因素与差异比较［J］．经济与管理评论，2016（4）：87－93.

［106］刘亮．工业生产指数理论·编制·实践［M］．北京：中国统计出版社，2000：2－6.

［107］陈颂东．我国与不同类型国家企业总税率比较与启示［J］．西部论坛，2018（2）：35－41.

［108］吴祖光，万迪昉．企业税收负担计量和影响因素研究述评［J］.

经济评论，2012（6）：149－156.

［109］刘骏，刘峰．财政集权、政府控制与企业税负——来自中国的证据［J］．会计研究，2014（1）：21－27.

［110］庞凤喜，刘畅．关于企业微观税负的衡量问题探讨［J］．税务研究，2017（6）：15－19.

［111］张敏，叶慧芬，童丽静．财政分权、企业税负与税收政策有效性［J］．经济学动态，2015（1）：42－54.

［112］贾俊雪，应世为．财政分权与企业税收激励——基于地方政府竞争视角的分析［J］．中国工业经济，2016（10）：23－39.

［113］洪江．基于福建省规模以上工业企业视角的微观税负问题研究［J］．税收经济研究，2018（1）：82－92.

［114］姚林香，汪柱旺．我国最优宏观税负水平实证研究——基于经济增长的视角［J］．当代财经，2016（3）：33－42.

［115］马拴友．宏观税负、投资与经济的增长：中国最优税率的估计［J］．世界经济，2001（9）：41－46.

［116］罗捍东，丁丹．我国最优宏观税负水平估计与分析——基于Barro内生增长理论与动态规划最优增长模型［J］．中国管理科学，2015（11）：391－397.

［117］吴豪声，尧云珍，陈青．江西省企业税负情况调查［J］．金融与经济，2016（12）：47－50.

［118］邱书钦．中美制造业综合税负对比分析［J］．对外经贸实务，2017（7）：36－39.

［119］周亚虹，贺小丹，沈瑶．中国工业企业自主创新的影响因素和产出绩效研究［J］．经济研究，2012（5）：107－119.

［120］刘上海．科技创新人才与高科技企业产值的关系研究［J］．统计与决策，2010（22）：187－188.

［121］徐瑞，刘军．中国制造业工业总产值增长影响因素分析——基于2006－2013年分行业面板数据的经验分析［J］．改革与开放，2015（11）：21－24.

［122］刘富华．虚拟人力资源对企业产值增长研究——以西安市为例

[J]. 科技管理研究，2009 (4): 86-87.

[123] 蔡昌，田依灵. 产权性质、税收负担与企业财务绩效关系研究[J]. 税务研究，2017 (6): 9-14.

[124] 黄顺春，胡晓洁，程彦婕. 制造业企业税负水平对其经营绩效影响的测度研究[J]. 江西理工大学学报，2018 (2): 72-76.

[125] 杨杨，汤晓健，杜剑. 我国中小型民营企业税收负担与企业价值关系——基于深交所中小板上市公司数据的实证分析[J]. 税务研究，2014 (3): 3-7.

[126] 行伟波. 税制改革、实际税负与企业绩效[J]. 经济研究参考，2013 (67): 79-88.

[127] 张帆，张友斗. 竞争性领域财政补贴、税收优惠政策对企业经营绩效的影响[J]. 财贸研究，2018 (3): 80-89.

[128] 董香书，肖翔. "振兴东北老工业基地"有利于产值还是利润？——来自中国工业企业数据的证据[J]. 管理世界，2017 (7): 24-34.

[129] 张宏，李苗苗. 减税助推制造业转型升级的理论分析[J]. 辽宁经济，2016 (6): 41-43.

[130] 徐寿波. 生产要素六元理论[J]. 北京交通大学学报（社会科学版），2006，5 (3): 15-19.

[131] 刘云龙. 民主机制与民主财政[M]. 北京：中国城市出版社，2001: 26-27.

[132] 秦德智，邵慧敏. 我国农业产业结构调整动因分析——基于扩展的柯布—道格拉斯生产函数[J]. 农村经济，2016 (5): 59-63.

[133] 李子奈，叶阿忠. 高级应用计量经济学[M]. 北京：清华大学出版社，2012: 177.

[134] 高铁梅. 计量经济分析方法与建模[M]. 3版. 北京：清华大学出版社，2016: 199-121.

[135] 邓晓兰，金博涵. 税收征管权集中与服务业企业实际税负——基于PSM方法的政策效应分析[J]. 中南财经政法大学学报，2018 (3): 87-97.

[136] 闫伟，宫善栋. 财政幻觉视角下的中国税负痛感指数测算[J].

财经问题研究，2018（3）：95－100.

［137］解洪涛，祝莉，荣丽芬，等．“营改增”后研发和技术服务业税负变化及对制造业研发外购的激励作用——基于全国税源调查湖北省数据的分析［J］．财政科学，2018（1）：74－86.

［138］陈明艺，李娜，王冬，等．异质类企业税收负担比较研究——基于上海上市公司样本［J］．上海经济研究，2018（3）：52－60.

［139］刘佐．中国现行金融税制的问题及改革对策［J］．财政研究，2002（10）：18－22.

［140］吴联生．国有股权、税收优惠与公司税负［J］．经济研究，2009（10）：109－120.

［141］童锦治，吕雯．我国银行业实际税负水平对其盈利能力影响的实证研究［J］．税务与经济，2010（2）：79－85.

［142］刘骏，刘峰．财政集权、政府控制与企业税负——来自中国的证据［J］．会计研究，2014（1）：21－27.

［143］王珮，董聪，徐潇鹤．“营改增”对交通运输业上市公司税负及业绩的影响［J］．税务研究，2014（5）：8－12.

［144］邓力平，王智烜．发展中国家现代服务业与税收政策：理论模型与经验分析［J］．财贸经济，2012（4）：5－13.

［145］杨春梅．宏微观税负水平对公司业绩的实证差异分析——基于2000－2009年中国A股上市公司面板数据分析［J］．会计之友，2011（8）：76－78.

［146］路君平，汪慧姣．银行业税负比较分析及其对银行经营绩效的影响［J］．财政研究，2008（2）：53－55.

［147］李伟，铁卫．税收负担影响中国银行业经营绩效的实证分析［J］．统计与信息论坛，2009（7）：82－86.

［148］宋丽颖，杨潭，钟飞．营改增后企业税负变化对企业经济行为和绩效的影响［J］．税务研究，2017（12）：84－88.

［149］田彬彬，王俊杰，邢思敏．税收竞争、企业税负与企业绩效——来自断点回归的证据［J］．华中科技大学学报（社会科学版），2017（5）：127－137.

［150］杨默如，叶慕青．“营改增”对先行试点行业效应如何？——基于分地区分行业试点上市公司税负与绩效的影响［J］．武汉大学学报（哲学社会科学版），2016（5）：55－65.

［151］黄顺春，胡晓洁，程彦婕．制造业企业税负水平对其经营绩效影响的测度研究［J］．江西理工大学学报，2018（2）：72－76.

［152］林文婷，潘孝珍．股权结构、税收优惠与企业绩效——基于我国上市金融企业的实证分析［J］．浙江金融，2012（5）：56－58.

［153］李伟，铁卫．中国银行业税负比较、绩效影响与对策选择［J］．财务与金融，2009（4）：7－10.

［154］周振，张充．金融业营改增、税收负担与经营绩效——基于沪深A股上市公司的经验数据分析［J］．华东经济管理，2016（9）：100－104.

［155］殷裕品，杨蕊．“营改增”对我国上市物流企业税负及财务绩效的影响研究［J］．当代经济，2018（3）：50－55.

［156］何辉，王杰杰，李威．我国制造业企业税负对企业产值的影响——基于A股上市公司面板数据的实证分析［J］．税务研究，2019（5）：97－104.

［157］卢安文，谢雪莲，谭银清．竞争行为及其特征对企业绩效的影响研究——以互联网信息服务业为例［J］．重庆邮电大学学报（社会科学版），2019（4）：91－100.

［158］包燕萍．房地产行业税负水平及其影响因素分析［J］．统计与决策，2019（12）：163－166.

［159］刘啟仁，黄建忠．企业税负如何影响资源配置效率［J］．世界经济，2018（1）：78－100.

［160］李丽，李玉坤．中国服务业发展政策文献综述［J］．商业经济研究，2019（4）：176－178.

［161］曹润林，陈海林．税收负担、税制结构对经济高质量发展的影响［J］．税务研究，2021（1）：126－133.

［162］高培勇．论完善税收制度的新阶段［J］．经济研究，2015（2）：4－15.

［163］吕炜，邵娇．转移支付、税制结构与经济高质量发展——基于

277 个地级市数据的实证分析［J］. 经济学家，2020（11）：5 –18.

［164］张军扩，侯永志，刘培林，等. 高质量发展的目标要求和战略路径［J］. 管理世界，2019（7）：1 –7.

［165］钞小静，任保平. 中国经济增长质量的时序变化与地区差异分析［J］. 经济研究，2011（4）：26 –40.

［166］李香菊，杨欢. 助推我国经济高质量发展的税收优化研究［J］. 税务研究，2019（5）：18 –24.

［167］杨振. 高质量供给和创新导向的税制优化策略探析［J］. 税务研究，2020（3）：112 –115.

［168］国家发展改革委经济研究所课题组. 推动经济高质量发展研究［J］. 宏观经济研究，2019（2）：5 –17，91.

［169］张治河，郭星，易兰. 经济高质量发展的创新驱动机制［J/OL］. 西安交通大学学报（社会科学版），2019（10）：1 –12.

［170］詹新宇，吴琼. 税制结构变迁的经济增长质量效应研究——基于“五大发展理念”的视角［J］. 云南财经大学学报，2018（3）：3 –12.

［171］李绍荣，耿莹. 中国的税收结构、经济增长与收入分配［J］. 经济研究，2005（5）：118 –126.

［172］孙英杰，林春. 税制结构变迁与中国经济增长质量——对地方政府税收合意性的一个检验［J］. 经济科学，2018（5）：5 –16.

［173］郭婧. 税制结构对经济增长影响的理论研究综述［J］. 税务研究，2015（9）：118 –123.

［174］刘海庆，高凌江. 税制结构与经济增长关系的实证研究——基于中国 30 个省级面板数据［J］. 东北大学学报（社会科学版），2011（6）：492 –498.

［175］高珂. 新旧动能转换背景下的税制结构优化研究［J］. 税收经济研究，2019（1）：46 –54.

［176］余红艳，沈坤荣. 税制结构的经济增长绩效——基于分税制改革 20 年实证分析［J］. 财贸研究，2016（2）：104 –111.

［177］刘军. 我国税制结构、税收负担与经济增长的实证分析［J］. 财政研究，2006（2）：59 –62.

［178］杨志勇．税制结构：现状分析与优化路径选择［J］．税务研究，2014（6）：10－14.

［179］张永民，赵士洞．全球生态系统服务的状况与趋势［J］．地球科学进展，2007（5）：515－520.

［180］傅伯杰，于丹丹．生态系统服务权衡与集成方法［J］．资源科学，2016，38（1）：1－9.

［181］房学宁，赵文武．生态系统服务研究进展——2013 年第 11 届国际生态学大会（INTECOL Congress）会议述评［J］．生态学报，2013，33（20）：6736－6740.

［182］谢高地，张彩霞，张昌顺，等．中国生态系统服务的价值［J］．资源科学，2015，37（9）：1740－1746.

［183］张骞，高明，杨乐，等．1988－2013 年重庆市主城九区生态用地空间结构及其生态系统服务价值变化［J］．生态学报，2017，37（2）：566－575.

［184］郑德凤，臧正，孙才志．改进的生态系统服务价值模型及其在生态经济评价中的应用［J］．资源科学，2014，36（3）：584－593.

［185］杨志勇，何代欣．公共政策视角下的环境税［J］．税务研究，2011（7）：29－32.

［186］邱泰如．对环境税的探讨［J］．中共福建省委党校学报，2016（1）：113－120.

［187］黄玉林，张亮，周志波，等．我国环境保护税的实施：演化、困境与完善［J］．西部论坛，2018，28（2）：72－78.

［188］龚毓烨．我国绿色税收制度构建的基本问题探析［J］．改革与战略，2019，35（7）：16－26.

［189］邓禾．环境税制比较研究及其对中国的借鉴［J］．税务与经济，2007（3）：95－100.

［190］高萍，计金标，张磊．我国环境税税制模式及其立法要素设计［J］．税务研究，2010（1）：36－40.

［191］贺娜，李香菊．企业异质性、环保税与技术创新——基于税制绿化视角的研究［J］．税务研究，2018（3）：74－80.

[192] 徐会超，张晓杰．完善我国绿色税收制度的探讨［J］．税务研究，2018（9）：101－104.

[193] 曹明德，王京星．我国环境税收制度的价值定位及改革方向［J］．法学评论，2006（1）：92－96.

[194] 俞杰．环境税“双重红利”与我国环保税制改革取向［J］．宏观经济研究，2013（8）：3－7，17.

[195] 秦昌波，王金南，葛察忠，等．征收环境税对经济和污染排放的影响［J］．中国人口·资源与环境，2015，25（1）：17－23.

[196] 李霁友．环保费改税对我国生态环境及经济发展的影响［J］．管理世界，2017（3）：170－171.

[197] 李建军，刘元生．中国有关环境税费的污染减排效应实证研究［J］．中国人口·资源与环境，2015，25（8）：84－91.

[198] 贾康，张晓云．中国消费税的三大功能：效果评价与政策调整［J］．当代财经，2014（4）：24－34.

[199] 何建武，李善同．节能减排的环境税收政策影响分析［J］．数量经济技术经济研究，2009，26（1）：31－44.

[200] 魏巍贤．基于 CGE 模型的中国能源环境政策分析［J］．统计研究，2009，26（7）：3－13.

[201] 徐晓亮，程倩，车莹，许学芬．煤炭资源税改革对行业发展和节能减排的影响［J］．中国人口·资源与环境，2015，25（8）：77－83.

[202] 贾康，王桂娟．以税制绿化和碳税开启新一轮中国环境税制改革［J］．开放导报，2011（4）：20－22.

[203] 马万里，李雪，吕敏．营改增后部分行业税负不减反增的原因分析［J］．公共财政研究，2018（1）：84－96

[204] 刘芳雄，李公俭．税制绿化问题研究［J］．税务研究，2017（9）：81－85.

[205] 王萌．资源税效应与资源税改革［J］．税务研究，2015（5）：54－59.

[206] 单顺安．资源税功能定位的再认识及完善措施［J］．税务研究，2015（5）：44－48.

［207］孙开，金哲．论环境保护视角下消费税改革的再次深化［J］．财经问题研究，2013（1）：66－72.

［208］冯铁拴．自然资源保护财税工具应用的边界反思与重塑［J］．税务与经济，2019（2）：77－84.

［209］陈雯，肖皓，祝树金，等．湖南水污染税的税制设计及征收效应的一般均衡分析［J］．财经理论与实践，2012，33（1）：73－77.

［210］郑垂勇，徐利，王诚．利用税收杠杆调控水污染的设想［J］．水利经济，2009，27（5）：7－9，19，75.

［211］高萍．欧洲典型废水税方案及我国开征废水税的制度选择［J］．中央财经大学学报，2012（6）：13－18.

［212］樊勇，籍冠珩．工业水污染税税率测算模型的构建与应用［J］．经济理论与经济管理，2014（9）：85－95.

［213］冉圣宏，吕昌河，贾克敬，等．基于生态服务价值的全国土地利用变化环境影响评价［J］．环境科学，2006（10）：2139－2144.

［214］谢高地，甄霖，鲁春霞，等．一个基于专家知识的生态系统服务价值化方法［J］．自然资源学报，2008（5）：911－919.

［215］欧阳志云，朱春全，杨广斌，等．生态系统生产总值核算：概念、核算方法与案例研究［J］．生态学报，2013，33（21）：6747－6761.

［216］张振明，刘俊国．生态系统服务价值研究进展［J］．环境科学学报，2011，31（9）：1835－1842.

［217］蓝盛芳，钦佩．生态系统的能值分析［J］．应用生态学报，2001（1）：129－131.

［218］王玲，何青．基于能值理论的生态系统价值研究综述［J］．生态经济，2015，31（4）：133－136，155.

［219］Adhikari A，Derashid C，Zhang H. Public Policy，Political Connections，and Effective Tax Rates：Longitudinal Evidence from Malaysia［J］．Journal of Accounting and Public Policy，2006（5）：0－595.

［220］Adkisson R V，M Mohammed. Tax Structure and State Economic Growth during the Great Recession［J］．Social Science Journal，2014，51（1）：79－89.

[221] A G B Fisher. Economic Implications of Material Progress [J]. International Labor Review, 1935 (6): 24 - 38.

[222] Agenor P R, Nabli M K. Labor Market Reforms, Growth, and Unemployment in Labor - Exporting Countries in the Middle East and North Africa [J]. Journal of Policy Modeling, 2007 (29): 277 - 309.

[223] Allan G, Lecca P, McGregor P. The Economic and Environmental Impact of a Carbon Tax for Scotland: A Computable General Equilibrium Analysis [J]. Ecological Economics, 2014 (100): 40 - 50.

[224] Altenburg L, Straub M. Taxes on Labour and Unemployment in a Shirking Model with Union Bargaining [J]. Labour Economics, 2012 (8): 721 - 744.

[225] Amacher G S, Brazee R J, Thomson T A. The Effect of Forest Productivity Taxes on Timber Stand Investment and Rotation Length [J]. Forest Science, 1991, 37 (4): 1099 - 1118.

[226] Ananias, Vlad. Taxes, Production Technology, and Economic Growth [J]. Problems of Economic Transition, 2012, 54 (12): 71 - 91.

[227] Andrew Leigh. Do Firms that Pay Less Company Tax Create More Jobs? [J]. Economic Analysis and Policy, 2018 (59): 25 - 28.

[228] Arikan C, Y Yalcin. Determining the Exogeneity of Tax Components with Respect to GDP [J]. International Journal of Academic Research in Accounting, Finance and Management Sciences, 2013, 3 (3): 242 - 255.

[229] Arindam Bandyopadhyay, Nandita Malini Barua. Factors Determining Capital Structure and Corporate Performance in India: Studying the Business Cycle Effects [J]. Quarterly Review of Economics and Finance, 2016 (8): 160 - 172.

[230] Arnold J. Do Tax Structures Affect Aggregate Economic Growth? Empirical Evidence from a Panel of OECD Countries [C]. OECD Publishing, American Economic Review, 2008, 103 (4): 1212 - 1247.

[231] Aydin C, Esen O. Reducing CO_2 Emissions in the EU Member States: Do Environmental Taxes Work? [J]. Journal of Environmental Planning and Man-

agement, 2018, 61 (13): 2396 -2420.

[232] Baranzini A, Goldemberg J, Speck S. A Future for Carbon Taxes [J]. Ecological Economics, 2000, 32 (3): 395 -412.

[233] Barro R J. Government Spending in a Simple Endogenous Growth Model [J]. Journal of Political Economy, 1990, 98 (5): 103 -126.

[234] Bennmarker H, Mellander E, Öckert B. Do Regional Payroll Tax Reductions Boost Employment [J]. Labour Economics, 2009 (16): 480 -489.

[235] Bloom N, Reenen J V. Patents, Real Options and Firm Performance [J]. Economic Journal, 2010 (3): 97 -116.

[236] Boyd J, Banzhaf S. What are Ecosystem Services? The Need for Standardized Environmental Accounting Units [J]. Ecological Economics, 2007, 63 (2): 616 -626.

[237] Bujang I, Hakim T A, Ahmad I. Tax Structure and Economic Indicators in Developing and High - income OECD Countries: Panel Cointegration Analysis [J]. Procedia Economics & Finance, 2013, 47 (7): 164 -173.

[238] Campbell E T, Brown M T. Environmental Accounting of Natural Capital and Ecosystem Services for the US National Forest System [J]. Environment, Development and Sustainability, 2012, 14 (5): 691 -724.

[239] Clark, Colin. The Conditions of Economic Progress [J]. Revue économique, 1953 (6): 37 -49.

[240] Costanza R, d'Arge R, de Groot R, et al. The Value of the World's Ecosystem Services and Natural Capital [J]. Ecological Economics, 1998, 25 (1): 3 -15.

[241] Cruces G, Galiani S, Kidyba S. Payroll Taxes, Wages and Employment: Identification through Policy Changes [J]. Labour Economics, 2010 (17): 743 -749.

[242] César Camisón, Ana Villar - López. Organizational Innovation as an Enabler of Technological Innovation Capabilities and Firm Performance [J]. Journal of Business Research, 2014 (1).

[243] Cullen J B, Roge H Gordon. Taxes and Entrepreneurial Risk - Taking: Theory and Evidence for the U. S. [J]. Journal of Public Economics, 2007 (91): 1479 - 1505.

[244] Daveri F, Tabellini G. Unemployment, Growth and Taxation in Industrial Countries [J]. Economic Policy, 2010 (15): 104.

[245] Deloitte. Survey of Global Investment and Innovation Incentives 2017 [EB/OL]. https://www2. deloitte. com/content/dam/Deloitte/us/Documents/Tax/us-tax-surveyof-global-investment-and-innovation-incentives. pdf.

[246] Dinar A, Hatchett S A. Loehman E T. Modeling Regional Irrigation Decisions and Drainage Pollution Control [J]. Natural Resource Modeling, 1991, 5 (2): 191 -212.

[247] Dolenc P, Laporšek S. Tax Wedge on Labour and its Effect on Employment Growth in the European Union [J]. Prague Economic Papers, 2010 (4): 344 -358.

[248] Dominique Guellec, Bruno Van Pottelsberghe De La Potterie. The Impact of Public R&D Expenditure on Business R&D [J]. Economics of Innovation and New Technology, 2003 (3).

[249] Edirisinghe J C. Taxing the Pollution [J]. Journal of South Asian Development, 2014, 9 (1): 71 -90.

[250] Edward C Prescott. Why Do Americans Work so much more than Europeans? [J]. NBER Working Paper NO. 10316.

[251] Ee Groot R, Wilson M A, Boumans R M J. A Typology for the Classification, Description and Valuation of Ecosystem Functions, Goods and Services [J]. Ecological Economics, 2002, 41 (3): 393 -408.

[252] Ekin B, Sukanya D. Estimating the Value of Improved Wastewater Treatment: The Case of River Ganga, India [J]. Journal of Environmental Management, 2010, 91 (11): 2163 -2171.

[253] Ekins P. European Environmental Taxes and Charges: Recent Experience Issues and Trends [J]. Ecological Economics, 1999, 31 (1): 39 -62.

[254] Elliott J, Fullerton D. Can a Unilateral Carbon Tax Reduce Emissions

Elsewhere? [J]. Resource and Energy Economics, 2014, 36 (1): 6 - 21.

[255] European Commission. Shift from Direct to Indirect "Macroeconomic Effects of a Taxation: A Simulation for 15 EU Member States" [C]. 72nd of the DECD Working Party on Tax Policy and Tax Statistics 2, 2006.

[256] Eurostat. Statistics Explained Archive-Vol. 7-Glossary O-Z-December 2012 [EB/OL]. https://ec.europa.eu/eurostat/en/web/products-catalogues/-/KS-FM-13 - 007.

[257] Feld L Kirchgässner G. The Impact of Corporate and Personal Income Taxes on the Location of Firms and on Employment: Some Panel Evidence for the Swiss Cantons [J]. Journal of Public EConomics, 2002 (87): 129 - 155.

[258] Feldstein M. The Effect of Marginal Tax Rates on Taxable Income: A Panel Study of the 1986 Tax Reform Act [J]. Journal of Political Economy, 1995 (3): 551 - 572.

[259] Fernanda Matias, Zélia Serrasqueiro. Are There Reliable Determinant Factors of Capital Structure Decisions? Empirical Study of SMEs in Different Regions of Portugal [J]. Research in International Business and Finance, 2017 (4): 19 - 33.

[260] Griliches Z. Productivity, R and D, and Basic Research at the Firm Level in the 1970's [J]. American Economic Review, 1986 (6): 82 - 99.

[261] Gruber W, Mehta D, Vernon R. The R&D Factor in International Trade and International Investment of United States Industries [J]. International Executive, 2010, 9 (3): 5 - 5.

[262] Hoon H T. Payroll Taxes and VAT in a Labor-Turnover Model of the Natural Rate [J]. International Tax and Public Finance, 1996 (3): 369 - 383.

[263] Imbarine Bujang, Taufik Abd Hakim, Ismail Ahmad. Tax Structure and Economic Indicators in Developing and High-income OECD Countries: Panel Cointegration Analysis [J]. Procedia Economics and Finance, 2013 (7).

[264] In Hyeock Lee, Matthew R Marvel. The Moderating Effects of Home Region Orientation on R&D Investment and International SME Performance: Lessons from Korea [J]. European Management Journal, 2009 (5).

[265] Isamu Matsukawa. The Welfare Effects of Environmental Taxation on a Green Market Where Consumers Emit a Pollutant [J]. Environmental and Resource Economics, 2012, 52 (1): 87 - 107.

[266] Jacek Warda. Measuring the Attractiveness of R&D Tax Incentives: Canada and Major Industrial Countries [J]. Statistics Canada. The Conference Board of Canda, 1999.

[267] Janina Jędrzejczak-Gas. Influence of the Selected Factors on the Capital Structure of Enterprises in the Construction Industry [J]. Management, 2013 (2): 139 - 153.

[268] Jens Arnold, A Bassanini, S Scarpetta. Solow or Lucas? Testing Growth Models Using Panel Data from OECD Countries [R]. OECD Economics Department Working Papers No. 592, 2007.

[269] Kallianiotis Ioannis N. Public Policy Effectiveness, Risk and Integration in the Western [J]. Journal of American Academy of Business, Cambridge, 2005.

[270] Kareiva P, Marvier M. Conserving Biodiversity Coldspots: Recent Calls to Direct Conservation Funding to the World's Biodiversity Hotspots May be Bad Investment Advice [J]. American Scientist, 2003, 91 (4): 344 - 351.

[271] Karras G, D Furceri. Taxes and Growth in Europe [J]. South-Eastern Europe Journal of Economics, 2009, 7 (2): 181 - 204.

[272] Kathleen Grace. The Impact of Personal Income Tax Rates on the Employment Decisions of Small Businesses [J]. Emerald Publishing Limited, 2018 (7): 74 - 104.

[273] Kaymak B, Schott I. Loss-Offset Provisions in the Corporate Tax Code and Misallocation of Capital [J]. Journal of Monetary Economics, 2019 (1): 1 - 20.

[274] Kerr I A, G A Macdonald. Taxation Mix and Economic Growth in Selected Asian Economies [C]. School of Economics and Finance, Curtin University of Technolo-gy, Working Paper Series 34, 2000.

[275] Kosi Tanja, Bojnec Stefan. The Impact of Labor Taxation on Job Crea-

tion and Unemployment [J], Journal of Economics, 2006 (7): 652 - 667.

[276] Koskela, Erkki, Schob, et al. Why Governments Should Tax Mobile Capital in the Presence of Unemployment [J]. Economic Analysis and Policy, 2012.

[277] Koskela E, Ollikainen M. A behavioral and Welfare Analysis of Progressive Forest Taxation [J]. Canadian Journal of Forest Research, 2003, 33 (12): 2352 - 2361.

[278] Kotlan I, Machova Z. The Impact of the Tax Burden on the Living Standard in OECD Countries [J]. Ekonomický Časopis, 2013 (1): 951 - 962.

[279] KPMG. EMEA R&D Incentives Guide 2017 [EB/OL]. https://home.kpmg.com/xx/en/home/insights/2017/03/emea-rd-incentives-guide-2017.html.

[280] Lars P Feld, Jost H Heckemeyer, Michael Overesch. Capital Structure Choice and Company Taxation: A Meta-Study [J]. Journal of Banking and Finance, 2013 (8): 2850 - 2866.

[281] Li G, Fang C. Global Mapping and Estimation of Ecosystem Services Values and Gross Domestic Product: A Spatially Explicit Integration of National "Green GDP" Accounting [J]. Ecological Indicators, 2014 (46): 293 - 314.

[282] Lucas R E. On the Mechanics of Economic Development [J]. Journal of Monetary Economics, 1988 (22): 3 - 42.

[283] Mara Faccio, Jin Xu. Taxes, Capital Structure Choices, and Equity Value [J]. Journal of Financial and Quantitative Analysis, 2018 (3): 967 - 995.

[284] Marshall, Alfred. Principles of Economics: Volume One [M]. China Social Sciences Publishing House, 1999.

[285] Martijn Jonker, Henny Romijn, Adam Szirmai. Technological Effort, Technological Capabilities and Economic Performance [J]. Technovation, 2004 (1).

[286] M A S Wedha, I M Sastri. Pengaruh Tax Planning Terhadap Return on Equity Pada Perusahaan Sektor Makanan Dan Minuman Yang Terdaftar Di Bei

Tahun 2013 – 2015 [J]. Kumpulan Riset Akuntansi, 2017 (7): 30 – 35.

[287] Metcalf G E. An Emissions Assurance Mechanism: Adding Environmental Certainty to a U. S. Carbon Tax [J]. Review of Environmental Economics and Policy, 2020, 14 (1): 114 – 130.

[288] Michaelis J, Birk A. Employment and Growth Effects of Tax Reforms [J]. Economic Modelling, 2016 (23): 909 – 925.

[289] Michael P Devereux, Giorgia Maffini, Jing Xing. Corporate Tax Incentives and Capital Structure: New Evidence from UK Firm-Level Tax Returns [J]. Journal of Banking and Finance, 2018 (3): 250 – 266.

[290] Miles I, Kastrinos N. Knowledge-Intensive Business Services: Users, Carriers and Sources of Innovation [J]. Second National Knowledge Infrastructure Setp, 1998 (4): 100 – 128.

[291] Millennium Ecosystem Assessment. Ecosystems and Human Well-being: Biodiversity Synthesis [M]. Washington DC: World Resources Institute, 2005.

[292] Modigliani F, Miller M H. Corporation Income Taxes and the Cost of Capital: A Correction [J]. The American Economic Review, 1963 (3): 433 – 443.

[293] Modigliani F, Miller M H. The Cost of Capital, Corporation Finance and The Theory of Investment [J]. The American Economic Review, 1958 (3): 261 – 297.

[294] Moeley B, Abdullah S. Environmental Taxes and Economic Growth: Evidence from Panel Causality Tests [J]. Energy Economics, 2014, 42 (1): 27 – 33.

[295] Morávková J. Effective Corporate Tax Rate [J]. Český Finanční a Účetní Časopis, 2015 (4): 39 – 58.

[296] Musanga B. Effects of Taxation on Economic Growth: Uganda's Experience 1987 – 2005 [J]. Lambert Ac-Ademic Publishing, 2010.

[297] Mutti G J. Taxes, Tariffs and Transfer Pricing in Multinational Corporate Decision Making [J]. The Review of Economics and Statistics, 1991 (2):

285 – 293.

［298］ Myers S C. Determinants of Corporate Borrowing ［J］. The Journal of Finance, 1977 (2): 147 – 176.

［299］ Myles G D. Taxation and Economic Growth ［J］. Fiscal Studies, 2000, 21 (1): 141 – 168.

［300］ Nakatani R. Firm Performance and Corporate Finance in New Zealand ［J］. Applied Economics Letters, 2019 (13): 1118 – 1124.

［301］ Nick Bloom, Rachel Griffith, John Van Reenen. Do R&D Tax Credits Work? Evidence from a Panel of Countries 1979 – 1997 ［J］. Journal of Public Economics, 2002 (1).

［302］ Odum H T. Environmental Accounting: Emergy and Environmental Decision Making ［M］. John Wiley and Sons, 1995.

［303］ Oliikainen M. Forest Taxation and the Timing of Private Nonindustrial Forest Harvests under Interest Rate Uncertainty ［J］. NRC Research Press Ottawa, Canada, 1990, 20 (12): 1823 – 1829.

［304］ Owen M Zidar. Tax Cuts For Whom? Heterogeneous Effects of Income Tax Changes on Growth and Employment ［J］. NBER Working Paper No. 21035, 2015.

［305］ Palmer K, Oates W E, Portney P R. Tightening Environmental Standards: The Benefit-Cost or the No-Cost Paradigm? ［J］. The Journal of Economic Perspectives, 1995, 9 (4): 119 – 132.

［306］ Petty William. A treatise of Taxes and Contributions ［M］. China Social Sciences Publishing House, 2010.

［307］ Pigou A C. The Economics of Welfare ［M］. Macmillan and Co. , London, 1920.

［308］ Richard V Adkisson, Mikidadu Mohammed. Tax Structure and State Economic Growth During the Great Recession ［J］. The Social Science Journal, 2014, 51 (1).

［309］ Robichek A A, Myers S C. Problems in the Theory of Optimal Capital Structure ［J］. Journal of Financial and Quantitative Analysis, 1966 (2): 1 – 35.

[310] Samuelson. Managerial Economics, 5th Edition [J]. Osborne McGraw-Hill, 2015.

[311] Santanu K Ganguli. Capital Structure-Does Ownership Structure Matter? Theory and Indian Evidence [J]. Studies in Economics and Finance, 2013 (1): 56 – 72.

[312] Scarlett H G. Tax Policy and Economic Growth in Jamaica [J]. Bank of Jamaica Working Paper, 2011.

[313] Schumpeter J A. Business Cycles: A theoretical, Historical and Statistical Analysis of the Capitalist Process [M]. New York: McGraw-Hill Book Company, 1939: 147 – 148.

[314] Sheikh, Qureshi. Crowding-Out or Shying-Away: Impact of Corporate Income Tax on Capital Structure Choice of Firms in Pakistan [J]. Applied Financial Economics, 2014 (19): 1249 – 1260.

[315] Shufeng Wang, Liya Ma, Bowei Lu. Research on Evaluation of the Level of Tax and Fee Burden of Private Enterprises in China [J]. Biotechnology: An Indian Journal, 2014 (10): 38 – 44.

[316] Simmons R S. Does Recent Empirical Evidence Support the Existence of International Corporate Tax Competition? [J]. Journal of International Accounting, 2006 (1): 0 – 31.

[317] Simpson R D. Optimal Pollution Taxation in a Cournot Duopoly [J]. Environmental & Resource Economics, 1995, 6 (4): 359 – 369.

[318] Smith A. An Inquiry into the Nature and Causes of the Wealth of Nations [M]. The Modern Library, 1994.

[319] Solow R M. Growth Theory An exposition [J]. Oup Catalogue, 2000, 22 (4): 1016.

[320] Spooner G M. Effective Tax Rates from Financial Statements [J]. National Tax Journal, 1986 (3): 293 – 306.

[321] Stoilova D. Tax Structure and Economic Growth: Evidence from the European Union [J]. Contaduría Y Administración, 2016, 62 (1): 1041 – 1057.

[322] Tanzi, Vito. Policies Institutions and the Dark Side of Economics [M]. Cheltenham: Edward Elgar, 2000: 21 - 34.

[323] Vintilă G, Ştefan Cristian Gherghina, Păunescu R A. Study of Effective Corporate Tax Rate and Its Influential Factors: Empirical Evidence from Emerging European Markets [J]. Emerging Markets Finance & Trade, 2017 (12): 571 - 590.

[324] Weidmez T. Taxation, Asset Bubbles, and Endogenous Growth [J]. Journal of Economies and Statistics, 2002, 222 (4): 500 - 507.

[325] Wissema W, Dellink R. AGE Analysis of the Impact of a Carbon Energy Tax on the Irish Economy [J]. Ecological Economics, 2006, 61 (4): 671 - 683.

[326] Xu Y, Masui T. Local Air Pollutant Emission Reduction and Ancillary Carbon Benefits of SO_2 Control Policies: Application of AIM/CGE model to China [J]. European Journal of Operational Research, 2008, 198 (1): 315 - 325.